书山有路勤为径,优质资源伴你行
注册世纪波学院会员,享精品图书增值服务

创新与研发管理系列丛书

成为有影响力的产品经理

有效进行产品管理的实用工具包

THE INFLUENTIAL PRODUCT MANAGER
How To Lead and Launch Successful Technology Products

[美] 肯·桑迪（Ken Sandy） 著
楼 政 罗 超 译

电子工业出版社
Publishing House of Electronics Industry
北京·BEIJING

The Influential Product Manager: How to Lead and Launch Successful Technology Products
Copyright © 2020 by Ken Sandy
Simplified Chinese translation edition copyright © 2021 by Publishing House of Electronics Industry.
All rights reserved. Copyright licensed by Berrett-Koehler Publishers arranged with Andrew Nurnberg Associates International Limited.

本书简体中文字版经由 Berrett-Koehler Publishers 授权电子工业出版社独家出版发行。未经书面许可，不得以任何方式抄袭、复制或节录本书中的任何内容。

版权贸易合同登记号 图字：01-2020-4459

图书在版编目（CIP）数据

成为有影响力的产品经理：有效进行产品管理的实用工具包 /（美）肯·桑迪（Ken Sandy）著；楼政，罗超译. —北京：电子工业出版社，2021.6
（创新与研发管理系列丛书）
书名原文：The Influential Product Manager: How To Lead and Launch Successful Technology Products
ISBN 978-7-121-40982-0

Ⅰ. ①成⋯ Ⅱ. ①肯⋯ ②楼⋯ ③罗⋯ Ⅲ. ①企业管理—产品管理 Ⅳ. ①F273.2

中国版本图书馆 CIP 数据核字（2021）第 084958 号

责任编辑：卢小雷
印　　刷：三河市鑫金马印装有限公司
装　　订：三河市鑫金马印装有限公司
出版发行：电子工业出版社
　　　　　北京市海淀区万寿路 173 信箱　邮编：100036
开　　本：720×1 000　1/16　印张：15.5　字数：320 千字
版　　次：2021 年 6 月第 1 版
印　　次：2021 年 6 月第 1 次印刷
定　　价：78.00 元

凡所购买电子工业出版社图书有缺损问题，请向购买书店调换。若书店售缺，请与本社发行部联系，联系及邮购电话：（010）88254888，88258888。
质量投诉请发邮件至 zlts@phei.com.cn，盗版侵权举报请发邮件至 dbqq@phei.com.cn。
本书咨询联系方式：（010）88254199，sjb@phei.com.cn。

译者序

在介绍本书的特点和翻译工作之前，先给大家列举几个事实：一方面，"发展是第一要务，人才是第一资源，创新是第一动力"已成为社会共识；习近平总书记在深圳经济特区建立40周年庆祝大会上的讲话中27次提到"创新"；席卷全国的"大众创业，万众创新"热潮方兴未艾。另一方面，对创新方法的研究尚在初始阶段，系统、专业的创新方法尚未形成；中国对创新专业人才的培养尚未形成气候，创新专业人才的缺口巨大；市场创新和商业模式创新风靡一时，而产品创新和技术创新却始终得不到应有的重视。领导层的倡导和执行层的落实之间存在着巨大差距，不得不让我们进行深入反思。

作为最为活跃的微观经济体，企业应该在哪些方面进行创新呢？企业可以开展各种各样的创新，如产品或服务创新、技术创新、管理创新、商业模式创新、组织创新、市场创新、渠道创新和制度创新等，产品创新无疑是其中最为关键的创新。理由很简单，产品是企业经营之本，是创新之根。那么，应该由谁来领导产品创新呢？毫无疑问，肩负产品创新使命的核心角色是产品经理。产品经理是决定产品创新成败的关键因素。影响力则是产品经理需要具备的核心能力。本书就是围绕这个主题，给广大读者奉上一顿知识和方法的饕餮大餐。

本书在中国读者中的推出恰逢其时。理由有三：首先，是产品经理这一岗位对国内大多数行业和企业来说还是新鲜事物。美国宝洁（P&G）公司最早推出产品经理岗位（Product Manager），后来，产品经理对产品进行整个生命周期管理的方式体现了诸多优点，因此被越来越多的行业认可和推行，在西方发达国家非常盛行。本书打开了一扇门，让我们了解一些先进专业人士是如何进行产品管理，如何成为专业的产品经理的。正所谓"他山之石，可以攻玉"。其次，当时的国家外国专家局培训中心（现中国国际人才交流基金会）于2016年从美国引进了《产品经理认证（NPDP）知识体系》和相应的产品经理认证（NPDP）。截至目前，国内有过万名NPDP，具备了一定的产品管理氛围和产品管理专业人才基础。最后，"创新战略，方法先行"。国内互联网、智能产品、人工智能、区块链、物联网、大数据等战略新兴行业和领域的发展，急需前瞻性的产品管理理论研究和实践总结。本书能够成为相关行业和领域产品管理从业者很好的借鉴资料。

苹果公司创始人乔布斯、微信之父张小龙都是杰出的产品经理。如何向这些杰出人士学习，成为有影响力的产品经理，作者在书中给出了真知灼见：用探索者、分析者、挑战者和布道者的思维来思考并指导行动；与相关方始终保持有效沟通；充分了解客户及其需求；掌握有效设定优先级的方法；发现并确定客户需求；选择正确的产品；获得以用户为中心的需求；与开发团队密切合作；对范围、进度、成本和质量等要素进行有效权衡；为产品上市做好充分准备；度量成功并做好职业发展规划。

总体来说，本书有如下几个特点：

1．实践导向，简明实用。作者是产品管理的从业者和实践者，提供了可以在工作环境中应用的简明方法和实用建议。

2．依序递进，逻辑性强。作者按照产品生命周期中的各个阶段，包括创意生成、发现、确定优先级、定义、实施、发布、度量等逐步展开。读起来顺序感和逻辑性都很强。

3．强调软能力。影响力是一种核心软能力。作者用了大量笔墨告诉读者如何构建和提升有效的人际关系能力、团队合作能力和移情能力。

4．个性和共性相结合。作者提出的一些个性化案例往往也带有普遍性。总结归纳的一些建议和方法也有针对性。

5．产品管理实践和理论相结合。作者以亲身实践为例，逐一剖析，并提炼出方法和模型，用来指导实践，给读者以启迪。

在翻译的过程中，对本书内容的理解和把握得益于我长期以来的产品管理实践经验和理论研究。作者描绘的案例情景，使我想起在产品管理实践中，或者在企业开展培训和辅导时遇到的情景，往往能和作者产生强烈共鸣。作者总结的方法和模型，又使我马上与一些其他专业方法联系起来。此前，我翻译了几部项目管理和产品管理方面的著作，也参与了《产品经理认证（NPDP）知识体系（第 2 版）》的制定和翻译工作。这些积累都能帮助我较好地把握作者意图和本书内容，这也是我欣然接受本书翻译工作的原因。诚然，因本人水平所限，纵然百密也会一疏。如果您对本书的翻译有任何疑问、意见或建议，欢迎您随时和我联系。如果您想探讨产品、项目与创新方面的主题，也欢迎随时联系我。我的邮箱为 1115330126@qq.com，微信和手机号码为 18029169969，也可在官网 www.jznpmp.com 联系我。我衷心希望能为产品管理的推广和产品经理的培养贡献绵薄之力。

最后，感谢国际人才交流基金会引进了《产品经理认证（NPDP）知识体系》和产品经理认证（NPDP），为国内的产品管理者开启了一条专业之路！

感谢电子工业出版社一如既往地引进国外优秀著作，又为国内的读者引进了一本好书！

感谢合译者罗超专业又完美的协作，你是一位杰出的合作者！

感谢爱女楼俞希做出的贡献！为你而骄傲！

特别感谢广大读者！我的存在，只因有你！

金指南管理咨询首席顾问　楼政
2021 年春

向我的祖父母致敬！

是你们教会了我热情对待他人，

优雅而谦逊地面对挑战。

引论　有影响力对你而言意味着什么？如何用好本书？

为什么要做一个有影响力的产品经理

当我在 LookSmart 公司从事互联网客户运营时，产品经理这一角色还没有被定义。我被冠以"运营分析师"的头衔，负责跟踪和了解产品性能，并收集市场情报。随着时间的推移，我逐渐承担了越来越多的责任。现在对产品经理的定义是一个能综合开发团队和用户体验，定义产品特性并确定优先级、设计、制造和发布产品，并最终管理整个产品生命周期的人。

产品经理要不停地从实践中汲取知识。因此，在初创环境中，通过反复试验，我开发了新的方法和流程——囊括了创建交付产品所需的全部。当我领导的第一个产品发布时，我犯了很多低级错误。我认为自己有足够的能力去设计用户界面，却惨被用户和更有创意的同事们断然拒绝，我的刚愎自用让我的开发团队非常苦恼。我很少做客户研究，只相信自己的创意。就在一场重大的公关活动（澳大利亚媒体和政府官员届时莅临）的前几天，我发布了一款漏洞百出的产品，这让相关方感到非常焦虑。然而，不知怎么回事，事情在最后一刻有了转机，公关活动的进展也还算顺利。

我很幸运。而且在很多方面——因为，事实证明，我发现了自己对产品管理的热爱。当时我正处于职业生涯的早期，至今，我从未改变初衷。我仍喜欢在运营和技术领域工作，无论是制定高层级的战略还是做具体的项目执行工作。我喜欢与一群技艺精湛的人才合作，协调并集中我们的力量来解决客户的问题。看着一个想法通过汗水（是的，有时是眼泪）变成现实，看着用户不仅使用而且享受使用你的产品，没有什么比这更令人高兴的了！

当然，对产品经理这一角色的定义在我早期工作时就已经发生了变化。现在，技术、流程、工具和框架都有了相当完善的定义。我们可以在反复试验中学习产品管理，也可以在实践中打磨技艺。

但是，是什么造就了一名真正优秀的产品经理呢？不仅是将产品推向市场的能力，也包含理解和确定客户需求的能力。不仅需要你说服、激励和协同跨职能的专业人员为了共同的目标而努力，还需要你领导团队和相关方为其业务和客户交付成果。

为了取得成功，产品经理必须依靠他人的成功。产品经理通常没有直接权力，只有影响力。为了获得长期有效的影响力，他们必须运用数据和事实，以及信念和愿景，也必须对运营、技术和用户需求有深刻的洞见。与我们的常规认识不同，产品经理是通过客观事实和影响力来实现目标并获得成功的，他们必须首先优化客户和运营的需求，而不是他们自身的目标。

产品经理必须与他人建立信任，同时必须通过合作甚至妥协来交付结果——在整个过程中的每个步骤，他们都要带领团队和相关方。

本书适合谁

- 希望晋升的产品经理——成熟的、有抱负的、寻求成长和谋求事业发展的产品经理。
- 转型者——希望从运营、设计或工程领域向产品管理方面转型的人。
- 学习达人——在工程、设计或运营部门与产品打交道的管理者和渴望了解更多关于产品管理的最佳实践的人。
- 团队领导者——产品管理团队的领导者或管理者，正在给团队成员寻找实用的自我培训指导的人。
- 寻找学习和成长所需资源的人——本书可以帮助你为公司吸引、培训并留住有影响力的产品经理。

我的目标是为当前有抱负的产品经理提供工具、技术、技能和同理心，这些也是顺利履行其角色中关键的"人类"或"人文"部分所必须掌握的工具和方法，可以帮助他们开发出让客户满意的产品，避免常见的陷阱，并在同行、客户和相关方中建立良好的声誉。

本书介绍的实践方法将帮助那些正在管理现有产品或希望开发新产品的人，这些产品的类型包括软件、互联网、移动电话、网页和软件服务化产品（Software as a Service，SaaS）等，也适合消费者和企业用户。你会发现有些章节比另一些章节更符合你的具体情况。例如，如果你使用的是高技术含量或"平台"类产品，你可能发现关于客户发现和用户验证的部分并不太适用。或者，如果你是一家初创公司的产品经理，你可能很难获得现成的运营或产品数据，这使得数据驱动决策和度量非常困难（但并非不可能）。相反，如果你在一家拥有完善的产品管理、开发和发布流程的公司工作，你会发现虽然某些章节中的具体建议不太适用，但总体理念仍然适用。

总之，哪些方法适合你的组织，必须由你来决定。这本书并没有提供一个放之四海而皆准的框架，而是提供了一个"工具包"，包括一系列的框架、方法、最佳实践、流程，以及思考和共情的方法。需要你根据具体情况选择、应用合适的工具或做出一些调整。

如何应用这本书获得收益

这本书总结了 20 多年的实践经验,是学习如何在现代科技公司中成为有影响力的产品经理的指南。

作为一名有影响力的产品经理,你需要在整个产品生命周期中掌握有效的人际关系能力、协作和同理心技术。你应该能够想象,自己如何将这些技术应用到商业环境中。因此,你可以在产品管理流程中的以下节点使用本书所提供的技术:

- 在决定如何定义自己的角色时。
- 在组织内部建立合作关系时。
- 在评估市场并与客户进行确认时。
- 在按优先级排序、定义和执行相应的产品解决方案时。
- 在产品发布期间和产品发布后,决定应如何审慎地将产品推向市场时。
- 在选择合理的成功标准时。

本书内容围绕产品生命周期中的每个步骤,从构思、发现、确定优先级、定义、实施、发布到度量。每章的开始都配有该章的学习重点,你将从中了解 3 个关键结果。每个概念都被简洁地描述并置于环境中,你将从中了解概念的含义、重要性,以及它是如何被应用的。你将了解你面临的需求和障碍,以及你在团队中的独特角色,这通常会挑战你的先入之见。本书没有太多的理论,只有工作环境中使用的简单框架和实用建议。为了进一步说明,本书还列举了一些例子和简短的个人故事。

本书的特点是语言通俗易懂,适用性强,可以作为一个完整的实践指南,指导你成为有影响力且成功的产品经理。当需要帮助时,它就是一本参考书,提供易于操作的解决方案,以处理你遇到的常见问题。当你需要决定如何进入下一步时,本书会用一个简明易懂的方法来指导你取得成功。

作为额外的福利,你还可以访问 www.influentialpm.com 网站上的补充资料。这些资料包括:

- 框架和模板及完整的示例。
- 本书之外的更多的书面材料和更深入的附录书目。
- 推荐的第三方网站和参考文献。
- 一些练习(可以帮助你应用本书所介绍的技术,练习的内容包括当前产品管理中会遇到的各种挑战)。
- 练习的参考答案与解释,用来检验你的练习成果。

在本书中,我将团队和管理层统称为相关方。我所说的"团队"是指为产品解决方案工作的跨职能团队(包括工程师、设计师、项目经理、质量保证人员及产品上市时的支持者)。

"管理层"通常是指高级别的相关方。换句话说，任何负责做出关键决策并对你的前进方向有很大发言权的人（如你的直接上司、高管层人员和其他团队成员的经理）在本书中都被叫做"管理层"。

图例

 这个图标表示如何应用本书中介绍技术的提示和技巧。

这个图框中的内容为本节所涉及活动的检查清单。

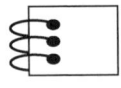 这个图框中的内容为本书中所涉及的与当前内容相关的其他细节。

 这个图框中的内容是对当前内容的一些延伸或解释。

目　　录

第1章　像产品经理一样思考——用4种强大的思维方式让自己与众不同 …… 1
　　有影响力的产品经理常用的4种思维方式……………………………………… 1
　　用探索者的思维方式推动创新…………………………………………………… 3
　　用分析者的思维方式理解客户…………………………………………………… 6
　　用挑战者的思维方式识别和减轻风险…………………………………………… 9
　　用布道者的思维方式增强动力…………………………………………………… 13
　　避开5大陷阱……………………………………………………………………… 16

第2章　用影响力来领导——在组织中创造环境并和相关方有效沟通 …… 21
　　什么是通过影响力来领导………………………………………………………… 21
　　如何通过影响力来领导他人……………………………………………………… 23
　　向上管理：与资深相关方一起工作……………………………………………… 28
　　产品治理…………………………………………………………………………… 36

第3章　了解你的客户——回答5个关键问题来定义你服务的客户并了解原因 …… 38
　　首先了解客户及其需求…………………………………………………………… 38
　　为什么你必须问并回答这5个问题……………………………………………… 40
　　将文档轻量化……………………………………………………………………… 41
　　谁是你的目标客户………………………………………………………………… 42
　　如何定义目标客户………………………………………………………………… 44
　　你在为客户解决什么问题（价值主张）………………………………………… 48
　　如何创建价值主张………………………………………………………………… 48
　　你的客户现在是如何解决问题的（竞争对手和替代品）……………………… 52
　　如何分析竞争对手和替代品……………………………………………………… 53
　　差异化——你解决客户问题的独特方法………………………………………… 56
　　如何定义你的差异点……………………………………………………………… 57
　　关于解决客户问题（风险和假设），你还不知道什么………………………… 59
　　如何评估风险和假设……………………………………………………………… 60

第4章　共同确定优先级——专注在最大的机会上并与相关方达成一致 …… 63
　　为什么确定产品优先级很难……………………………………………………… 63
　　简化产品优先级排序的技术……………………………………………………… 67

加权记分卡（内部定量方法） 69
　　　主题框架法（内部定性方法） 71
　　　集体投票法（定性混合法） 75
　　　卡诺法（外部定量方法） 77
　　　客户协助法（外部定性方法） 79
　　　优化客户和运营成果 82

第5章　发现并确认客户需求——通过客户持续反馈来验证假设和产品解决方案 89
　　　你在做正确的产品吗 89
　　　产品发现极具挑战性 91
　　　与客户面对面 95
　　　使产品探索和验证持续、低成本 96
　　　组织和开展用户访谈 99
　　　使用线框图、模型和原型进行测试 104

第6章　选对产品——用假设驱动的规格书来让团队探索方案并交付成果 108
　　　如何制作专业的产品规格书 108
　　　创建"自上而下"的产品规格书的步骤 112
　　　产品规格书模板 119

第7章　获取以用户为中心的需求——从用户角度构建所需功能并通过学习持续改进 120
　　　通过协作（而非收集）来确定需求 120
　　　用户故事 123
　　　"作为一名用户"——用户都是不同的 127
　　　如何将大的用户故事变小 128
　　　如何设定验收标准 130
　　　产品待办列表 131

第8章　与工程师合作——与主要相关方建立信任及合作关系以顺利推进工作 139
　　　产品经理和工程师共同合作 139
　　　了解角色和责任 140
　　　如何和开发团队建立牢固的关系 142
　　　在关键执行阶段如何使这些目标逐步取得成功 151

第9章　做出充满挑战的权衡——权衡范围、时间、质量和资源之间的关系，快速并持续地创造价值 162
　　　权衡是平衡的艺术 162
　　　什么是范围蔓延，你需要如何应对 163

如何承诺交付时间···169
　　　质量管理和技术债的挑战···174
　　　增加资源并非最便捷的解决方案···179
　　　共同的组织挑战使权衡变得更加困难···180
　　　如果有疑问，就早交付，常交付··182

第 10 章　为产品发布造势——让客户和相关方对你的解决方案感到兴奋，从而顺利地
　　　　　将产品推向市场···183
　　　通过产品发布让客户和相关方满意···183
　　　对技术进行成功部署的方法···186
　　　β 版本的好处和测试方法···190
　　　成功上市发布的技巧··192
　　　与市场部门合作··197
　　　管理发布后阶段··199

第 11 章　对成功的度量——运用有效指标跟踪和提升客户价值···························204
　　　5 种以客户为中心的产品绩效指标··204
　　　有效产品绩效度量指标的特征··207
　　　改善产品流···210
　　　虚荣指标与可操作的价值导向指标···214
　　　量化客户满意度··216

第 12 章　职业发展——评估自身技能并识别职业发展机会···································225
　　　你不是产品的 CEO··225
　　　产品管理中的 3P：产品、流程、人··227
　　　做一个超级产品经理··229
　　　为非技术型产品经理提供的建议··231
　　　展望未来：你的职业轨迹并不是线性的···233

第 1 章　像产品经理一样思考

——用 4 种强大的思维方式让自己与众不同

本章学习要点

1. 在整个产品生命周期中，有影响力的产品经理都会刻意将 4 种思维方式应用在日常工作中。
2. 如何带领一个更有活力的团队专注于产品愿景，从而带来卓越的客户和运营成果。
3. 对常见陷阱进行探测和定位，从而避免常见的认知偏见。

有影响力的产品经理常用的 4 种思维方式

"创意不值钱"——这是老生常谈，事实也的确如此。很少有公司会为缺乏创意而发愁。恰恰相反，大多数公司难以从海量的创意中挑选出最有可能取得成功的创意，而且常常面临这项挑战——如何保持团队的积极性和良好合作，顺利地将创意变成现实。

例如，通过对比，你会发现两个活动之间有着明显不同：

- "发现一个商机""通过深入了解客户需求发现值得解决的问题"。
- "自己提出的产品创意""收集、整理所有来自团队内外部的创意"。
- "定义一个潜在的解决方案（基于大量假设）""确认众多备选方案并选出值得尝试的方案"。
- "单纯地制订项目执行计划""鼓励所有成员，做好一切准备然后执行计划"。
- "发布一款产品""确保产品被客户接受并在市场上取得成功"。

有影响力的产品经理明白，他们成功与否取决于上述对比中的后一项活动执行得如何，而非前一项。因此，他们采用了一些基本的，甚至有时矛盾的思维方式。在整个产品生命周期中，这些思维方式对他们的日常工作方法和内容起着指导作用。

那么，怎样才能发现新的可能性并激发他人的潜能呢？如何对众多潜在方案的优先级进行排序并对它们进行确认呢？如何保持平衡与客观，了解潜在的短板和假设呢？此外，一旦批准了一项决策，又如何确保其顺利实施并保持良好的势头呢？下面就从这4种强大的思维方式（见图1.1）开始吧。

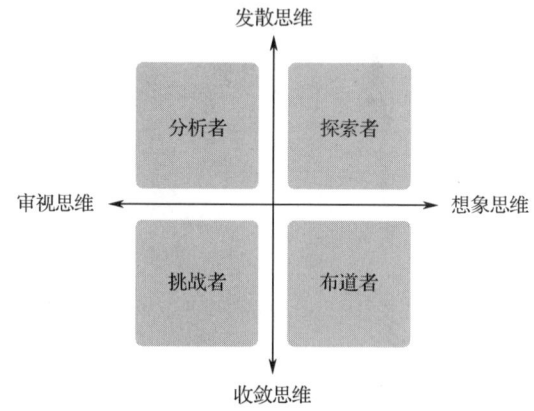

图 1.1　有影响力的产品经理的 4 种思维方式

这是一个双坐标轴的简单矩阵。水平轴的右端是"想象思维"。"想象思维"意味着对发现机会及潜在解决方案持开放态度；同时激发人们对新的可能性的兴趣，打破固有观念和局限。水平轴的左端是"审视思维"，"审视思维"意味着通过数据统计了解客户心理并发现其潜在的规律；评估产品性能和新的机遇，以及发现风险和问题。

垂直轴的上端是用于拓宽视野的"发散思维"。即采用头脑风暴的方法，不断发现并分享信息；同时探索并行路径，确保不采取任何不成熟的方法。垂直轴的下端为"收敛思维"。一旦确定了路径，就要挑战假设并减小风险，这时专注就显得尤为重要。一名优秀的产品经理需要巩固与加深对计划的理解，同时提供足够的动力，因此专注必不可少。收敛思维能够帮助产品经理避免分心、错位、分析停滞或反复讨论已被弃用的备选方案。

以上 4 个象限分别代表着你可以采用的 4 种具体思维方式。要做一名有影响力的产品经理，每种思维方式都是必不可少的。你必须做好准备，考虑各种可能性并进行头脑风暴（探索者）；同时还必须懂得何时集中精力并激发团队潜能朝着同一目标迈进（布道者）；必须通过收集数据来发现隐藏的"宝藏"（分析者）；也要提出尖锐的问题并排除不可行的路径（挑战者）。

在产品生命周期中，你也许会发现自己经常从一个思维方式跳到另一个思维方式，有时甚至会觉得有些矛盾。例如，你正在推广一个产品机会，却在挑战假设时发现没有理由继续下去。

因此，你需要密切关注自身的决策流程和偏见，灵活运用其他思维方式开展实践。同样，还要借鉴决策流程中其他参与者的思维方式，以便利用相反的观点进行权衡。

接下来，我将对每种思维方式进行介绍，也会提出相应的建议，让你了解陷阱和常见偏见。一些偏见会削弱客观性，导致糟糕的结果。你可以通过网址www.influentialpm.com 获得具体建议清单。

用探索者的思维方式推动创新

采用探索者的思维方式，可以帮助你理解产品愿景的重要性，并寻找多样化甚至意想不到的途径来实现这一愿景。你将运用创造性思维来寻找机会和潜在方法来满足客户的需求。

注意，不要过早地执行具体的产品计划。与之相反，要在进入"解决方案模式"之前，让自己保持在"问题模式"下工作的灵活性，方可进行探索和试验。这也是谨慎决策的意义所在。

如何具备探索者的思维方式？以下是一些建议：
- 定义目标客户、问题和产品愿景。
- 寻找大量机会和创意。
- 创建潜在解决方案的原型并进行验证，在整个产品生命周期中持续收集反馈意见。

1. 定义目标客户、问题及产品愿景

设定"北极星"。明确说明你想要达到的目标、理由和对象，确保与相关方在愿景上达成了共识。愿景是所有人共同努力的基础。

当需要服务的客户类型较多时，也不要感到惊讶。例如，市场必须吸引各种各样的买方和卖方；企业解决方案的买家通常不是终端用户。不同类型的客户或用户有不同的需求，你必须用不同的解决方案来满足他们的需求。

只有花时间设身处地为客户着想并充分理解其难处，才能真正了解客户。你可以使用简单的方法来了解客户，例如，通过用户画像和价值主张来了解客户并与他们沟通你的想法。要把重心放在了解客户、客户想要的成果和你能够提供的收益上，而非你的运营目标或产品特性组合。

良好的产品愿景描述的应该是客户的潜在动机和预期回报，而非你提出的解决方案。无论你采用哪种解决方案，都应确保你的愿景是真实可行的。愿景要有吸引力，也要简单且具有可行性，同时还要给团队提供大胆思考的环境和舞台。

有很多方法可以用来阐明产品愿景。比较流行的一种是杰弗里·摩尔（Geoffrey Moore）在他的著作《跨越鸿沟》中提出的"电梯演讲（Elevator Pitch）

法"。我对该方法进行了修改,模板如下。

> [产品名称]通过提供[收益或价值主张]解决了[目标客户关注的问题]。不同于其他方案,我们的优势是具有[独一无二的特性]。
>
> 在第3章中我介绍了一个名为"巴比伦(Babylon)"的产品(详见第3章)。采用上述模板,可以这样描述该产品愿景:
>
> "巴比伦"为本地新鲜的有机农产品提供了既经济又快速的渠道,满足了城市职工希望拥有更为绿色健康的生活方式的愿望。与其他产品不同,我们的产品既是全自动的,又节省空间。而当前市场上的其他产品需要手动操作,较为复杂且错误率高,需要花费大量时间学习和维护。我们的产品可以有效解决这一问题。
>
> 第3章包含了对5个关键问题的回答,帮助你了解客户并为你的产品建立一个受到普遍认同的产品愿景,即产品的"北极星"。

2. 寻找大量机会和创意

对来自公司内外的创意保持开放态度(如来自团队成员、相关方、客户、竞争对手和其他产品的创意)。不要只解决已知问题,也要发现并解决新问题。

定期与同事进行头脑风暴,收集他们的见解。紧紧围绕具体的重点目标有效组织头脑风暴会议。将获取的创意放入待办列表并进行排序,并将最有希望的机会纳入产品路线图。

> ### 将产品可视化(在开发产品之前)
>
> 在传递产品愿景时,视觉呈现优于文字表达,以下是用视觉化的呈现方式设计的两种标准方案:
>
> 设计和开发产品"最终状态"模型。如果你的产品是一个网站,就要将能够实现基本功能的主页模型呈现给客户,哪怕你需要很久才能建好。
>
> 创建用户体验地图来展示产品如何改变用户的生活。通过对比,向客户展示如果完全实现产品愿景,那么烦琐的步骤将变得非常简单。你可以在www.influentialpm.com 上找到用户体验地图的示例。
>
> 千万不要在这个阶段就开始设计产品。记住,你不是在给出用户体验的具体规格,而是在设计一个沟通工具。
>
> 注意不要让你的模型看起来太过完美,因为即使一个手绘概念也足以引发激烈的争议。

经常使用你自己的产品（令人惊讶的是，许多产品经理不使用自己的产品）。一名优秀的产品经理应通过将产品拆解的方法了解其他相关产品，对它们进行分析和实验，并与自己的产品进行对比，以了解它们的功能、设计、有创意之处或是巧妙地解决问题之处。除了紧盯竞争对手的产品，还应研究相邻的产品类别，以及商业模式类似但行业不同的产品。应保留截图并贴在百科网站上，以作为未来的参考或新创意的来源。

> 第 4 章介绍了 KJ 法（亲和图）——一种有效的头脑风暴方法，能够使相关方在事项的优先级上保持一致。
>
> 第 3 章概述了如何确认和评估竞争对手——包括在产品拆解的过程中需要寻找的内容，以便从解决方案中有效地学习。

3. 创建潜在解决方案的原型并进行验证，在整个产品生命周期中持续收集反馈意见

与潜在用户进行验证会带来挑战，尤其是在产品生命周期的早期，即潜在的解决方案还没有完善的时候。因此，许多产品经理很少这样做，或者在后期才开展这项工作，这不仅提高了失败成本，还使其变得更为复杂。

在产品开发流程的一开始，你希望增进对问题的了解并寻找可行的解决方案。在采用单个方案之前，也要准备备选方案，你可以邀请一群实际用户或潜在用户（和内部相关方）进行测试。为了充分利用时间和资源，需要同时生成多个创意，并在早期淘汰一些无法解决问题的创意。通常，只有混合式的解决方案才能达到最佳效果。

在探索、设计和实施过程中不断进行测试（即使每次仅对几个用户进行测试），始终收集新的见解并通过用户反馈来完善解决方案。

> 第 5 章包含产品发现、原型制作和确认的方法，能够为客户和公司运营带来最佳结果。

用探索者的思维方式发现隐藏的机会

当时我正在为一家公司提供咨询服务，该公司有一款服务于大学生的产品，他们正为无法提高这款产品的销量而苦恼。在持续数月的市场开拓和现有产品优化后，新的注册付费用户数量仍然少得可怜。

在与运营、管理层和工程团队等相关方一起进行的全天研讨会中，我们重新审视了产品愿景。当前产品仅为大学生提供增量的、偶尔的家庭作业帮助，产品利用率很低。于是我们将目光转而投向那些必不可少的日常学习伙伴。

> 我们进行了调研，比较了大学生的需求和我们提供给他们的产品。在头脑风暴期间，我们发现了5个高潜力的机会，其中包括模拟学习小组、考试准备、访问实时导师和个性化内容集，以上任何一项都没有在以前的产品路线图中被考虑过。
>
> 最后，我们看了其他一些基于订阅服务的好产品（没有一款是来自竞争对手的）。我们找出了登录和注册流程方面需要进行改进的地方，这些改进提供了更多个性化体验，可以实现更高的成功率。
>
> 虽然为期一天的会议不会使产品有质的提升，但在探索可行性方面，我们发掘了值得测试的新创意。将这些创意加在一起，就极有可能改善大学生使用产品的体验，当然运营成果也就值得期待了。

这样的探索不必花费多长时间，也不必斥巨资，要知道，你正在设计的是轻量型的前期成果，而不是功能完善的最终方案。原型可以是草图或流程图（只要足以传达你的总体产品概念即可）、可触碰的模型（可以模拟面向用户的真实体验）或具备功能的原型（用户可以使用原型进行尝试和体验，虽然在实践中，大多数原型都不能实现功能）。

请注意，该过程的交付成果是对假设进行验证或学习新东西，而不是产品原型本身。说服相关方时不要将具备功能的原型与最终产品混淆，因为原型是需要通过不断返工提高质量的。

用分析者的思维方式理解客户

如果想理解客户及其未满足的需求，就要用分析者的思维方式。一名优秀的产品经理需要花时间和客户保持直接联系，建立同理心并洞察内在规律。通过深入研究产品数据了解未来的趋势、产生新的见解或意外发现，在团队中自由分享你的发现以达成共识，并为团队创造环境。你必须客观、理智、好奇，甚至接受与你当前想法相悖的观点。

你要收集来自各种渠道的定量和定性数据并进行解释。数据通常不容易获得，因此你必须通过自行研究或实验来收集数据。

通过跟踪用户行为或调查大量客户等方式收集定量数据，然后进行统计，分析相关趋势。仅凭定量数据可能无法提供你所需的清晰的、可执行的洞见，因此，你必须结合定量和定性数据更为全面地了解情况。

尽管定性数据无关统计，但有助于解读问题的根本原因或揭示未知，也可以洞悉潜在的客户动机。在实践中，你必须与用户和潜在客户一对一地进行访谈。客户数据或市场研究的结果有助于了解一些表面上的趋势和现象，但是真正的洞见来自与真实用户的对话，这些洞见才是你的产品向前发展的动力。

如何具备分析者思维方式？以下是一些建议：
- 设置并监控产品的定量性能指标。
- 通过客户观察和访谈，获得大量定性观点。
- 独立分析。

1. 设置并监控产品的定量性能指标

选择能够为客户和你的运营提供长期价值的核心指标。例如，如果单纯地考核市场占有率或运营收入，即便掌握了你想要的信息，也未必能知道用户是否经常使用你的产品并从中受益，或者说你是否有一个可持续的商业模式。这时，你可以确定关键绩效指标（KPIs）并让相关方达成共识。如有可能，可以通过和具有类似商业模式的产品进行对标的方式来设定合理的目标。这样做的目的是确保每个人的预期都是现实、合理的。要知道，不同的组织可能有相反的目标、激励方法和指标。因此，尤其在企业环境中，达成共识并不是一件易事。例如，销售团队会强调目标，以帮助他们完成交易，这样做会抽走一部分原本用来提高终端用户满意度的资源，或者忽略产品功能的实现，导致基本功能用起来都很困难。

不要仅仅关注高层级的 KPI，也不要使用装订好的报告中提供的指标，因为这些报告往往由一些分析工具堆砌而成，要探索和理解潜在的真正驱动因素。通过将指标分解，发现哪些指标能够提供最大的改进机会，进而将产品开发工作集中在那些对 KPI 影响最显著之处。

在制定产品规格时，一定要跟踪和报告需求，在项目计划中预留出跟踪和测试的时间，这个步骤往往被忽略。然而不做这一步，你就无法度量产品对客户和运营的影响。

 在第 11 章中，提供了关于客户满意度、价值和产品长期经济回报的 KPI 的建议，并介绍了好的度量标准与差的度量标准之间的区别。

2. 通过客户观察和访谈，获得大量定性观点

定期走出办公室，如每月几次，进行换位思考和收集突破性的发现。参与电话销售和公司正在进行的用户体验或客户调查活动，尤其是面对面访谈。不仅要测试现有产品或创意，而且要努力了解更多客户信息，包括他们所处的环境，以及他们是如何使用产品的。根据目标开展亲身访谈是十分有必要的，不要仅仅倾听别人的讨论。获得数据收集通道，证明自己是值得客户信任的人（尤其是当你希望获得企业或 B2B 公司销售团队的信任时）。查看客户服务邮件或评论，然后专注解决常见问题，尤其是一些重复出现的问题、客户十分关注的问题或未被满足

的需求。查找并阅读内外部市场报告,然后记录问题,因为这些信息可以帮助你进行分析,或者确定未来要检验的假设。不要只看表面结果,而要找出原因。

> 第 5 章包括可以用来定期从客户群体收集新发现,并提示你产品发展方向的访谈技巧。

从数据中寻找新趋势

在我工作的一家数字媒体公司,我们发现广告移动设备上的点击率比在台式机上要低得多,那是在 2011 年。我们确信,差距主要是因为移动设备屏幕较小和加载时间过长。此外,移动广告是台式机广告的简化版,而且投放的人群不太相关(因为当时移动广告投放技术还处于起步阶段)。当时的手机更多应用于社交和缩短人与人之间的距离,我们怀疑人们还不习惯看移动广告。我对验证这些假设产生了浓厚的兴趣,我查看了具体设备和操作系统的使用性能,看看能否找到任何规律(如小屏、普通手机的点击率较低,用户群之间的人口统计学因素也存在差异)。iOS 和 Android 这两个平台仍然相对较新,iPhone 手机的表现远远好于它的对手 Android 手机,但这似乎还不能完全解释这一差距。我的突破口在于我注意到了几款流行的 Android 手机中虽然有大量的广告推送,却几乎没有点击量。

我们本以为人口统计学和外形因素差异可以解释这一差距,实际上,给 Android 手机提供广告服务的技术存在缺陷才是罪魁祸首。现在我们知道了如何在可控范围内改善我们的结果。

3. 独立分析

虽然有些企业有专门的团队来提供分析和报告,但你不应该完全依赖其他人来满足你的需求。原因请考虑以下几点:

- 除非自己亲自分析和处理基础数据,否则你很可能错过意外发现,或者无法知道数据已被误读。你也不可能从装订好的报告或二手信息中理出完整的脉络。
- 如果总是别人为你提供所有分析,你快速学习和迭代的能力就会变弱。你依靠的市场、营销或商业分析团队,他们通常有许多需要服务的内部客户。
- 如果你自己亲自完成汇报,就可以毫不延迟地重构或调整问题。一开始就提出正确的问题并不容易,你很可能需要重新分析或增补数据来满足额外的要求。

掌握从可靠来源收集原始数据的技能。根据需要,除了与数据分析团队合作,自己也要进行快速的概要分析,这样就可以快速学习和迭代。不要害怕去学习 SQL 和 Excel 高级函数等工具和技术。你可以利用工间娱乐时间或周末思考一些问题的解决方案。平均值是一个陷阱,要通过分析和排列数据来发现平均值背后的真正意义。要发现平均值的真正意义就要依靠对非常规分布或趋势的了解和对具体用户群体反常行为的观察。现实却不是这样，许多产品要么缺乏数据，要么数据质量很差，量化数据更少，一不小心就会给出错误结论。整个一周你都会陷到糟糕的数据中。你需要澄清并理解数据定义，寻求上司的支持，购买更好的工具或接受培训。即使有了数据，也不意味着就能很容易做出决策，特别是当人们从不同的角度解读数据时。

第 11 章详细介绍了 5 类度量指标，产品经理可以通过分析这些指标发现规律，揭示产品中最具发展机遇的领域。

用挑战者的思维方式识别和减轻风险

当面对矛盾的数据、缺陷和潜在的假设时，用挑战者的思维方式会让你眼前一亮，帮助你在解决重大问题上获得先机。你的目标是找出问题所在，即使一切看上去风平浪静。

要在你的理解范围内识别差距，并防范认知偏见。把每一步都当作一个需要检验或推翻的假设，通过批判性地检验假设来保持客观性。你可以批评一些糟糕的假设，也可以让好的创意得到巩固和完善。你可以轻松识别和减轻风险，也可以为那些需要深思熟虑才能做出处理决策的风险敲响警钟。

保持健康的怀疑精神。对错误持开放态度，坦然接受批评。当建设性的冲突能改善产品时，就不要害怕去接受它。此外，在必要的时候，要改变路线。

最后，设定优先级时要坚决，这样你和团队就可以专注于价值最高的活动。

如何具备挑战者思维方式？以下是一些建议：

● 将机会视为需要确认的假设。
● 接受不同意见和建设性冲突。
● 专注、排序优先级和做减法。

1. 将机会视为需要确认的假设

无论你的产品计划看起来多么具有说服力，都不要以为一定是对的。无论是优先考虑产品的功能增强计划，还是全新的产品计划，这一点都同样适用。特别是在创意来自一个受人尊敬和阅历比你丰富的人时更应如此。

从提出假设开始入手，可以参考下面的简单框架。

我们知道[数据或观察]并相信这一[需要或问题]。通过为[目标用户]交付和测试[概念]，我们期望得到[可测量的结果]。

该框架让你明确以下几点：你知道的事实、你产生怀疑的根本原因、你的产品理念或概念是什么，以及你希望具备的度量标准。对于团队来说，它是一个强大的背景工具，给你留下了协作和制订解决方案的空间。它需要专注和责任感，也建立了一个平台，在这个平台上你可以学到新东西（哪怕创意会失败）。

更有效的方法是提出一个无效假设。例如，当测试某项措施是否提升了零售商的销售额时，假设这个措施没有带来影响，这就是一个无效假设——新功能未必提升销售额。通过证明无效假设是真的，你就可以做到最客观。

假设驱动方法背后的心理学

在假设和测试模式下，可以消除任何个人主观因素的影响。对共识表示异议不符合你的最佳收益，你应该明智地利用稀缺资源将企业引向成功，而不是把声誉押在正确的事情上。

还有，要从失败中吸取教训。如果一名产品经理能在团队面前承认错误，说明他是很强大的。这表明你在寻找正确答案的过程中不以自我为中心而且很客观。

对于需要花费很少精力的增量优化产品，你可以构建并安排一个测试——一个能确定创意是否会产生更好结果的实验。对于需要投入更多精力的产品，在定义和实施过程中不断收集定性和定量数据，以增加信心并调整响应方向。如果产品上市后没有达到预期目标，就要衡量结果并进行改善。

2. 接受不同意见和建设性冲突

新机会的确令人兴奋，但它们具有高度不确定性。当它们得到多数人的热情支持（"群体思维"）时，那些持不同意见者或不太支持者通常会保持沉默（或被迫沉默）。导致看上去似乎所有人都支持目前的做法（"确认偏见"）。

你需要寻找并接纳持不同意见者，包括同事、相关方，还有不支持甚至反对的客户。要一对一询问而不要公开进行，这么做可以向更多的相关方征询意见并表达顾虑，而不会让持不同意见者难堪。

避免固执，或对问题置之不理。尊重不同个性、技能和经验的价值。试着理解他们的反对意见，并将其纳入你的评估。努力证明他们是对的，而不是认定他们是错的。不要计较他们说的每句话，因为通常，他们不是在针对你。

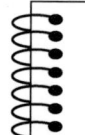

> 第4章介绍了如何进行对比测试（split-testing）和增量型产品改进。
> 第6章介绍了如何从一个假设开始，定义你的产品规格和最小产品范围，加速产品上市并获得经验。

不要害怕用外交手腕挑战别人，或在传递坏消息时顾虑过多。如果你不去面对那些可能影响产品成败甚至运营成败的问题，那么你就失职了。要质疑的是问题而不是人，要以信任为基础接受建设性的冲突，应该相信各方都在善意地解决问题。

分享你的信息和见解，这样其他人就可以支持或质疑你的结论。在产品更新和决策会议上，不要为了批准提议而只传递有利的信息。诚然，你的职责是获得支持，但要提出假设、情景和风险，这些假设、情景和风险可能描绘出不那么乐观的图景，但对做出正确的决策是重要的。如果你成功地赢得了他们的支持，那就更好了！

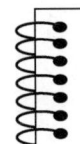

第 2 章介绍了让相关方参与的有效技巧，包括如何处理公开的不一致之处。

第 3 章介绍了在构建解决方案之前，如何评估风险和假设。

挑战假设与传递坏消息

我们公司的目标之一是完成平台搭建，通过多种语言、货币、营销平台、定价和套餐等方式实现商业全球化。我处在一群产品经理和工程师之中，主要任务是评估完成这个艰巨任务所需要的所有活动和时间，这个任务无异于将全部只服务过美国市场的平台重新进行改造和创新。值得一提的是，虽然完成这项任务需要花费 3 年时间，但团队并没有因此而退缩。这并不令人意外，毕竟罗马不是一天建成的。我们开始挑战假设，希望能够缩小范围或找到创造性的方法，对此提出了如下问题：

- 是否能在初始阶段面向小部分客户群体？（当然有一定的机遇因素在内）
- 是否需要提供一个功能齐全的解决方案？或者当地市场能否接受简化方案？
- 在准备好推出自己的解决方案之前，能否在一些市场与第三方合作？

我们认为，80%的市场机会来自以较小核心需求为主的细分市场，为这些企业服务将事半功倍（譬如可以获得本地营销、定价或货币的支持）。通过合作（授权一个合作伙伴平台使用我们的品牌和内容），也能为其他 3 个市场的客户提供支持。

初始方案是假设一切都需要走出去，而没有考虑是否有这个必要。虽然新方案最终获得大家的一致认可，但如果早点提出所有相关问题，就可以节省一些时间。

3. 专注、排序优先级和做减法

要解决的问题和追求的创意是无穷尽的。因此当你决定做什么和不做什么时，就要将最有潜力的创意放在第一位，而将其他创意排在后面。

对产品开发管道中的每个项目进行评估，避免分散精力并增加更多价值。成功做到这点的话，你不仅可以避免重大直接浪费，还会避免机会成本的损失（通常不易察觉）。想象一下，假如你有一个高潜力的创意和一个普通的创意，这两者需要相同的投资，如开发资源（直接成本）。选择一个错误的创意，不仅会让你花费大量的直接成本，还会因没有实施高潜力计划而带来机会成本的损失，甚至影响收入增长。

应当用明确定义和完善的流程进行优先级排序，无须耗费太多时间，也无须进行详细的成本收益分析或商业论证。由于未知因素太多，许多提议不能在一开始就有准确的量化结果。通过以成果导向为目标的方法同样能达到目的，应用已有的最佳数据对创意进行评分或排名来实现目标。这些方法的本质是让参与者达成一致——允许将影响重大的产品，授权给产品经理推动成果而不是某一具体的项目，避免在许多备选方案之间来来回回进行选择。不要浪费时间反复讨论相同的创意，或者探究那些与运营优先级和客户需求关系不大的创意。当然你可以选择将它们记录下来，以后再做考虑。

在第4章中，介绍了在相关方群体中合作排序优先级的技术，优先将重点放在达成目标一致上，然后选择那些能够实现目标的创意。

在第9章中，概述了产品经理所面临的最棘手的挑战之一——如何进行范围、时间、质量3方面的权衡。

挑战他人：如何礼貌地说"不"

你希望上司和同事能将你视为观点相同的人。尽量不要赤裸裸地质疑他人，除非你与他人已经建立了良好的关系并且他人能够接受质疑。当你认为某个解决方案对客户和运营来说才是正确的选择时，也要大胆提出。重要的是，不要成为一味附和相关方需求的人（也称为接单人，即为他人提供投标服务的组织）。

当你必须挑战他人时，首先重申他们提出的有益观点，然后再尝试使用以下方法并提出以下问题：

- "我们本季度的目标是什么？你的创意怎么帮助我们完成本季度的目标？"
- "我们需要收集什么数据来决定下一步行动？"
- "还要其他人参与这个权衡吗？"
- "谢谢你的创意——对比现有的优先级 A 和 B，能否解释一下为什么我们应该将这个创意放到更高的优先级？"
- "能告诉我你是如何思考的吗？"
- "你考虑过另一个备选方案吗？"

> ● "这是我看到的数据,我漏了什么吗?"
> ● "我将这个创意放进了创意库。"——这表明你不会忘记这个创意,但同时不要表示何时会采取这个创意,不要给提出者过多的期待。
> ● 招募他们是来帮助你解决当前问题而不是与他们辩论的,必须要求他们对重要任务负责。
>
> 即使对一个创意表示赞同,也要保证所使用的资源远离核心优先级。要意识到在资源有限的情况下,进行多次平行调查的必要性。某些时候你需要坚定地说"不"。

随着项目的进行,应早早地做好权衡的准备——从范围和规格阶段开始。没有人喜欢妥协,尤其是在你刚制订出能够满足客户所有需求的完美产品解决方案时,更是如此。

遗憾的是,追求完美的目标会延缓产品的上市时间(并延长你从客户那里得到反馈的时间),或者你会在无意中让工程团队赶工以便在最后期限前完成。随着时间的推移,这些做法会损害产品质量(也叫作"技术债")。

在定义阶段,仔细检查每个产品特性并且主动控制范围蔓延。要确保所有产品特性都对交付客户价值至关重要,但不要使它们递增,因为过度满足客户的需求会使你无法快速交付产品。交付越快,就能越早获得客户反馈,并了解下一代产品需要什么。

同样,在你和工程师团队发现并评估目前工作之前,要谨慎做出时间线承诺。对产品经理而言,安排开发团队在不合理的期限内完成有缺陷的、未经确认的产品范围,只会迅速失去他们对你的尊重。

用布道者的思维方式增强动力

运用布道者的思维方式,能够激励团队并获得公司上下的支持。你的目标是使他们热切关注项目潜力。你希望相关方都相信你,也希望开发团队发挥创造力解决当前问题,甚至拿出比你想象中更好的解决方案。

尽早建立互相信赖的内部关系,以便激发和协调项目相关方,同时让团队能够担负责任并决定解决方案的方向。理解"为什么"比"做什么""如何做"更重要。

如何具备布道者的思维方式?以下是一些建议:

● 主动与相关方商议并定期更新计划。
● 营造氛围,而不是制订解决方案,让团队担负责任。
● 在产品发布的前、中、后期都仔细管理计划、协作和沟通。

1. 主动与相关方商议并定期更新计划

识别内部相关方,并与他们分享你的计划和数据,然后收集并采纳他们的意见。

说服每个人给客户和运营带来有益影响,以获得产品口碑。分享你的假设和对风险的理解,并对其他项目及投资需求进行权衡。分享你将如何推广当前产品(如果在市场上),同时强调持续投资对公司的好处。

即使获得了决策者的批准或支持,也不要停止宣传。抓住一切机会向产品的实施者、销售者或其他支持者强调项目的重要性。

> 在第 2 章中,将讨论如何有效确定和维护与相关方的牢固关系,即营造氛围,持续更新并提供支持。

2. 营造氛围,而不是制订解决方案,让团队担负责任

能够对客户和运营产生影响("为什么"),是团队成员的主要动力。相比较而言,他们在制订具体解决方案上("什么")的热情上要低得多。在"如何"制订解决方案或"何时"实现解决方案上,他们尤为敏感。因此,要激励他们影响潜在客户并实现运营成果,同时为他们提供支持并防止他们分散精力。尊重团队解决问题的能力,强调目标而不是你自己的解决方案。

广泛传播

● 准备 30 秒的电梯游说或一组幻灯片,概述客户问题、商机,以及你提出的愿景和解决方案。与相关方一起浏览这些信息。

● 在重要会议或公司大会上提供产品更新方案。无论有多难,都要抓住这些机会,甚至要主动去当志愿者。

● 在午餐时间举行"非正式午餐会议",邀请有兴趣的相关方出席。主题可以是产品路线图、客户研究成果、有意义的趋势或新发布的功能。会议时间控制在 30~45 分钟,并留出问答时间。

● 每周向团队成员发送一封电子邮件,内容包括取得的成就、学习所得、客户报价和说明。让你的电子邮件充满活力,而不仅将其用于更新状态。你可以访问 www.influentialpm.com 获取模板。

允许其他人控制并制造自己的产品。如果你将他们视为你的"孩子",就无法做到这点。但是,你需要一个拥有多种技能的跨职能团队来实现这一目标。让他们制订方案并分解计划。从客户的角度提出需求,留出足够的空间供其他人制订解决方案。他们提出的建议通常都会更好,至少和你想象中的一样好。

与你周围的其他人相比,你会有更多的时间来了解客户问题,评估备选方案并开发潜在的解决方案。当团队不了解方案的时候,你就会感到孤立无援和沮丧。

因此,要耐心地给他们提供思维过程和数据,然后让他们得出相似的结论或对相同的数据有不同的解释。你可以做好充分准备,通过详尽分析,抢占先机并回答他们的问题。让他们对你和产品计划充满信心,他们才会认同你的方案。

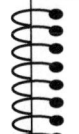

> 第7章概述了如何通过以用户为中心的目标驱动方法来满足需求。用户故事为团队提供了大量的机会来制订产品解决方案。
>
> 第8章详细介绍了如何有效运用工程技术,在产品开发过程中指导团队,使你的团队专注且充满活力,不断创造价值。

缺乏责任感

这里介绍一个彻底重新设计并改进网站的例子。随着互联网的发展,许多功能被添加到网站上,却没有考虑用户界面的便利性和易用性。随着更多交互功能的导入,问题越来越严重了。

作为产品经理,我领导了这次重新设计。首先,我制定了愿景和路线图,并与用户体验团队一起合作讨论不同的方法。这是一次重大的更新,并且很多相关方对此十分关注。我进行了一次推介,希望引起同事们的兴趣,并尽我所能解决他们的担忧。

宣传和实施项目很快成为一项艰巨的任务。由于我花费了大量时间来解决相关方需求,我的工程团队就像旋转的轮子,不知道下一步该优先处理什么。

我马上意识到,与团队一起讨论最佳创意和相关方反馈,然后让团队自行定义新的设计与功能是更好的方法。

比起依赖我来领导该项目,授权团队制定决策,才能开发出更好的产品。

3. 在产品发布的前、中、后期都仔细管理计划、协作和沟通

随着产品计划的逐步完善,为产品最终上市做好准备就变得非常重要。随着产品定型和上市日期的临近,产品的相关方会越来越清晰。通常,你直属团队之外的人员(涉及多个职能部门的人员)也要参与产品上市计划,或者被咨询和告知。

尽早让相关方参与,避免他们措手不及,也不会在开发后期才发现新需求。相反可以通过调动他们的积极性,促使他们为产品上市计划做出贡献。你会发现

许多内部需求，如文档、流程和推广方法，这些都需要你和他们进行讨论，达成共识并落实到位。

最后，你不仅要负责交付产品，而且要为产品在市场上的成功负责。启动只是开始，而不是结束。一旦将产品推向市场（规模化），你会收到大量客户反馈，发现一些缺陷，收集第一批绩效数据并与 KPI 进行比较。紧紧抓住这些问题，积极沟通，优化产品以确保长期成功。

> 在第 10 章中，我将讨论"稳妥部署"以指导团队完成将产品成功推向市场的过程。

避开 5 大陷阱

明确并合理运用 4 种思维方式，你将避开产品经理在识别、探索、验证和实施产品机会时遇到的常见陷阱。接下来学习如何识别并避开这些陷阱。

陷阱 1——单打独斗

你可能在某种（或其中几种）思维方式上比其他人更强。也许你具有深入的分析能力，如擅于通过处理数据和电子表获得见解，但在创造力上较弱。或许你可以轻松发现和解决问题，但是登上舞台推销你的创意会让你感到恐惧。这很正常，毕竟产品经理也是普通人。不要以为成功者需要在所有方面都表现出色。你应该意识到自己自然擅长的事情，并有意离开舒适区去练习其他技能，也可以考虑找一个友善且能力很强的同事来指导你并给你一些创意。

你还需要弥补其他人原本就有的优势。观察一下团队和相关方，找出他们的优势是什么。下面是 3 个例子：

● 有远见者、令人振奋的创始人或领导者很容易开阔自己的视野，他们常常会跳过详细的评论或客户验证，但是他们可能过于乐观而缺乏细节。你需要使用分析者和挑战者的思维方式进行平衡，在激发他们热情的同时，给他们提供或支持或反对的数据来提高严谨性。

● 强大、果断且受人尊敬的同行或相关方很少出错。但请注意，过度自信或缺乏环境支持可能使他们走错路。你需要更多地使用探索者和挑战者的思维方式进行平衡，确定替代解决方案并确保问题有高优先级。无论收集数据还是提出观点都要严谨。同样，注意他们可能有一些你不曾想到的观点或见解。

● 精通技术或数据驱动型的管理者能够很好地处理问题和提出解决方案，他们非常注重细节，分析能力也很强，但往往缺乏大局观。你可能需要使用探索者和布道者的思维方式帮助他们树立愿景，产生动力并激励团队。

陷阱2——形而上学

你的使命是带领组织实现合乎逻辑的结果，尽管存在风险和变数。因此，要尽量避免那些对决策不利的认知偏见。一些信念、行为和社会方面的偏见会扰乱客观决策。只有了解产品管理决策中的常见偏见，才能识别它们（无论是发生在自己还是别人身上）并采取对策。

> **确认偏见**
> 倾向于寻找可以佐证信念、偏好或期望的一种趋势。这种偏见会：
> - 支持自己想听到的事实。
> - 消除与自己假设不一致的数据（例如，将此类数据称为"离群值"）。
> - 先入为主，非常乐观地对数据进行解读。
>
> **对策**：积极寻求可以反驳自己假设的证据（如通过对原假设进行验证）。接受与你的假设相矛盾或与想法不一致的数据。
>
> **权威偏见**
> 认为管理者、关键客户、其他有权力或有专业地位者（无论感知的还是实际的）提供的信息是真实的、优先的或正确的。这样做是出于对他们权力的尊重、恐惧，或者想取悦他们，从而对他们的建议不进行严格评估。抑或假设他们"掌握所有事实"。
>
> **对策**：有策略地与他们沟通，争取时间进行分析、测试、与客户交谈并制订解决方案。讲明你和团队需要获得有关客户问题的第一手资料，才能开发出可充分利用稀缺资源的解决方案。
>
> **幸存者偏见**
> 困扰客户研究、用户行为分析和用户测试的常见问题是，将精力集中在使用产品最活跃的人身上。这些用户通常对你的产品更积极。活跃用户更加清晰、更容易接触且反应更快，因此在收集数据的过程中往往会产生偏向性。
>
> **对策**：对停用你产品的用户或购买了竞争产品的用户进行研究以平衡。
>
> **声誉风险**
> 一旦你提出并传递了对某种方案的支持，你就会增加投入。爱上自己的创意很容易（这被称为"光环效应"）。或者，你会认为自己所支持的事情的失败就是自己个人的失败。这样一来，你就会变得保守和不够灵活，也会抵触与自己信念相矛盾的数据。
>
> **对策**：在确定某种方法是否有效时，要足够成熟，确保将个人感觉、专业声誉与现实分开。将潜在的失败作为学习经验，尽早了解失败原因，分享你从中学到了什么。通常，你的同事和相关方会将成熟视为一种强大的性格特质。

群体思维

群体思维也被称为"从众心态"。它反映了一种趋势，即因为群体中很多人相信某件事，所以自己也跟着相信。这些信念可能是长期存在的，也可能是组织规范。他们做事的方式"一直是这样"，这种信念根深蒂固，没有人想过挑战现状。这样一来，最简单的方法就是顺应现状。

对策：让整个团队思考自己的方法是否是完全正确的。不能让团队成员成为应声虫，互相附和，从而导致盲目自信。在这种情况下，绝不能跳过关键的步骤，即收集独立的外部数据。

沉没成本误区

有时投资之路可能没有最初想象中那么好。尽管已有证据表明最初的决策是错误的，但随着时间、资源或声誉的投入，你就会根据先前的累计投资来证明继续投资是合理的。当然，这只是无休止的砸钱而已。

为了证明继续投资的合理性，对策是设定里程碑。在继续投资之前，将未来投资与过去投资进行对比，并分开报告，准备好"割断诱饵"（在 2～3 次尝试后）。

更多防止偏见的技巧

- 不但要测试自己的产品，而且要测试竞争对手的产品。这么做会让你对个人感觉的依赖变少，而且你会了解用户对现有的解决方案是否满意。也许你会找到产品差异化之处并使之脱颖而出。
- 问出与你的假设相反的问题——你能证明假设不成立吗？
- 将客户分成 5 组——"友好的当前客户""不满意的当前客户""流失的客户""竞争对手的客户""潜在客户"，然后从每组中抽取 1 个样本进行访谈。
- 通常，在早期发现过程中，在资源允许的情况下同时开发两个潜在的解决方案，用单马比赛的方法更容易成功。
- 当提出产品特性或具体解决方案时，需要保持疑问。持续追问（通常用"5 个为什么"），直到有足够的信息内容来解决根本问题为止。然后从根本原因反推，制订解决方案并确定优先级。
- 在访谈客户时，先问一些开放式的问题，这样在提出自己的观点或解决方案之前，受访者可以说出他们在想什么。

陷阱 3——模糊性、确定性及分析失效

推迟决策或不做决策本身就是一个决策。随着时间的推移，资源被分配到下一个具有优先级的项目上，最终你还是需要做出决策。

当然，按兵不动，以便收集更多数据而推迟决策是可行的。有时数据缺乏或质量不够好让你无法做出有质量的决策。如果要继续推进项目，就必须做好准备。在必要时，用部分、不完整或矛盾的数据做出选择。否则，你将陷入无法分析的困境，你（或相关方）会寻求更多的数据，以增强你早做决策的信心。要知道，完美是良好的天敌。

数据收集、综合和生成洞见需要投入大量时间和资源。一不留神，数据收集就可能无止境了。因此，只收集那些能对你的行动产生有益影响的数据，这些数据将以合理概率帮你做出最好的选择。一旦你获得更多的数据，就可以重新审视你的选择。获得数据越晚，就越难改变决策。

陷阱 4——避免冲突

很少有人喜欢对抗。然而，在开发产品和实施产品计划时，你必须接受合理的冲突。

当相互尊重、相互信任的专业人士聚集在一起分享不同观点、挑战彼此的假设、辩论备选方案并得出更彻底的结果时，就会产生建设性的冲突。这时，要么将决策进行综合，要么一方说服其他方，要么就只能妥协。

接受和追求新的方向是一项艰苦的工作，批评或仅仅保持现状是很容易的。

拥抱冲突

我团队中的一名产品经理正在苦苦挣扎。他从不听取相关方的意见，对公开沟通持怀疑态度，并且过度保护他正在制订的计划。

随着时间的流逝，我变得越来越沮丧。我想："这到底是怎么了？"

一天，他和一个同事（另一名产品经理）讨论他们喜欢或不喜欢公司环境的地方。后来，另一名产品经理与我分享了这次对话。

"没有人信任我。我的上司和其他产品经理向我提出了太多问题。我感觉自己一直在被质疑。"

另一名产品经理很惊讶地说："但我喜欢这个文化。你的团队只是在鞭策你，以确保你的创意和计划尽可能好。他们也这样对我，这有助于我发现缺点，提高我的思考能力。我觉得他们非但没有试探我，反而在推动我取得成功，所以当我与工程团队或高级管理人员交谈时，我的创意漏洞很少。"

这次谈话对他产生了深远的影响。多年后，尽管我们不在同一团队工作，他仍然经常与我联系，让我帮助他挑战他的计划并向我寻求其他建议。

个性和文化背景会影响一个人在冲突中的舒适度。许多人对冲突深感不安，可能认为挑战他人（尤其是那些处于更高职位的人）是没水平或桀骜不驯的。社交规则会阻止某人说出他们真心话，以避免冒犯他人或成为"老好人"。

有些时候，你可能遇到一个特别具有挑战性的团队成员，他喜欢发表不同意见，寻找新的选择，挑战基本原理和数据。只要是建设性的意见，就要耐心地接受。当你发现自己与同事或经理意见不一致时，就直接说出来，不要给你的信息蒙上糖衣。当然，这样做也要看场合（例如，不要在全体员工会议上当着所有人的面）。邀请和鼓励他人发言也是你的责任，尤其要平衡那些嗓门更大和贡献更多的人。

陷阱 5——不相信自己的直觉，轻易放弃新的机会

创意在萌芽阶段是非常脆弱的，它们很容易被忽略。乍一看，他们似乎一点也不好。很难想象有些创意可以在缺乏数据或验证的情况下得到采纳，它们挑战现状，看起来过于大胆，难以实现。

不要轻易地推翻新创意。在评估它们的有效性时，试着将意见与合理解释分开。当一个新创意出现时，要积极认可做出贡献的人并找出其优点。

千万不要立即提出创意的问题和行不通的原因。在阻止这种武断行为的过程中，你需要发出一个明确的信号：你欢迎创造力。只有这么做，你才能获得更多的创意，进而获得回报。

即使面对矛盾的数据或怀疑，也不要完全忽视你和他人的直觉，因为我们可能误读数据或误判。相关方和客户可能对一个特别大胆或创新的创意反应迟钝，但事后他们会想，如果没有这个创意，他们将如何继续生存。要寻找平衡点，知道什么时候你有足够的数据来验证创意，什么时候要保持直觉和远见。实现你的产品愿景需要你坚持不懈地尝试新事物，并承担风险。既能头脑清醒又能遵从内心。

第 2 章　用影响力来领导
——在组织中创造环境并和相关方有效沟通

本章学习要点

1. 什么是通过影响力来领导，以及如何运用影响力来领导。
2. 运用强大而简单的技巧帮助你和组织中的相关方建立紧密关系。
3. 如何避免常见的沟通陷阱，防止在与高层管理者合作时影响工作效率。

什么是通过影响力来领导

产品经理在实际工作中往往会遭遇左右为难的情景。他们希望成为在组织中受到尊敬的强有力的领导者，同时推出能够带来商业收益的出色产品。产品经理通过协同跨部门人员之间的合作来实现这一目标——在该过程中要考虑到每个人不同的性格、专业和商业目标等问题。产品经理既要处理棘手问题，又要激励团队成员。

然而，产品经理没有对团队成员的直接管理权，团队由工程师、设计师、营销人员、产品支持人员和执行人员等组成。没有人会直接对你负责，而且有些成员比你的经验更丰富、级别更高或资历更深。

为了实现目标，你只能依靠说服力，而不是正式的职权（几种方式的区别见图 2.1）。你的角色处于企业目标的中心且具有独立性，与团队成员荣辱与共。这对于你并非阻碍，反而会让你变得更为高效。它有助于你树立一个更为公平公正的形象。不要指挥和命令团队，而要通过下面的方式：

- 依据客观事实和数据做出决策。
- 协调团队不同成员，综合各方意见得到最终的结果。
- 根据客户和运营需求设定任务优先级。

通过影响力进行领导，是你走向成功的一项精妙且必不可少的技能。为了使团队成员心甘情愿地服从安排，首先要建立信任，使他们对你行动背后的目标深信不疑。

> 影响力：通过共同目标，凝聚全体成员的信念、行为、行动与成果
>
> 职权：依靠管理资历、人际交往、专业技能或赏罚机制来管控
>
> 掌控：说服团队成员优先完成你的首要目标

图 2.1　几种方式的区别

作为产品经理，在考虑问题的出发点上，应尽量确保把客户摆在首要位置，其次是企业，再次是团队，最后才是自己。

当然，只依靠影响力领导还远远不够。产品经理仍然会由于政治因素、不可控资源及其他人的意外举动而受阻。

远离办公室政治，才能赢得人际关系和声誉。一味地运用掌控的方式，将很快葬送你的职业生涯。这并不意味着你要逆来顺受。如果在工作中有人和你产生了矛盾，就要提供开诚布公的、同时带有一定建设性的反馈（在他们愿意的前提下），并尽最大努力去解决问题。

用职权而非影响力的例子

我最初担任产品经理时，一位高管给我安排了一项任务，即领导一个重要而紧急的项目。他要求我立刻召集团队并开始实施。当时踌躇满志的我很希望能有这样的领导机会，于是欣然同意。

我马上召开了一个会议，与会人员包括市场营销、工程和设计团队的成员。接下来我发表讲话来鼓舞士气，并要求所有人停下手头的工作，开始致力于实现这一新目标，因为这个目标对于高级管理层来说非常重要。

此时团队的成员们却因为新任务的紧迫性而倍感压力，不过也只能无奈地同意并开始着手工作。

过了几天，该高管找我单独谈话——情绪显然有些愤怒。他告诉我，有几个团队成员向他投诉，因为我强迫他们从繁忙的工作中抽身，全身心投入这个新项目。

我辩解说："可这个项目是你安排的，难道这样做不是你想要的吗？"

"我的确是要你来完成这个项目，但不是以这种方式去完成。"他说，"我希望你能够鼓励他们，而不是强迫他们来做这件事。你应该已经解释了这个项目的重要性——诸如创造商业环境并讨论客户需求之类的。但我要你统筹全局，并不意味着你可以直接指挥他们。你擅用了我的职权，却把我放到了一边。总之，我想要团队得到充分的鼓励，而不仅仅是执行命令那么简单。"

他的话令我恍然大悟，我永远不会忘记这个教训。

有时，通过影响力来领导他人也被称为"影响力管理法"。尽管它们在本质上的含义相同，但我更喜欢用"领导"这个词，因为从严格意义上来说，你并不是在管理别人。

你可能认为本章介绍的建议和技巧对你来说只不过是常识。然而，令人感到惊讶的是，很少有产品经理和其他专业人士能够时常提醒自己遵守这些常识。相反，他们只关注那些能够实现短期目标的权宜之计。无论如何，要有意识地将其应用于日常实践中，这样有助于你建立牢固而持久的专业素养，使你在工作中更为高效，同时对团队产生更为深远的影响。

如何通过影响力来领导他人

从本质上讲，如果你能将影响力看作创造环境，在这种环境中每个人都能充分理解并认同统一的团队目标、数据信息、工作方法和制约因素，发挥他们各自特点，并将其协同起来实现共同愿景，那么你的影响力便达到了最佳效果。

> 这个环境能够解释团队所采取具体行动或方向的动机所在，即"为什么"做某件事，而非"做什么"或"怎么做"。

经验不足的产品经理可能对"做什么"和"怎么做"有着明确的规定，却没有解释清楚原因和动机。这便产生了一个问题：不了解动机或缺乏信任的团队往往会缺乏动力，甚至会有抵触情绪。他们会觉得自己与项目毫不相干也不受重视，他们不认为自己正在做的事情对企业或客户有任何用处和价值。

通过创造环境，其他人才能理解你的洞见。耐心地分享你的观点，以及所有能够支持观点的数据。同时向他们提出一些开放性的问题，但不要有意引导他们得出你的结论，而是首先让他们表达自己的意见、结论和措施，这样你会得到全新的见解或发现自己疏忽的地方。而且你会拥有一个更具干劲的团队。

以下是一些切实可行的在日常工作中创造环境的方法。只要你坚持长期应用，就会逐步增强对团队的说服力和影响力。

1. 不断强化产品愿景、总体战略及商业目标

不要默认所有人都能理解和认同产品的预期效果。对任何项目都是如此，尤其是以下几种情况：
- 当你要引入一个全新的、看上去难以实现且模糊的概念时。
- 每个人都在自顾不暇，个人安排与新产品计划相冲突时。
- 产品发布后收到第一份数据、缺陷报告及产品变更需求时。

失去目标和动力是件很容易的事情。即使你已竭尽全力解释，仍然有人不理解目标。况且，产品目标经常会随实际情况而发生变化，通常每个季度变更一次，也有临时变更的情况。这会使团队成员感到脱节，甚至怀疑自己的工作是否和计划合拍。

你应一有机会就提醒团队成员当前工作的动机。将每个新产品方案与企业的核心目标联系起来，最好有一个量化的目标。这样你就可以定期检查团队工作进展并对结果进行公示。

2．详细说明变更与制约因素，并鼓励团队成员创造性地应对挑战

变更是不可避免的。这可能是因为产品的市场表现偏离了方向，或者在产品测试期间发现了某些方面需要改善，抑或是决策者设置了新的优先级或对产品资源进行了重新分配。你自己也可能不理解和不支持这些变更。即使你个人理解和支持这些变更，其他人也不了解其中的缘由。这时你要弄清楚这些变更的原因，考虑你需要进行哪些调整，并向团队说明清楚。

尽一切可能让团队成员掌握主动权，与团队一起开发出一条新的可行路径。注意，不要制定标准答案！给予团队成员解决问题的主动权，可以使他们从心理上感受到被重视，而不只是被动接受变更的"受害者"。

无论你的真实感受如何，一定不要试图通过抱怨管理层的方式来讨好团队成员。这会在团队中产生一种与管理层对立的心态，对产品和企业的健康发展极为不利。

同样，团队的每个成员都认为，假如给予更多的时间和资源，他们能够做得更好。他们认为，如果他们不用浪费那么多时间去参加会议、处理电子邮件、培训新员工、修复缺陷、撰写文档、做工作总结或与团队之外的其他人交流最新进展，那么他们的工作效率就会高很多。你甚至可能很想与团队成员一起抱怨这些事。但是，每个企业都有其局限性，尤其是在对不同项目确定优先级并分配稀缺资源时。一名优秀的产品经理要帮助团队理解这些局限，认同当前所需工作的价值，并找到在现有条件下工作的建设性方法。

3．大量收集并公示定量和定性数据，表明你是客观公正的

调查结果显示，大多数团队在讨论战略时是基于成员观点展开的。即使是最有经验的专家也不能保证其观点是永远正确的。况且由于产品经理缺乏直接的权威，很少能在纯观点辩论上占据上风。你确实负责为产品确定优先级和决策，但这并不代表你可以根据自己的"专业知识"做出决策。

当面对那些完全是基于创意的备选方案时，你要通过具有说服力的定量和定性数据来支持你自己的观点。倾听各种不同的观点，问问你自己需要哪些数据来验证它们的可行性。要保持理性、客观，接受其他观点的挑战。不要情绪化，坚持自己的判断，谨记个人目标。将相关数据引入对话并提出有说服力的方案，这样才可以有效地让其他人支持这个可行方案。

但你需要准备的不仅仅是最重要的数据，还要准备以下内容：

● 不同详细程度的数据——不要一股脑地用复杂的报告和表格呈现过多的数据，这会使你的观众厌烦。也不要提供太笼统的数据，这样会限制观众对细节的必要讨论和理解。你需要准备不同详细程度的数据，包括要点和细节，如果有人提出问题，就用数据支持你的观点。

● 方法——多了解数据的收集渠道，确保数据准确，并解释哪里可能有不足。只有当你能确保自己收集的数据有效并消除偏差和顾虑时，数据才会有说服力。一些常见问题有：

- 过度使用平均值或由分析工具堆砌而成的报告（隐藏了细分趋势和分布模式）。
- 选择了过多受外部因素或特殊情况（不受产品经理控制）影响的数据。
- 无法再现的数据或仅仅依靠极小样本得到的数据（如将一两个客户调查结果作为样本）。
- 将相关性与因果关系搞混淆（贸然得出产品需要哪些改进的结论）。
- 相关方之间缺乏统一的定义（导致对同一数据的不同解释）。

● 见解和建议——不要只提供大量引人注意的数据却不向观众说明其中的含义。准备一个总结方案：从数据中总结出的可行见解及下一步方案。相关方会希望讨论这些内容，因此你要做好准备。

最有说服力的数据是来自客户的反馈。你必须成为客户的拥护者，确保你的决策符合他们的最大收益。如果不符合，就要立即提出质疑。由于需要扮演多个角色以实现各部门目标，你很容易失去对客户的关注，转而陷入内部纷争或针对短期商业收益的过度优化中。

> 在第 11 章中，我分享了开发实用度量指标的最佳实践方法。在第 5 章中，我讨论了收集客户数据以指导产品决策的技巧。

收集并公开客户评价和反馈。没有什么比听到客户给出的真实评价更能激励团队了。注意不要只收集正面、积极的反馈，但也不要过度收集负面反馈。在提出建设性改善和激发团队动力及乐观情绪之间找到一个平衡点。

4．为相关方参与创造机会和开展公开讨论

资深的相关方想要让自己有用武之地，要想办法让他们参与进来。可以把他们当作你的参谋，或者让他们参与解决问题的会议。可以求助他们以获得其团队的支持，或者通过他们来鼓舞士气，当然，别忘了表示感谢。

通过影响力策略实现高效领导

强化目标

- 将产品愿景、目标、关键成果和产品路线图放在最显眼的位置。无论是出于什么考虑,都一定要避免模棱两可或多余的内容,以免招致不满。
- 让团队成员说出他们认为各自的工作重点,以及和公司优先级的匹配度。对大家的回复进行公开讨论和说明,以帮助他们认识其工作之间的关联和影响。
- 偶尔举行远程会议,和团队一起讨论产品愿景。邀请他们参加头脑风暴,并就各种创意、优先级和改进措施提供反馈。只要谈话内容具有建设性,就可以容许有批判性意见。
- 在可公开结果的前提下,定期更新团队的关键运营指标和产品的 KPI。可以将它们投放在电视屏幕上,从报告中剪辑出来,通过电子邮件发送给大家,或者每隔一周留出一些时间进行团队评审。

对客户反馈进行公示

- 让客服团队筛选出一部分客户反馈的邮件或通话记录,并将其发送给你。在团队中公示这些客户反馈,并给出你的总结。筛选标准是那些意见明确且具有可行性的留言,既包括正面的也包括负面的。在向客服部门的支持表达感谢时,与其说一句"做得不错",不如真诚地说"感谢您提供的最新信息,这正是我所需要的"。
- 在每次客户回访或用户调查中,邀请每个用户分享自己对产品的使用经历和切身体会。你会得到一些生动且有说服力的用户故事,可将这些用户故事与团队分享。
- 在进行客户访谈时最好安排一个团队成员和你一起,这样他就可以直接听到客户对产品满意度的第一手信息。相比于你把二手信息转达给团队成员,这些第一手信息更能激发他们的共鸣,并有助于形成重要的观点。在每次访谈时轮换团队成员,保证每次访谈不要有太多的人参加,否则会让客户感到压力。

介绍变更和制约因素

- 当告知任何变更时,都要先说明导致这些变更的原因。例如,你可以这样说:

"上个月,我们制定了1个目标,希望用户参与度提高10%,但我们没有达到,因此……"

"在对产品进行用户测试后,我们收到的反馈显示当前产品在使用时令人困惑,因此……"

"在上周的产品评审会上,我们确定 X 的优先级高于 Y,因为……所以……"
- 当情况发生变更时,不要立即提出你构思的新方法。相反,应向团队传达清楚发生变更的背景和原因,让他们分享看法并提出解决方案。他们最终往往会得出与你相同的结论,但这样一来他们会对新的解决方案更加认同。
- 要了解公司其他人在做什么。与团队成员分享当前存在冲突关系的各种项目及其各自价值(整体项目组合)。
- 讨论日常开支活动的价值并寻求改进的空间。例如,定期进行电子邮件交流和会议以增强凝聚力、减少分歧,培训其他员工以分担工作,设置阶段性目标以提供明确的目标和方向,修复缺陷,减少技术负债。

相关方参与
- 请一位高管来和团队成员分享团队正在进行的项目的重要性,重点介绍管理层希望实现的运营成果。
- 让团队向管理层提出任何他们关于季度运营目标和项目定位的疑问。找一个合适的信息平台来提出这些问题,如电子邮件、全体会议或每周会议。
- 此外,要征询团队成员的意见。例如,是否愿意让你与管理层匿名分享他们对运营目标、工作流程或企业文化的看法。同时要承诺一定会再和团队成员传达管理层的反馈。
- 在不了解对其他优先级项目的影响的情况下,不要提议从另一个项目中调动人员来承担你负责的项目的工作。相反,在你提出任何正式的提议之前,与可能受影响的相关方和项目负责人讨论你的建议。

团队成员的参与感越强,能够起到的作用就越大。告诉你们一个小秘密:相关方之间,甚至高管之间,往往彼此脱节。因为他们过于繁忙,太过专注于实现他们自己的目标和担负的责任。他们没有时间来总结所有的跨部门问题并予以解决。而这些问题如果得不到解决,就会影响产品质量、进度表和客户价值。有时候,应用影响力仅仅需要你召集一个小组,开个会来解决一个棘手的障碍性问题。把关键相关方召集在一起,设定一个明确的议程。首先,你要组织讨论,解释问题,并共享所有数据。然后坐下来让他们讨论。在大约进行到一半时,提出几个你想到的关键性问题,并提出可能的实施方案。通常,被召集的人会得出一致的结论,而且他们会有很强的参与感,更有利于合作并解决这个问题。

与相关方讨论并达成协议

前段时间,我们公司试图将产品投放到国际市场中。之前我们已经尝试过两次,最终都因资源问题和项目优先级被临时改变而推迟了。虽然我们都一致同意国际化,却没有制定明确的战略,实施计划也很冗长。按当时的计划,需要 3 年的时间才能完成项目。国际部负责人、首席技术官、首席执行官和首席财务官这些关键相关方都感到非常沮丧。似乎我们想做的事情太多了。于是我想，能不能找到一个折中的方案呢？

首先，我与国际部负责人合作，了解他的运营目标，探讨不同的商业模式，并优先考虑具有较高商业价值的客户。我发现盈利机会中的 80% 都来自同一个行业，而国际部负责人设定的目标很高，并要求有服务多个行业的一揽子产品解决方案。

接着，我与公司开发部负责人一起探讨能否缩小范围并确定资源需求。目的是大大加快上市时间（从 3 年缩短到 1 年）。

最后，我与首席财务官的团队一起制定了 1 份修订后的预算（比之前低得多），根据缩小的范围制定新的营收目标。

在了解了所有相关方的目标和需求后，我组织了一次讨论会。将所有情况都摆上台面，包括意见、观点、重点和资源情况。经过利弊分析，大家一致认为，新方案既能缩小规模又能实现营收目标。新方案最终得到通过，所有相关方都认可并决定启用新方案。

安排各相关方一起开会可能是一个挑战。而通过电子邮件无法有效解决复杂问题，随着误解增加，可能导致情况很快失控。同样，在利用一对一访谈方式解决问题时，你又不得不扮演中间人角色，这么做不但会低效，也会出现混乱。

向上管理：与资深相关方一起工作

切勿望文生义，向上管理不是让你管理你的上司。向上管理是了解并优先考虑上司的需求（及其他关键决策者的需求），主动提供信息，并在需要时寻求他的指导（同时尊重他的日程安排）。有影响力的产品经理和所有优秀员工一样，都希望自己的上司、其他相关方，以及企业运营获得成功。当你做到这些时，你就会对自己及未来的方向充满信心。

如图 2.2 所示，通过应用以下 6 个技巧，就可以较好地进行向上管理。

1. 提前建立良好关系

在需要支持之前，就要与你的直接上司、其他相关方和团队成员建立良好关系。如果等到需要他们帮助的时候再去建立关系，他们不会愿意花时间和政治资源来帮助你。

在识别相关方时要做到面面俱到。不但要考虑与你直接共事或资历比你高的人，而且要考虑同事和值得信赖的独立贡献者。事实上，应考虑任何为产品提供支持及信息的决策者或影响者。可能的话，拿到组织结构图，仔细研究每个职能部门以确保没有遗漏。

提前建立良好关系	认同和事先沟通	定期、简要地汇报进展
先说要点，不要让别人猜测	提供解决方案	自我管理

图 2.2　向上管理的技巧

为了准确识别相关方，你可以问自己下面这些问题：

● 谁指导我的工作和事业？你的上司很显然是，但别忘了你上司的上司也是。请注意，在进行任何越级谈话之前，请与上司坦诚相见，并在讨论期间始终表现出对上司的承诺和支持。

● 谁指导或决定、影响产品的优先级？这可能包括运营负责人、负责战略规划的同事，以及任何批准投资的人。

● 谁为我的项目提供指导或资金？答案是工程部门、质量部门和设计开发部门的上司。积极褒奖团队的职业道德、能力和成果，同时客观、真诚地报告共同面临的挑战。

● 谁是监管者？这可能包括项目管理者、工程发布人员和负责管理开发流程者、管理进度和依赖关系者及生产软件提供者。当发生意外时，你需要他们的支持。

● 谁有权限提供我要的数据？分析团队、消费者调查小组或市场研究小组可以提供报告、统计数据并确认你的假设，或者进行快速分析，以帮助你做出决策。通常，你对他们的要求会很多，相关的工作量也很大。

● 谁跟潜在客户做生意？是销售和市场部门。当你想和客户沟通时，就要找人帮你联系客户。当然，他要相信你能够很好地与客户沟通。

● 谁定期与用户交谈？不要忽视客户团队（如客户管理或客户服务）。他们通常比任何人都更了解客户的问题。如果你让他们就每天从市场获得的反馈发表意见，他们会很开心。

● 谁是最受信任和尊重的独立贡献者？是那些经常被邀请参加战略讨论或经验丰富的工程部门员工和个人贡献者，他们能提出创造性的解决方案，解决技术难题。你可以将他们纳入有效的、非正式的内部沟通渠道，寻求他们的意见。

- 谁可能是好的榜样或导师？考虑你的汇报对象以外的高级产品经理或在管理人员上有着丰富经验的领导者。他们乐于指导你或充当你的顾问。这些人中的大多数都很乐意提供帮助而且是一个极好的"低风险"建设性反馈的来源，因为他们不是你的直接上司。
- 谁能应对日常事务？诸如行政助理、前台人员、人力资源部门员工、招聘者和 IT 支持等辅助人员。将项目目标与他们分享，平时尽可能与他们保持联系，如果他们理解你的目标，那么无论是安排临时会议、快速解决 IT 问题还是为团队订一份工作餐这种琐事，他们都能快速处理好。

在与相关方第一次见面之前，要为对方着想。虽然有公司目标，但每个相关方都有自己要达成的目标，并且他们的目标可能与你的目标冲突。此时，你应扪心自问：

- 他们有什么样的目标和动力？我的目标与他们的目标在哪里是一致的？在哪里有冲突？
- 他们知道我正在做的是什么吗？他们会有什么担心，可能提出什么问题？
- 还有什么是我至今没考虑过的需求吗？我能从他们那里得到什么样的产品反馈呢？
- 他们和他们的团队是否会从我的行动方案中获益？
- 我能要求他们提供什么样的承诺和支持呢？

当你第一次与每个相关方会面时，要询问对方一些基本问题：

- 你的核心目标是什么（以及如何度量这些目标）？
- 为了实现这些高优先级目标，团队会怎么做？
- 我怎样才能帮你实现目标？
- 你有什么样的数据、资源和关系可以给我，以便促进、加快实现目标并满足你的需求？
- 我怎样与你和团队进行有效合作呢？过去有什么做得好或做得不太好的地方吗？
- 你对我的产品有什么喜欢或不喜欢的地方吗？
- 你希望产品还能实现什么功能呢？（当你对他提出的建议做出回应和承诺时要慎重。）
- 你希望我多久向你更新一次产品信息，用什么方式？
- 团队中还有我应该会见的人吗？

最后，考虑他们喜欢的沟通方式，从而决定如何与他们保持定期联系：他们喜欢邮件交流还是对话？他们想要定期的、有规划的一对一会面还是在需要的时候临时会面？他们希望在做出回应前有足够时间处理新信息还是喜欢立即进入像白板讨论一样的问题处理模式？

他们是喜欢非正式讨论的闲聊型的人吗？（你可以随意交流创意。）还是他们更喜欢简短、正式并有明确议程的会议？（你可以立刻进入工作状态并且能做出明确的决策。）不要指望所有的相关方能够给你太多时间。不过，大多数相关方会愿意与你喝杯咖啡交谈 20 分钟左右。因此，你要提前准备好让他们讨论的问题。

经常与你的直接上司沟通，获得他们的允许并邀请他们（由他们做出选择）参加比他们更高级别的人特别是他们直接上司的会议。这是一个有礼貌的且让他们参与的良好做法。另外，还要考虑非正式关系的重要性，虽然工作之外的个人承诺、文化和信仰会限制你参与一些活动，如外出午餐、下班后一起放松、参加娱乐活动或公司聚会、加入运动队或去社区当志愿者等。在交谈中向他人表达真实的兴趣。你对他人的了解程度越深，得到的信任就越快、越多。

不要认为建立人际关系就是一味"讨好"对方或用甜言蜜语哄对方。一旦遭遇某个小冲击，这种浮于表面的关系就会很快破裂。建立关系就是打造共同的基础、共同的公司使命感或共同的个人价值观，相互贡献和能力互补才能产生尊重。你们不需要成为最好的朋友，但必须在职业发展上成为最好的合作伙伴。

2. 认同和事先沟通

有影响力的产品经理掌握了能够获得相关方认同的技巧。认同需要过程。在小组讨论之前，通过单独与相关方了解关键点来预先与团队达成共识。这么做，给了他们一个机会来消化新消息并反馈或接受你的建议。同时也减少了消极反馈的可能，并让你提前识别出一些在团队会议时可能失控的情况。如果你了解了一些可能对相关方很重要的事情，要主动与他们分享，即便自己不太习惯，也要这么做。不要让他们在会议中或者从其他人嘴里听到某些事而感到惊讶。同样，不要在团队中展示一些他们可能在第一次见到就会产生争议的数据和提议。这样不仅有引起混乱的风险，而且会错过一个黄金机会，因为你未能给他们时间来思考你的创意及发言，支持你富有挑战性的新见解。

一个完美的会议是你知道你与相关方在你想要的成果上达成共识，并且你得到了一致认可的公开支持。认同感会增加这种情况发生的概率。小组会议仍然让每个人都能分享观点和争论，如果小组有额外的发现，就会有意想不到的收获。单独一个相关方不太可能表达惊讶或强烈的反对。当寻求认同时，找到相关方的"兴奋点"，采用他们喜欢的方式传递信息。考虑以下事项：

- 他们是哪一类型的人？是分析型、细节导向型还是数据驱动型（金融人士、商业领袖还是数据科学家）？
- 他们是有远见者、品牌敏感者还是长期思考者（创始人、首席执行官还是首席营销官）？
- 他们是否决心花时间进行深思熟虑的规划、执行和质量保证（项目经理、工程师还是技术人员）？

- 他们是否关心客户反馈？公司将如何实现收入目标（销售代表、营销人员、客户服务和支持员工）？

当你知道每个相关方的关注点时，就可以定制化地传递信息。

认同的价值

我和运营副总裁要进行一次并不愉快的访谈。1年来，他负责的工作流程自动化目标没有任何进展。他的团队开发的流程仍依赖大量的人工操作且十分耗时。与此同时，公司还有一些优先级更高的项目，这些项目要么每年可以节省数十万美元的成本，要么可以带来数百万美元的收入。

最新制定的路线图并没有包括他的项目。我知道他会反对，所以我准备在路线图公开发布之前和他见面。我打算分享我的提议，并征求他的意见。

午餐时，我告诉他没办法优先考虑他的项目。我站在他的角度说出了他的痛点，并陈述了他在此前规划会议上做出承诺却未能兑现的事实。

他很失望，和我争论了一会儿，时而情绪激动（他显然很沮丧）。我提供了一些数据，以表明其他更高优先级项目的价值，同时肯定了他所做出的努力。

在访谈结束前，他接受了结果，并同意这些决策是正确的。他还明确表示，他仍会在小组会议上提出反对意见，以便每个人都充分理解决策，他还表示会支持新的路线图。他后来也是这么做的。

会后，他对我表示了感谢，感谢我能够允许他这么做。此后，我们定期会面，彼此更加信任和尊重对方。

---

3. 定期、简要地汇报进展

对于相关方而言，没有消息可能就是坏消息。不要等到相关方跟进你的进度，而要通过主动汇报来减少他们的担心。在星期五中午发送电子邮件是一个较好的沟通方式，也是合适的时间。在一周结束前的几分钟内，收件人可以阅读并回复（或在下周开始前的周日晚上仔细阅读）你的邮件。

简明扼要地进行汇报，内容不要超过两段（能用简短的要点进行总结就更好了），并且在1页之内。只有你关心你和团队是如何度过这一周的每个小时，尽管有数百个小胜利和已经完成的任务，但还不至于让相关方了解所有细节。

没有人会看冗长的电子邮件。应该让收件人一目了然，也要与收件人确认这些邮件是有价值的。

抓住以下几个关键点：
- 本周取得的主要成果是什么？这些成果是否达到了目标要求？
- 下周的工作重点是什么？
- 下个月及以后的重要里程碑和日期有哪些？

- 阻碍下一阶段的挑战、问题、障碍、关注点和项目的未决事项有哪些？
- 希望你的上司或其他领导者采取哪些具体行动？
- 可以分享哪些有趣的数据（客户的感谢信、图表、研究结果或相关文章）？
- 你应该表彰团队中的哪些人，以激励大家能够做得更好？

与获得认同的过程一样，不要在每周的周末，即当每个人都准备放松时，突然报告任何意外的坏消息，这会使所有人感到惊讶。

用电子邮件进行产品状态更新是一种好的沟通方式，它能使相关方感到尊重并协同一致，同时还可以提高产品计划的价值。

除了定期发送电子邮件，你还可以每周安排与你的直接经理进行一对一的访谈，每次约 30 分钟（根据他们的愿意，可长可短，可密可疏）。与其期望他们主持会议，不如提前发送议程并准备好讲话要点。

通过以下方式建立信心：
- 提供状态更新。
- 提出问题并寻求反馈。
- 明确和调整运营重点。
- 邀请你的上司参与并解决你的问题，寻求他们可以提供的具体支持。

始终以"你好！"开始一对一沟通。一对一沟通非常有助于建立双方的信任关系。

此外，定期安排的一对一沟通可以帮助你和你的上司抵住用发送大量电子邮件或召开会议的方式来解决每个问题的诱惑。在遇到紧急问题时才需要开会。其他人可以等到你的下一次一对一沟通。通常，通过一对一沟通，问题的答案也会浮出水面。

有时，你可以利用一对一沟通进行职业发展和个人成长讨论，寻求反馈并确定技能发展领域。创建并分享一个简单的个人发展计划。每月回顾一次，以了解你的上司如何看待你的进步，向你的上司寻求支持并进行必要的调整。你可以在 www.influentialpm.com 上获取电子邮件的模板、个人发展计划模板，以及对开展一对一沟通的其他建议。

4. 先说要点，不要让别人猜测

无论用电子邮件、一对一沟通、小组讨论还是非正式聊天的方法，相关方一直在等你说出关键点，如果你始终不能进入主题，就会让他们非常沮丧。当你喋喋不休时，他们会问以下问题：
- 为什么我要读或听？不要让我猜好吗？
- 影响是什么？不要让我担心或为你思考好吗？
- 这次谈话的目的是什么？你能抓住要点吗？

- 你希望我干什么？行动还是建议？要我做出决策吗？

相反，先说要做什么，再充实细节。说明你的意图和希望倾听者采取的行动。如果不知道从何处开始，就想象一下你被问到一个有关优先级、决策或问题的时候，你会怎样说。先从结论开始说，然后用 30 秒回答完毕。

在电子邮件中，首先要从结果开始，这样你的信息才能被收件人阅读。如果你想表达得更详细，就写一个简要总结［你可以用缩写"TL"代表"Too Long（太长）"；"DR"代表"Didn't Read（未读）"］，并在下方画一道线，线下部分为详细信息，也可以添加供收件人点击阅读的文档链接，以确保他们能获得更多信息。

不要在好消息之间插入坏消息，也不要将其掺杂在与其他人的寒暄中从而减轻效果。如果有些事情是需要立即处理的，那么可以跳过寒暄直入主题，这并不是粗鲁的表现。管理者们在每天的工作时间都会收到数以百计的要求，如果你快速抓住了重点，就有机会吸引他们的注意力。

如何撰写有效的电子邮件

- 运用电子邮件分发人清单，这样可以添加或删除收件人。如果收件人有疑问或反馈，你就设定收件人只回复你而不是所有人。如果运用不当，电子邮件分发人清单会引起一些问题，群发和群回会造成不必要的甚至破坏性的沟通，因为回复者可能不知道清单上都有谁。
- 征求人们是否希望收到邮件的意见，并为他们提供退订的简便选择。
- 当新的相关方加入你的项目时，不要忘记添加他们，要向他们提供最新的有用信息。
- 给你的上司发送一个较为详细的邮件，同时为其他人提供一个概要版内容。将后者发送给其他相关方。
- 通过简单的复制粘贴将简要总结发送给相关方，这样会为你的上司节省时间。
- 请勿使用"密件抄送"功能。一旦收件人发现你一直在发送给其他隐藏的收件人，他们会起疑心，怀疑你是不是对他们不够坦白。

5. 提供解决方案

当你在与管理层沟通中遇到问题时，把问题抛给他们并不意味着问题已经解决。当你想尽办法，克服困难和挫折，突破障碍、限制和阻力，仍然没有解决这个问题，并且这个问题已经超出你的能力范围时，再向管理层提出这个问题会更好一些。你可能认为将这个问题反映给上司就完成了你的任务，现在这个问题是其他人要解决得了。但是，如果你的上司回复："嗯，你打算怎么解决？"你也不要惊讶。

通常，管理层希望你保持独立性，不依赖他们，对解决问题要有自信。他们可能很乐意指导你，以此来为团队做贡献，或只干预影响较大的紧急问题，但他们不想替你做所有的决策。因此，请准备好以下条件来解决问题：

● 在问题升级之前，请考虑两种或三种可能的解决方案，有些可能在你的能力范围之内。有些可能需要管理层帮助。

● 不要提出不可行或不受欢迎的解决方案，只保留能获取管理层支持的方案。这是可以通过个人努力实现的。

● 在交流中描述问题，然后紧接着介绍解决问题的备选方案。

● 推荐你首选的解决方案。让你的上司也同意你的解决方案或提供其他可行方法。

6. 自我管理

你也许听说过"会哭的孩子有奶吃"这样的说法。对某些人来说，这可能是正确的，但对于一名产品经理来说，这并不是好的特质。接受角色带来的挑战，处理新的运营重点、发展方向的变化、需求冲突、资源紧缺的问题、突发的意外事件、临近的截止日期，以及与其他部门的冲突都是你工作中的一部分。如何处理这些问题才是最重要的。

管理层只有付出大量时间才能使他们的团队高效运行。虽然他们在组织中可能拥有更多的影响力，但他们通常也受到更多因素的制约。他们当然不想在单个员工的身上花很多时间。当有些事情没有按照你的预期进行时，你肯定不想和一个很难相处的人合作。你希望管理层将你视为他们的首要选人，尤其是在解决复杂的问题或变化时。因此，你可以按照以下做法和态度来安排你的工作。

● 对升级问题要谨慎。尝试自己解决，也可以交换意见。仅升级真正需要上司关注的事项（即便对你来说有些痛苦）。

● 不要总是抱怨（你的工作负荷、其他团队成员等），或者对你的上司感到不满。当你遇到严重问题（希望不常有）并需要你的上司采取行动时，切忌这种行为。

● 专注于让公司和你的上司成功。了解你上司的目标并支持他们，你的努力会得到加倍赞赏。

● 培养对组织中其他成员的同理心。了解每个团队的工作方式，以及他们的需求和挑战。这样一来，当产生矛盾时，你就更有可能表现出良好的意愿，并弄清事情的来龙去脉。

● 接受你不能改变的事情。要明白，由于你可能不完全了解的原因，你的上司会偶尔否定你的决策，或者让你采用一个其他（不那么有趣的）方案。

> **把你的建议一并带来**
>
> 有数百人向他汇报工作，公司总裁和其他高管不断向他提出多种要求，这是对《财富》中 500 强首席运营官（COO）的要求。他试图使组织更有效地工作，管理有限的预算并解决客户增长慢于预期的问题。我曾经被叫去和一位首席运营官开会，一同参加会议的还有一个事业部的总经理。会议没有明确的议程，但我很快得知事业部总经理想让首席运营官就多个产品的优先级做出决策。这个事业部总经理没有为会议做准备，也没有提供任何解决方案或建议。我可以感觉到首席运营官越来越沮丧和震惊，因为在此时此刻，他要被迫做出重大决策，却没有时间深思，也没有数据支持。
>
> 我转而向事业部总经理提议道："我们会后讨论如何？你和我讨论后，再向首席运营官提出建议。我们可以尝试提出我们都认可的方案。"
>
> 首席运营官脸上露出了放松的表情。我刚刚从他的肩膀上卸下了重担。在我们准备好解决方案后，他欣然同意召开会议。几天后，他顺路经过并过来感谢我为后续工作所做的准备。我告诉他这没什么并开玩笑说："我的工作之一就是设法使我们所有人成功，这样我也可以成功。"多年后，当他加入另一家公司时，就向我抛出橄榄枝，将我招募到他的团队中。

作为一个能自我管理的员工，你通常会成为一名值得信赖的圈内人员，你会向你的上司传递这样一个信息：他们可以将艰巨的工作委派给你，希望你参与关键会议，并将你视为一个不会讨价还价就能完成工作的人。

产品治理

你可能从与高级决策者的约定中受益，该约定允许你就总体的产品优先级和进度进行沟通和接受指导。也许你会遇到误解，或者在产品优先级或期望结果上难以达成一致。在角色和职责方面可能也不明确，或者资源配置达不到预期交付。也许你还缺乏足够的信息制定运营目标。推荐你采用例行会议的方式（如每月一次），让主要相关方通过集体谈论或评审，与你推荐的产品方向达成一致。

如果你目前尚未召开这样的会议，觉得谁对你有所助，就向高级产品负责人建议，以提高协作和可见度。你需要增强能力并有信心确保自己聚焦在交付对组织最有价值的项目上。为了高效利用时间，你和其他产品经理可以联合举办产品讨论会。

这种定期沟通的好处在于：

● 给相关方提供施加影响和达成一致的机会。产品经理提出路线图和建议，收集决策意见，并对相互竞争的目标进行权衡。相关方可以体现关心，并提供创意和观点。重要的是，其他相关方听到了各自的声音并参加了讨论。这有助于在同一时间听取正反两面的意见，以帮助达成一致。你可以识别隐藏的问题，记录这些问题以备日后跟进，并开发解决方案。

- 对资源分配的审查通常有比充足的资源有更高的优先级。人们往往高估了在可用时间内利用可用资源能够做出的工作。产品讨论会提供了一个检查现实情况的机会，它可以审查资源是如何分配的，以及可以（和不能）合理地开展哪些工作。它有助于了解哪些优先事项应在不久的将来取得进展，哪些无法取得进展。为了确保它们切合实际的期望，要确保产品讨论会参与者一起（而不是单独）讨论路线图和资源分配。
- 目标、承诺和风险。产品论坛为产品经理提供了一个舞台，让他们提醒组织为什么要制订具体的计划，并确保在此期间运营目标没有发生变化。项目的 KPI 是共同的，因此相关方可以了解怎样才算成功（不要只是重复一大堆项目计划，而要强调背后的商业原因）。
- 可以商定风险和减轻计划。由于某种原因，如果某项承诺似乎有风险，那么产品经理可以请求帮助，以消除障碍或寻求其他团队的帮助。
- 开绿灯。产品讨论会可以作为审查实质性（可能是高投资额、高风险或两者兼而有之）创意和计划的地方。你可以讨论商业收益并正式批准实施。或者，如果一个项目看起来没有达到最初期望，则该产品讨论会是产品经理建议是否停止该项目的地方。

避免将产品讨论会变成讨论具体措施的地方，这样做低效也无意义。

产品讨论会必须保持高水平。产品经理必须注意确保它不会成为仅仅提供状态更新、收集需求或相关方不断否决或猜测产品经理决策的地方。

如果你发现存在以下任何一个问题，你可能正在滑向危险的境地：

- 会议由高级产品领导者以外的人主持。产品讨论会是产品团队领导者讨论和建立信心的地方。
- 个人或团队表现、日期延误或交付成为例行的讨论主题。这会导致产品团队和工程部门之间相互指责。
- 对过去的决策不断进行重新审视，一遍又一遍地重新评估创意。
- 会议中有详细的功能演示或评审。产品讨论会讨论的是范围、设计或功能，而不是目标、度量和路线图。
- 提出了项目时间表，并规定了具体的交付日期。
- 产品经理不履行确定优先级的责任，而是将其放在讨论会中做决策。尽管在产品讨论会中应该提供机会让每个人都能说出自己的观点，但产品经理应该准备确切的案例和相应数据，以说明哪些是最重要的项目。

经过精心设计的产品讨论会可以使相关方在产品路线图上达成共识，使每个人都聚焦在运营中具有最高优先级的事项上。产品经理应从讨论会上获取意见，但仍需负责确定产品优先级并对这些决策担负责任。

第3章 了解你的客户
——回答5个关键问题来定义你服务的客户并了解原因

> **本章学习要点**
>
> 1. 在努力创建解决方案之前，需要对关于客户及其需求的5个问题进行探究。
>
> 2. 使用功能强大又简单的框架，对目标客户进行定义，包括他们今天满足自己需求的方式，以及你的风险和对客户的假设。
>
> 3. 如何设计吸引眼球的价值主张和差异化声明，向潜在客户宣传解决方案带来的收益。

首先了解客户及其需求

不要匆忙行动。在定义产品解决方案或特性组合来实现客户需求（或进一步实施）之前，先问自己几个问题：

- 团队是否对解决方案的目标有清晰的看法和共同的理解？
- 你是否正在解决一个重要的问题，解决这个问题是否重要？你清楚这为什么是客户的首要任务吗？客户会为你解决他们的问题而买单吗？
- 你能否准确地告诉客户如何受益？如何让客户体会到收益？
- 你是否理解如何将你的产品定位为独特的改进，而不仅仅是为客户解决重复的问题？
- 你是否有多种类型的终端用户或客户？如果是，你应该为哪一个客户优化解决方案？
- 你知道有哪些风险会破坏你的项目吗？你知道如何应对风险吗？
- 你是否与所有相关方就问题达成一致？公司为什么，以及为谁处理这一问题？
- 你是否创造了有效的限制因素和环境，来帮助团队更加专注，并确保能够限制项目的范围？

如果你对上述问题中的任何一个回答为"否",就要重新考虑后再继续。

本章中,在开始定义和实现解决方案之前,将对回答关于客户及其需求的5个问题(如图3.1所示)的重要性进行讨论。这样做对后续的重大举措非常有帮助,而且无须付出大量努力及昂贵的成本,也不会延误项目。通过使用轻量化的、信息量大的和更为聚焦的框架,可以节省时间和成本,并使每个人在共同目标上保持一致。

为了更好地说明,我以一个虚拟产品"巴比伦"为例,它是一种家庭水培系统,适用于在空间狭小的地方种植草药和季节性蔬菜。目标客户包括租住在城市公寓中的上班人士,以及希望建造更具吸引力的公寓的开发商。以下是些简明的问题,虽然包含的信息比分析时需要提供的信息要少得多,但是它们展示了框架是如何发挥作用的。有关"巴比伦"项目的更多信息和示例,请访问 www.influentialpm.com。

- 谁是你的目标客户?
- 你为客户解决什么问题?
- 你的客户现在是如何解决这个问题的?
- 你解决客户问题的方法有哪些独特之处?
- 关于定位客户的问题,你还有哪些是不知道的?

图 3.1　关于客户及其需求的 5 个问题

不要一下子就跳到解决方案上(第 1 部分)

几年前,我和团队中的一位产品经理会面。他开始汇报他负责的项目,这个项目也是我支持的,项目进展看起来不错。他详细描述了他定义的功能、与工程师讨论的结果,以及技术平台的设计。

我马上察觉到这个项目似乎没有几周前评估的那么有商业价值。

"等一下,我们为什么还要做这个项目?"我问。

"因为这个项目的优先级很高。"

"是的,而且产品计划也很好,"我回答说,"但鉴于我们的运营正在发生变化,我不确定继续做这个项目是否有价值。"他吃惊地问:"难道你不喜欢这个项目吗?"我提醒他:"有些事情看起来不错但并不意味着它真的不错。"

我们对正在解决的问题范围缺乏清晰的了解,对假设没有提出足够的质疑,也没有确保相关方达成一致(包括我自己)。

在没有明确为什么要优先做这个项目,也没有清晰地定义之前,我们就跳到制订解决方案这一步了。

为什么你必须问并回答这 5 个问题

在第 1 章中，我们提出需要对创意进行严格地研究和评估。一旦一个有前景的创意变为潜在的目标项目时，它的驱动力会让一些经验不足的产品经理产生紧迫感，他们会直接跳到执行（解决方案模式）阶段。请勿这么做，而要按以下步骤展开：

- 避免机会成本。质疑你做的假设，发现隐藏因素。观察自己是否在处理一个有价值的客户问题，如果没有，试着去做一些更有价值的事情。
- 减少后续麻烦和误会。你和相关方可能对以下问题存在分歧，如问题是什么、为什么它很重要，以及如何定义成功。如果不尽早建立共识，你的产品项目可能因重新审查目标或计划而中止。向相关方提供项目背景和重点说明，并激励团队朝着共同的目标前进。
- 确立与客户沟通的原则。确保清楚地了解你正为谁解决问题，以及解决这个问题对运营而言为什么很重要。这将帮助你确定测试和验证策略，建立对客户的同理心，并传递市场信息。
- 为成功设定基准。清楚地描绘出为什么解决问题对你的运营有意义，以及你面临的市场环境和风险。当了解到最新信息时，你需要定期检查你的答案是否仍然有效。建立上市后的成功标准。在实现目标的过程中，如果结果不符合预期，就要担负责任。如果没有实现目标，那么你要思考自己低估了什么，需要解决哪些问题才能使产品步入正轨。

> **问题模式和解决方案模式**
>
> 确定你是否将"问题模式"和"解决方案模式"作为团队语言的一部分，并明确防止过早进入执行阶段。例如，"等等！我们仍然处于问题模式，我们还没有很好地理解它，还没有充分地回答问题呢"。

无论如何，你应该遵循以下指导原则来回答这 5 个关键问题：

- 不要在不知道范围的情况下就进入解决方案模式。忽略你已经想到的产品或特性。花点时间充分理解你为什么和为谁解决这个问题，然后再开始制订具体的解决方案。
- 在面对开发新产品、重大产品改进、将现有产品推向新市场及其他任何重大事件时，要对所有计划进行分析。即使这些问题看起来很容易理解，但如果你打算将资源投入到一个项目中，你也应该让自己和组织准确地定义你追求这个机会的原因。
- 记住，这不是一次路演。虽然你的分析可以用来以简洁和令人信服的方式解释一个创意，但不应被视为试图向决策者推销一个创意。其目的是收集数据，梳理思路并加强交流。要客观，避免感情用事。

> **不要一下子就跳到解决方案上（第 2 部分）**
>
> 在一家企业级在线软件服务公司，产品经理要求销售团队提供因产品功能不全而丢掉业务的反馈。销售人员一旦向产品经理提供了反馈信息清单，产品经理就可以立即着手添加缺少的功能。
>
> 在几次新版本发布之后，离目标特性的差距已经越来越小，可是客户并没有使用这些新特性，也没有带动销售。
>
> 为具体客户开发的定制特性，并不能在更大的市场（或一群客户）中推广。一些将运营流程自动化的特性并不常用，例如，一年只需要提取一次报告，因此提取报告特性的价值非常有限。有些特性只满足规模更大客户的局部需求。剩下的部分就是因为竞争对手的产品有这些特性，所以客户希望你的产品也有。
>
> 如果产品经理花时间评估和确认市场机会，团队就可能避免无效投入。因此要提出具有挑战性的问题，得到平衡和深入的答案，还要研究假设，阐明风险、弱点和未知因素。

为什么只有 5 个问题？你应该回答的问题或许不止这些，但这 5 个问题将为你建立基础，提供一个有用的起点。你可以创建一个动态文档，随着项目的推进，用新的信息来动态更新文档，并不断回答新问题。

将文档轻量化

把将文档轻量化作为一个规则，就像在本书中提供的文档，尽量用易于理解的几页纸进行分析和总结。

你需要根据实际客户和市场研究来进行分析。应充分利用你所掌握的专业知识并与客户团队合作，如用户体验、客户洞察、数据分析、产品营销和销售。但在完成冗长的前期研究之前，不要把所有事情都搁置起来。你的目标是提出并保持方向和假设，但随着研究的深入，这个方向和假设可能被改变。

尽量使用包含数据、图表和符号的精简描述，并在必要时使用外部数据，为相关方制作一个简短的、可视化的演示材料，以此证明你的方案是合理的。

一些组织青睐市场需求文件（Market Requirement Documents，MRDs）。这些文件非常冗长，其中包括大量市场数据（通常带有客户和销售要求清单）和投资合理性的商业论证。作为评估和沟通手段，市场需求文件越来越不受信任，原因有以下 4 点：

- 不提供对机会的关键评估，而看重赢得所有相关方的支持。市场需求文件通常不会否决一个创意。

● 编写市场需求文件需要很长时间，而且可读性差。随着市场和运营环境的改变，数据会很快失效。

● 采用先入为主的理念。由于缺乏远见，他们往往预先提出具体的解决方案，缺乏学习和改进空间。最坏的情况是，他们会强调这是客户"必须有的"。

● 缺少实际的客户确认。市场需求文件通常缺少研究或第三方意见。在获批、团队组建和启动过程中，缺少对新的市场洞见的响应。

同样，商业计划书（Business Plans）概述了项目启动时间、预期用户增长、收入、工程方案、支持资源水平及盈利情况。在对现有成熟产品的未来投资进行分析时，它是有用的，对于新产品开发则不适用。

新产品开发计划往往是范围模糊、无法测试且风险很大的计划，充满了"科学的臆想（Scientific Wild-Ass Guesses，SWAGs）"。一个有吸引力的商业论证会误导你，使你产生错误的安全感，从而跳过验证阶段。我们很少在发布运营计划后对其进行重新审查，以确认其是否兑现了所有承诺。因此，应该使用一些简单的方法，如"精益商业模式画布（Lean Business Model Cancas）"。

你可以在 www.influentialpm.com 上找到用来向相关方介绍的"精益商业模式画布"的例子，还有损益表等信息。

谁是你的目标客户

你的目标客户是你正在为他们解决问题的客户。尽管你可能认为你的产品面向大众市场，或者你的产品处于早期阶段，在客户群中的吸引力还不清楚，但你不应该把你的受众定义得太宽泛。这样做，你的目标客户就会变得过于笼统，不利于产品开发决策。然而，将受众定义得过窄，也会漏掉部分潜在用户，使得产品方案太过定制化，导致市场规模有限。

不是每个使用你产品或服务的人都会付费。你的客户是那些付费的人，他们可能用也可能不用你的产品。用户用你的产品来实现他们的目标，他们可能直接付费，也可能间接付费。例如，如果你有一个媒体或内容网站，在你的网站投放广告者就是你的客户，他付钱给你，通过你获得读者的关注。读者则是你的网络用户，可以免费获取内容。类似地，在企业对企业（B2B）的例子中，负责银行运营的执行副总裁和首席技术官对银行软件和出纳自动化系统做出采购决策，他们是客户，而银行雇员和出纳则是用户。

本书讨论的目标客户同时包括客户和用户（除非特别说明）。对目标客户进行定义有3个主要优点：

1. 专注于你所做的（和不做的）

当改进产品时，你将许多有竞争关系的创意和特性需求进行排序。你要准确地知道你在为谁做什么，为什么做。为你自己、相关方和工程团队提供清晰的信息是至关重要的。如果你不知道谁是你的目标客户，你就要面临以下 5 个糟糕结果中的 1 个或多个：

- 生产通用型产品却不能满足具体客户的偏好。
- 生产的产品有很多特性但没有一项是突出的。
- 生产的产品只满足客户短期需求（通常以牺牲客户长期需求为代价）。
- 对某类客户的需求过度关注。这对市场（你必须平衡买家和卖家的需求）、媒体产品（可能很容易让位于广告商的需求而不是读者的需求）和企业（客户可能提供一连串对终端用户毫无价值的需求）而言，是最坏的结果。
- 只做自己想要的产品，而不考虑客户需求（因为你误认为自己是客户的代理）。

2. 吸引隐性的客户和用户

首先，你可能有显性的目标客户。但在进行更深入的分析时，你会发现其他类型的用户意外地使用了你的产品。他们的数量可能不多，但会有新机会。

其次，除了主要目标客户，你可能还有其他决策者和影响者，他们都对产品在何时何地使用有发言权。这在企业服务中尤其常见，但也可能发生在消费者服务中。例如，对于面向高中生的产品，除了高中生，你还可以考虑家长、教师、校长和学区的需求，向他们提供相应的价值。对于医疗产品，除了患者，你还可以考虑该产品如何向护士、医生、医院管理人员和保险公司提供服务，或者他们为何不用该产品。

> 在第 5 章中，我介绍了更多发现客户的细节。

3. 用同理心和客户打交道

通过有效地描述客户，以及他们的日常生活和环境，实现与客户的共鸣，营造"站在他们的立场上"的氛围。这样一来，当你做出产品和设计决策时，就会更容易反思这些决策对目标客户的影响。此外，在进行用户测试时，这个做法对争取用户或发现未满足的需求非常有用。

必须强调的是，不能脱离实际定义的目标客户，这点至关重要。你必须亲自调研现有的和潜在的客户，研究现有客户资料，以验证假设，并加深理解。调研可以是非正式的（如与客户边喝咖啡边交谈）和正式的（如结构化的客户调查）。

尽早并尽可能多地这样做，在投资决策之前，就会有一个良好的开端。要知道，尽管开展了产品用户测试，但不等于你真正了解客户！

如何定义目标客户

目标客户的定义不是一劳永逸的。随着产品的成长，你会获得一些当初未打算吸引的全新客户群。你也可以通过了解更多信息，找出你一开始在假设"谁是你的客户""他们需要什么"时的不足之处。

1. 你会有多个互补的目标客户

你的产品可能同时服务于多个类型的目标客户，他们有不同但互补的需求。对于每种类型的客户，你都要了解你的产品是如何满足其需求的，并且你要设计不同的产品解决方案来满足这些需求。他们的收益甚至互相矛盾，这就要求你进行取舍，可以把一类客户看作比另一类客户更重要。客户组合具有两面性。

- 企业服务。通常由精打细算的客户做出购买决策。客户通常要求你的产品用既安全又经济高效的方式满足运营需要。而终端用户是操作或使用系统的人，他们是公司的员工。终端用户需要新功能来高效、轻松地实现他们的工作目标（这一点非常像客户）。然而，终端用户可能对公司购买决策没有发言权。

  绩效差的企业服务很少关注终端用户体验，而主要针对销售需要进行优化。遗憾的是，这样做会导致负面的声誉，如产品被闲置或弃用（束之高阁），并在产品更新换代时失去客户。

- 媒体网站。媒体、社交媒体、游戏和其他内容消费者构成你的受众群体（也称为读者、流量或访客）。他们想看自己感兴趣的内容、了解资讯和获得娱乐。广告商花钱去接触和吸引你的受众，通常是为了宣传他们的品牌或获得反馈（通常是鼓励读者点击一个广告，然后转到产品链接上）。

- 市场。买家希望以合理的成本找到、购买和获得高质量的商品或服务。卖家需要顺畅的交易、合理的商品价格、最低限度的退货和快速收到货款。在很多情况下，市场中买卖双方之间没有直接的财务交易。例如，求职网站为求职者提供了搜索和申请工作的能力，而企业则使用工具来管理求职者信息和招聘流程。

- 非营利组织和社会企业。终端用户可以享受折扣或免费服务。但要使这类产品可持续发展，就需要机构或捐助者提供资金。机构和捐赠者也是客户，他们期望从他们的慷慨解囊中获得价值（如社会认可或政策目标的实现）。

2．细分目标客户，哪怕你为所有客户提供相同的产品解决方案

相同的产品可能服务于不同的终端用户细分市场，每个细分市场可能使用它来实现不同的目标。例如，GoPro 是一款轻便、防水的相机，为体育爱好者、潜水员、徒步爱好者和旅行者提供服务。LinkedIn Learning 是一项在线教育订阅服务，供业余摄影爱好者、小企业主、私人顾问和创意专业人士使用。虽然这些细分市场可能有很多共同点，但他们使用产品的目标是不同的。

> 你可以在第 11 章中了解更多有关产品生命周期和管道的信息。

另一种将产品用户"分割"或细分的方法是将他们映射到产品生命周期阶段中。如果你正在对一个产品进行功能增强，例如，为一个高度忠诚的专家用户而非新手设计的产品，那么用这种方法来考虑会有帮助。

产品生命周期阶段的划分可能包括以下内容：

- 初次访客是指想了解产品的人。
- 试用用户是指已经完成了一些任务（这些任务可能是注册免费试用版或注册账户），后续有可能购买产品的人。
- 付费客户是指对你的服务满意，至少付过一次费的人。
- 忠诚客户或回头客是指持续为你的服务付费的人。他们对你所提供的价值很满意，并且善于使用你的产品及其高级功能。
- 弃用用户或前用户是指因各种原因停止使用你的产品的用户。要将这类用户可作为分析提高产品及重新争取目标客户的重要资源。

也可以将企业服务进行细分（通常按大小）。企业分类的大小没有明确的规模定义，有些按员工人数分类，有些按收入分类，因国家和行业而异。

可以参考美国和欧盟的定义，见表 3.1。

表 3.1　企业服务细分市场

分　　类	细　　分	雇员（人）
中小型企业（SMB 或 SME）	个体户	自雇
	小微企业（或 SOHO）	1～10 人（包括雇主）
	小型企业	<50（欧盟）
		<100（美国）
	中型企业	<250（欧盟）
		<500（美国）
大型企业		<10000
超大企业		>10000（包括财富 500 强）

注：因行业差异而有所不同。

个体户和小型企业占美国所有企业的 98%。他们的消费行为和产品购买习惯往往更像消费者。企业越大，对你的吸引力就越大，然而，他们要求也会越高，从潜在客户到付费客户需要更长的时间，并且需要你建立一个专门的销售和支持团队。

企业细分的第二种方法是按行业分类。截至 2017 年，北美行业分类系统（NAICS）将行业划分为 17 个一级类别和 99 个二级类别。

对于企业产品，你的目标客户（或细分市场）应具有以下共同点：

● 他们购买或需要的产品，要能解决类似的问题，这些产品需要相同的优势和特性。你能为他们提供单一的解决方案吗？

● 他们有相似的销售周期和决策者。你能创建一个标准化的销售流程吗？

● 当你在一个具体的细分市场获得关键客户时，同一细分市场的其他客户会将其视为对你产品的验证。潜在客户会和已有客户对产品的反应一样好吗？他们会互相交谈吗（创造口碑）？

继续细分，直到你的目标客户大体具有以上 3 个共同点。例如，相比"财富 500 强企业"，"财富 500 强中的金融机构"更适合作为已有细分市场。"财富 500 强中的金融机构"往往有相同的需求和类似的决策流程，他们会希望看到你已经为其他像他们这样的公司，完成了成功的产品项目实施。

3．通过全面的目标客户定义和客户属性来聚焦目标客户

例如，学生或有小孩的父母通常是不适合作为目标用户群体的。若要关注更具体的目标，应在产品中添加相关的限定。以下是一些示例：

● 人口统计学，如年龄范围、性别和社会经济因素（教育、社会地位、职业、收入和行业）。

● 地理位置，如具体的市场（国家、州、城市）或环境（城市、郊区、农村）。

● 目标和价值观，如愿望和兴趣（相对于你正在解决的问题）。

● 激励因素和抑制因素，如个性、挫折、激励或工作文化。

● 技术舒适度和偏好，这会告诉你应该追求的解决方案类型。

在定义属性并考虑提出的解决方案时，要抵制以下诱惑：就你而言，此刻你不是在研究产品，而是创造市场。例如，"巴比伦是为人们寻求一个家庭水培解决方案，用来种植绿色植物"是一个解决方案。更好的解决方案是"巴比伦是为富裕的城市居民提供的，他们希望吃得更好、身体更健康、生活方式更具可持续性"。

4．生成用户画像，将其带入生活

用户画像的目的是将目标客户描述为一个原型或原型用户。通过用户画像，可帮助我们描述目标客户忙碌的生活、竞争优先权，以及他们的需求、需要和愿

望，即帮助我们理解目标客户。用户画像可以帮助我们通过客户的眼睛来看待世界和产品对他们的作用。

用户画像也为团队内部的有效沟通提供了依据。在设计和实现产品时，用户画像是讨论权衡的捷径。例如，问"黛比会怎么想？"每个人都可以立即引用"黛比"这个用户，并想象她在使用你的产品。

用户画像与你的目标市场密切相关，但并不完全相同。一般来说，目标市场比标准用户或典型用户要更为多样化。用户画像综合了该目标市场中的许多共同属性，但并非所有目标客户都具有所有属性。例如，你的目标市场可能是 24～39 岁的用户，其中 70%是女性。而你的典型用户是一位 29 岁的女性（假设 29 岁是中位数）。

再准备一两个能够代表用户细分群体的用户画像（如果他们只占你收入或使用的一小部分，那么你应该做出取舍）。在上述例子中，24～39 岁的男性不能代表大众用户，因此你要为这个群体重新塑造一个用户画像，以体现这类用户的不同行为或需求。

用户画像不只针对消费品。当你在企业环境中销售时（当你卖给个人而不是公司时），也可以通过用户画像来代表购买产品的人（决定获得服务的人，通常是高级经理）或决策部门（DMU）中有影响力的人，包括支持产品的技术主管和终端用户（将每天使用产品的员工）。

运用用户画像

我的电子商务客户描绘了一个很好的用户画像。她是一位忙碌的母亲，日常送孩子上学，全职工作，为家庭做出重大的购买决策。对她来说，方便和简单是最重要的。

另一个用户画像是喜欢比较的购买者。他会反复考虑，进行取舍，并通过各种线上和线下渠道比较产品（没有任何品牌忠诚度）。对比和低价对他而言才是最重要的。

尽管这两个角色使用相同的电子商务站点，但他们的需求以及支持他们所需的产品功能是不同的。令人印象深刻的是，这些角色深深扎根于客户的文化中。办公室里到处都张贴着用户画像，包括一个名字和一张照片。很少有会议是在没有用户画像的情况下召开的，用户画像被用来确定哪些决策符合客户需求。虽然这些用户画像和真实用户不完全相同，但它们让员工对目标客户产生了真正的同理心和敏感性。

终端用户的画像在销售驱动型企业中非常有用，这类企业以客户关系为中心。

当终端用户对是否使用产品没有选择权时，产品优先满足买家的需求。创建一个终端用户的画像，可以提高对其需求的认知，确保团队也考虑他们的经验和满意度。

也可以给内部用户创建用户画像。例如，对于那些在组织中负责产品支持、市场营销、运营和开发的人员，可在需要的地方为他们创建用户画像。

把你的用户画像建立在真实的研究基础上，并且要小心你自己的偏见，这些虚构的角色可能并不代表你的实际用户群。只要你的客户研究旨在验证和调整，把用户画像作为假设是可以的。用户画像要包括与产品使用决策相关的属性，以及那些有助于团队理解用户的属性。

最后，在创建用户画像时，不要关注他们将如何使用产品，应保留解决方案的细节，特别是特性。另外，还要专注于目标客户的生活和工作环境。

你可以通过网址 www.influentialpm.com 提供的框架和示例来构建用户画像。在这个框架中，包含了 27 个属性的描述，这些属性可以激发你的思维过程，并帮助你生成丰富的用户画像，为你和团队带来活生生的客户。

你在为客户解决什么问题（价值主张）

价值主张阐明了你承诺为具体目标客户解决的问题和带来的收益。

把视角从内在的"是什么"转变为外在的"为什么"是一种强有力的方法，可以从关注产品转换为关注客户。站在客户角度，价值主张让我们明白新产品和改进产品的价值。价值主张有 3 个好处：

- 确定范围。仅优先考虑与客户核心收益相关的功能和特性。任何不符合价值主张的部分要么是多余的，要么是满足了其他不相关的需求。
- 与相关方保持一致。良好的价值主张是有竞争力和令人兴奋的。在定义产品之前，可以在内部通过价值主张来说明你要解决的问题和对客户的影响。
- 为客户访谈做准备。价值主张说明了客户为什么应该购买或使用你的产品。无论是从用户那里得到你正在解决的一个有意义的问题，还是发布新产品，你都必须能够在产品开发流程中的任何时候简要地向潜在客户解释产品能给他带来的收益。

如何创建价值主张

创建价值主张的一个较为简单的方法是：首先总结你将要解决的问题，然后确定大约 3 个引人注目的观点，这些观点共同支撑为客户带来的收益。从目标客户的角度构建你的观点，不要提及产品特性。

1. 从描述问题开始

问题描述准确地解释了目标客户的痛点或未实现的机会。问题描述应该有证据支持，它为你想要解决的问题提供背景，并告诉我们为什么你的解决方案很重要。写下问题说明可以澄清你的创意，将其作为路演的一部分不断练习。

以"巴比伦"为例（你的例子可以更全面些）：

寻购新鲜的、有机的、不含转基因的农产品往往非常不方便，而且这类农产品也非常昂贵。用户希望有一个更健康的生活方式，愿意为健康饮食付出更多，虽然许多家庭负担不起。此外，在购买农产品时，人们可能不知道他们购买的食品中到底有什么没有什么。城市居民尤其处于不利地位，因为他们很少有空间或拥有花园栽种农产品。现在需要更便宜、更容易获得、更有保障的有机产品。

在一些城市，房地产开发商很难在提高房产价值的同时又在租赁市场上实现差异化，因而租金下降的压力越来越大。租赁者期望设施便利，但很难找到既有吸引力，又有价值和独特的成本低的解决方案。新政策（部分税收补贴）以促进健康和可持续的生活为目标。

通过一个经济的解决方案来提供更绿色的生活方式，该解决方案可以满足公寓开发商和城市居民的需求。

定量和定性数据是良好的依据。用于说明问题和影响的数据对于理解需求或痛点至关重要，要用目标客户常见的数据。合格的数据可能包括图像、报价或对客户日常生活中各种不便的提炼（在一个没有你产品的世界中）。

在"巴比伦"的例子中，我们列举了以下依据：
- 显示人们对健康食品的认知和消费增长的图表。
- 关于人们在健康生活方式上花费的总结。
- 与生活在农村的人相比，城市居民获得自种果蔬的难度的调查。
- 某城市面临租赁市场压力的案例和租金下降的案例。
- 租客对便利设施的期望增加的案例。
- 税收激励计划的细节。
- 来自对便利店的问卷调查，其中显示了租客对于租房选择的不满。

2. 不要以为你在解决一个有意义的需求

许多设计精良、功能强大的产品之所以失败，是因为它们没有直击客户内心。虽然潜在客户会说这个问题很重要，但实际上，与其他对时间和金钱的要求相比，这个问题可能并不重要。也许这个问题并不经常发生，而且很快就被忘记了，或者解决它不值得付出代价。

除非你在市场上已经有一个产品，否则很难确定解决这个问题是否会影响你的客户和运营。即使你在市场上已有产品，当在众多的产品增强方案中评估哪一个最好时也面临着挑战。把问题描述当作一个假设，不断收集、验证和挑战。你可以使用本书中介绍的迭代方法，对潜在客户进行持续测试，然后进行实践，并向内部相关方展示或推销，观察他们的反应并收集反馈。

潜在问题可分为 3 类，了解你提出的潜在问题属于哪个类别，可以帮助你判断正在解决的问题的严重程度：

- 当前没有满足需求的解决方案。你是否发现了这个没有解决方案的机会？你需要具备丰富的知识、一线经验和独特的新技术来解决问题。解决未满足的需求会带来更大的风险，解决方案更难探寻、评估和推广，因为客户往往意识不到问题的存在（已经习惯或有手工措施）。然而，一旦你成功地为未满足的需求开发了解决方案，获利将非常丰厚。
- 当前解决方案有明显痛点。可以是理性上的痛点，也可以是情绪上的痛点。许多有价值的产品就解决了当前解决方案中的痛点，并用更好的方式解决了相同的问题。

引发痛点的常见诱因有：
  - 成本太高。
  - 低效、费力或推进缓慢。
  - 不可靠或质量差。
  - 不便捷。
  - 不一致。
  - 不可用。
  - 不确定或有风险。
  - 无法控制。
  - 缺乏透明度。
  - 歧视或不公平。
  - 为不同的用户和情景而设计。

现有的备选方案越差，你的机会就越大。如果现有的解决方案"足够好"，你试图替换产品或改变客户行为将遇到重大的障碍（"转换成本"）。要想成功，你必须做得更好，而不只是做得稍微好一点。

- 对机会的渴望或愿望。有些机会往往不那么引人注目，可能只会吸引细分市场的客户。客户接受你的产品是因为它的技术更好？它更时尚？能够提升他们的声誉？能够提供情感上的满足感？还是能够宣扬个性？如果你想成功，品牌、设计、营销和独特性都至关重要。小部分早期采用者可能喜欢你的产品，但主流客户未必能接受。

3. 为每个目标客户提供 3 个申明

潜在客户很容易理解一些价值主张，尽管这不是一条硬性规定。3 个申明通常是最好的。少的话，不足以令人信服或太含糊；多的话，就有可能导致注意力不集中并造成混乱。价值主张申明应做到以下几点：
- 从"你"（或"我""我们"，即客户的第一人称角度）开始。
- 观点相互独立，每个观点都有一个独立的、引人注目的收益。
- 完全实现用户的总体目标。
- 与目标客户相关且对客户而言非常重要（而非琐碎）。
- 使用单独形式（注意把各种收益分开些）。
- 不要把目标客户的运营目标与自己的运营目标搞混淆。

例如，假设你现在有一款产品，你的运营目标是将访问者转换为付费用户，那么你应该针对客户的潜在收益提供一份价值主张申明，这样才能提高他们对付费产品的重视程度。

每个特定的目标客户群都有自己的价值主张，哪怕你将大致相同的产品解决方案提供给双方。他们看重的收益会有所不同，或者认为相同的收益应该有不同的优先级。"巴比伦"案例中有两个客户群体，如果你将同一个产品提供给双方，那么吸引城市居民的东西不一定会吸引开发商。

对生活在城市的上班一族来说，这些价值主张申明很有吸引力：
- 和从杂货店购买相比，你可以省钱，无须通过中间商你就可以得到你需要的东西。
- 你可以在公寓内方便地获得本地的绿色植物和蔬菜，从而节省时间。
- 你可以控制食物中的成分，为你的家庭提供健康、可持续的生活方式。

对开发商来说，这些价值主张申明也很有吸引力：
- 你可以通过独特和差异化的便利设施来增加公寓的价值和吸引力。
- 你可以充分使用预算，对有限的公共空间进行充分利用。
- 你可以有资格享受健康城市生活政策的税收优惠。

公司的价值主张通常展示在客户获取信息的渠道中，如网站主页、电子邮件、移动应用程序下载屏幕、推销或广告材料、白皮书或销售宣传单。当直接与用户沟通时，公司可能不会使用"你"字这一表述，但视觉效果和语言暗示能给个别客户带来收益。

4. 价值主张是人们的购买理由，而特性和功能将它变成可能

不要在价值主张中提及解决方案的具体特性或详细信息。强调"为什么"你的目标客户将受益而不是"什么"或"如何"。

如果你正准备构思具体的特性或解决方案，可以使用特性价值图（如图 3.2 所示）。价值图帮助你对特性进行分组并将其与共同的收益关联起来，最终与高层级的价值主张联系起来。你会发现，有些特性提供的收益或价值主张不止一个。

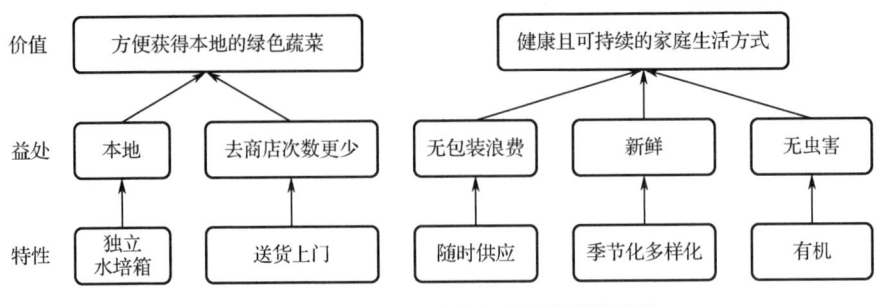

图 3.2 "巴比伦"对城市上班族的特性价值

你的客户现在是如何解决问题的（竞争对手和替代品）

了解现有市场的目的是增进你对目标客户、需求及服务水平的了解。

如果你的公司已经是市场中的佼佼者，就要获取竞争情报用来抵御威胁，并聚焦在保持和增加相对于其他解决方案的独特优势上。如果你的公司是一家新成立的或尚未在市场上站稳脚跟的小公司，就要识别现有公司在哪些方面不能为客户提供服务和满足他们的需求，这会给你带来颠覆性的机会。

开展竞争对手分析有 3 个重要的优点，你可以：

1. 识别并衡量客户的选择

监测客户满意度水平。与你的用户和竞争对手的用户一起测试竞争对手的产品，了解他们对产品的好恶，找出你的解决方案中隐藏的可用性或功能上的差距。

当竞争对手开发了新功能、技术，或者进入新市场时，就说明有潜在的增长机会或更好的创意来解决客户问题。如果你能够获得竞争对手的运营和产品性能数据，那么会给你的产品度量和目标带来很好的参考标准。你还能专注于产品性能最弱的领域，这些数据将有助于对产品新特性进行排序。

2. 明确的市场定位

保持与众不同，这对确立相对于竞争对手的市场地位而言至关重要。你也应该了解竞争对手对目标市场及其需求的看法与自己的有何不同。通过阅读、访谈和研究，你可以发现竞争对手是如何与客户交流的，以及他们是如何进行定位的，包括你自己是怎么做的。无论你的解决方案是更优还是更劣，都要明确自己的定位。

有竞争对手是件好事

以下是一些原因：
- 市场验证：让竞争对手验证问题是否值得解决。如果没有竞争对手，就问自己一个棘手的问题：我是不是在解决一个有意义的问题？
- 客户兴趣：竞争对手能为你提供线索。他们可以帮你找到有吸引力的市场或客户，也能帮你制定成功的营销战略。
- 设定KPI基准：开展绩效对标并将你估算的运营指标与竞争对手进行比较。例如，如果竞争对手比你有更好的客户留存率，那么找出原因。
- 高效运营：竞争对手可以提供更有效或更方便的营销、运营或分销模式，将其作为你的参考。
- 投资和经济性：竞争对手在工程、销售、市场营销、客户服务和支持等方面的支出可能比你多很多，也可能比你少很多。如果是，为什么？对你有什么影响？
- 用户测试：你可以通过与客户一起测试竞争对手的产品，以了解产品可用性的优劣。也可以访谈竞争对手的客户，了解他们的喜好和未能满足的需求。
- 执行洞察力：竞争对手的文化、决策或交付速度可能有优势也有挑战，你该如何扬长避短？
- 紧迫感：从心理上说，竞争对手会给我们带来团队凝聚力，并帮助我们制造目标感和紧迫感。

3. 打造好你的营销团队

对自身定位及对竞争对手的优劣势总结，将有助于你的产品营销团队开发有说服力的信息。同时，避免在开发解决方案时分散精力。

在企业组织中，你要为培训和异议处理提供销售资料。这一点至关重要，因为客户在评估流程中常常会直接比较几个类似方案。

如何分析竞争对手和替代品

识别更多的竞争对手，如新进入者、相邻地理位置或行业市场的参与者、不同技术平台上的解决方案，甚至非技术型的解决方案。这些对手有时在明处有时在暗处，会给你带来潜在的威胁。

保持对竞争对手的尊重，更重要的是服务好客户。在需要行动的情况下，竞争分析才有用，所以只需关注能影响产品方向的信息。

你的组织中可能有竞争情报收集职能，通常由运营战略团队或公司的开发团队承担，但不要完全依赖他们。作为产品经理，你要专注在了解竞争对手的产品上，将其与自己的产品进行比较。用以客户为中心的视角来考察竞争对手。

在 www.influentialpm.com 上可以获得产品经理用来分析竞争对手的模板。

1. 定义你的竞争对手，同时广泛寻找替代品

Uber 和 Lyft 是拥有类似技术平台和终端用户的直接竞争对手。它们都能方便地通过移动应用程序给客户提供交通服务。然而，这不是他们正在解决的问题。这是他们的解决方案。

他们正在解决的问题是让客户经济、安全、方便地从 A 地到 B 地。这意味着他们也在与出租车、私家车、公共交通、自行车，甚至步行竞争。双方都意识到，新兴的自动驾驶汽车技术是一个巨大的威胁，他们已经采取措施将其纳入自己的战略。总体来说，出租车行业的情况有所不同。

可以用截然不同的技术创造出替代品，或者完全无需技术。客户不在乎你如何解决他们的问题，只要你能有效地解决他们的问题。

在"巴比伦"的例子中，将他们的竞争对手局限在便利店，特别是高档有机食品商店，可能很有诱惑力。然而，在简短的头脑风暴和几次用户访谈之后，竞争场景就会扩大到以下场地：
- 家庭、橱窗和社区花园；
- 强调有机、新鲜农产品的餐厅和连锁店；
- 上门送餐服务（预先制作的食物或含有配料的食谱）；
- 更优质的预包装食品。

随着团队对全局的进一步思考，摆在他们面前的挑战也就变得更加清晰。他们也更清楚该如何定位产品，先发制人地利用替代品的优缺点，优化目标受众，以及开展有效的客户研究。

2. 不要太看重竞争对手，但要向他们学习

保持平衡。你既不能忽视竞争对手，也不能轻视竞争对手。你也不应该对他们每次出人意料的转变都表现出担心。一些行业领袖声称可以完全无视竞争对手，只需关注自己的创新和客户需求。

但是，即使你有一个更好的解决方案或你是市场领导者，也最好保持谦虚谨慎。时刻关注你的竞争对手是如何发展的。你可能发现，竞争对手正在蚕食利润丰厚的细分市场，吸引他们可以利用的忠诚客户，积极进入你的市场。或者，新进入者正在开发可能具有颠覆性的创新产品。虽然这可能是一个问题，也可能不

是，但最好减少这种可能性，以免使自己措手不及。

另一个极端就是陷入无休止的分析。不要让竞争对手的活动分散你的注意力，使你偏离维护现有客户和吸引新客户的核心目标。

如果竞争对手做了一些创新的事情，向他们学习并观察他们是如何满足客户需求的。如果一个现有的竞争对手宣布了一个意想不到的计划或似乎威胁到你的方向，不要惊慌或否认。观察趋势，在采取行动之前与相关方和客户接触。竞争分析可以帮助你了解客户，并能激励团队，但它不应该支配你的愿景或路线图。你要追随你的愿景而不是你的竞争对手。

3. 化分析为行动

竞争对手分析不是一个特性矩阵，展示谁有哪些特性，然后进行比较。如果所有这些都是为了推广一种理念：拥有更多的特性就等于拥有更强大的服务（而你所要做的就是"跟上"或"赶上"），就会分散你的注意力，使你无法专注于客户需要的关键创意。

使用假设导向的方法，明确你将根据结果做什么。建议采用以下流程：

- 除了在线研究竞争对手的产品，对其产品进行拆解也非常有用（使用并详细观察他们的产品），可以观察产品的如下细节：
  - 信息和定位。
  - 定价、层级和试销。
  - 初次体验。
  - 发现和搜索。
  - 可学性。
  - 实现目标的步骤。
  - 取悦用户之处。
  - 不支持的用户故事（可能是有意的）。
  - 如何在产品之外吸引用户（如通过电子邮件）。
  - 产品是如何满足客户需求的。
- 制作一份"价值总结"，突出你的解决方案与他们的解决方案之间的相似性和差异。与其专注于特性，不如描述一些要素，如：
  - 价值主张和定价。
  - 目标市场/细分市场和关键客户。
  - 差异化和兴奋点。
  - 概览。
  - 市场推广和销售活动。
- 完成 SWOT 分析。站在不同角度，评估你的：

- 优势（使你比别人更具优势的内部因素）。
- 劣势（使你处于劣势的内部因素）。
- 机会（你可以利用的外部因素）。
- 威胁（使你处于劣势的外部因素）。

● 制订一个行动计划，同时写出建议。

在 www.influentialpm.com 上，你将找到一个完整的方法，其中包括一个非常适合评估竞争对手的流程示例，包含一个考虑了 21 个属性的 SWOT 模板。

服务好你的客户。如果他们很高兴，就没有理由离开你，也不会放弃一些特性。相反，要了解竞争对手的战略、目标市场、价值主张和差异化，并利用这些信息来丰富而不是支配你的决策。

记住，模仿是奉承的最好体现。不要奉承你的竞争对手。

同质化不是目标

一位移动社交网络客户正在与一位新投资人就竞争对手的差异进行讨论。该投资人担心，该客户在一个关键市场（中国）落后，要求对其产品与竞争对手的产品展开一对一的特性比较。

这次行动最有用的结果是让我更深入地了解了竞争对手的产品。然而，对比结果是一个 3 页纸的电子表，其中包含了令人乏味的细节，却没有多大用处。

相反，我问自己：与他们相比，我们产品的优势和劣势是什么？他们的机会在哪里？我用 SWOT 分析法来问自己各种各样的问题，而不是电子表格。这些问题使我们更清楚自己的产品相对于竞争对手而言是更强还是更弱。

我们知道，在保持产品的单一用途、优雅和简洁上，只有很少的特性是有价值的，特性太多反而会导致紊乱。与直觉相反的是，这项分析非但没有显示我们的产品"落后"，反而强调了减少次要特性会使我们的产品更易于使用，也更有价值。

然而，有一个发现引起了我们的注意：一个较小的竞争对手引入了一种新型的"电视风格"直播功能。进一步的研究表明，这可能是我们在中国市场的一个机会，可以带来更高的参与度和收入。

差异化——你解决客户问题的独特方法

差异化概括了你如何独特地为目标客户解决问题。这是其他竞争对手所不具备的关键优势，决定了你在市场中的地位。差异化有时也被称为独特销售主张（Unique Selling Propositions，USP）。

除了与客户沟通，定义差异化的主要原因是阐明你的核心能力。这是你要做出的最关键的产品决策之一。你的大部分产品开发都将专注于提高差异化，在你和竞争对手之间尽可能拉开距离。了解你的差异化将有助于你将功能和特性进行排序，以便向客户提供其他特性。与竞争对手类似的特性只是"足够好"，你甚至根本就不会在这上面投资。差异化有助于防止你的路线图成为与竞争对手展开的同质化竞争。

也就是说，虽然差异化吸引了潜在客户的注意力，但传递你的整个价值主张才是他们选择你的原因。你必须提供一系列必要特性，确保你的产品不会落后于替代品，并让你的客户满意。

专注在你的核心能力上

我在一家在线照片分享和打印公司工作，该行业有两个强大的竞争对手，都提供上传照片、共享相册、打印照片及订购定制书籍等功能。

每个季度我们都会进行一次客户调查，与竞争对手提供的相同功能的使用情况相比，我们在使用服务的每个关键功能时都会衡量客户满意度。对于许多特性，如上传速度、共享功能、运输成本、运输速度、照片编辑和相册管理，我们只想做得比竞争对手略好一些。每项特性都是服务的重要组成部分，但任何单独一项特性都不能成为用户选择我们而不是竞争对手的理由。

相反，我们尽可能用美轮美奂的商品使得我们的服务具有差异化。我们的品牌是高质量的，我们投入了大量资金来确保这个优势，包括使用我们专有的图像校正软件创建高级打印功能，使用专业级的高级打印实验室，以及设计得非常漂亮的相册模板。

如何定义你的差异点

客户将你的差异点视为独特的和实实在在的。一个好的差异点是可持续的，并为你提供了一个"不公平"的竞争优势。客户很难不用你的解决方案，竞争对手要么很难复制你的差异点，要么代价高昂。

1. 唯一性：客户没有其他选择

寻找你拥有或能够开发的独有资产或方法，包括：
- 获得专有技术或基础设施。
- 只有你拥有或能够制作的内容。
- 和合作伙伴、供应商、外包商或渠道的独家合作。
- 庞大的用户群体（创造网络效应，当更多的人使用产品或服务时，产品或服务会获得附加价值，这意味着即使竞争对手拥有所有相同的功能，用户也不会转移）。
- 拥有客户数据，能够提供卓越的个性化体验。

- 将质量、可靠性和信任合为一体的优质品牌。
- 组织专长、功能、流程或关系。
- 能够对多种工具或服务进行无缝集成的平台（为客户提供满足其各种需求的一站式便利服务）。
- 独特的成本结构或规模（因此你可以比竞争对手更便宜、获利更丰厚）。

> **运用专利保护差异化**
>
> 作为一种防御策略，企业应该为自己开发的重要技术寻求专利保护。然而，在主流、快节奏的互联网和软件行业，你不能仅仅依靠专利来抵御竞争对手。许多公司正在同时解决客户同样的问题，并且一定会提出非常相似的创意和解决方案。更重要的是，专利通常会经历费时的法律流程，最终也可能被撤销。当诉讼程序结束时，成功的商业机会也可能得而复失。

不要忘记说明为什么这些对你的最终客户很有价值。例如，独特的技术本身并不是一种差异，除非它能让你在解决客户需求方面做得更好或更便宜。

2. 可持续优势：竞争对手无法轻易复制的优势

如果它很容易被复制，那么你的产品差异点就不会长久。"易于使用"（提供更好的用户体验）或较低的成本（除非你有更优的成本结构）都不是可持续的差异点。用户体验可以很容易地被复制，如果差异点仅仅是价格便宜就会使产品走向同质化。除了成本和便利提供暂时的优势，还有什么能够保持你的优势吗？

如果你正在开发一种新产品，差异化可能只是一种愿望，而不是现实。你能这么想已经很好了，这意味着你需要专注于执行，快速建立核心能力，然后占领市场。

3. 务实与聚焦：不要太烦琐，不要太宽泛，也不要太狭窄

你的差异点不应太宽泛，也不应该太烦琐。不要犯这样的错误：想吸引所有人，或者太过特殊，以至于只能吸引一个小众群体。

> **在科技公司，知识产权保护举步维艰**
>
> 我曾经作为专家被要求作证。在这个案件中，一家澳大利亚公司质疑其他公司盗用其专利。提起诉讼的这家公司声称，它获得了一项澳大利亚专利，该专利是针对其目标广告背后的技术。它对搜索短语和用户行为进行复杂分析，以提供更有效和相关的广告，同时也使目标用户有更好的体验。但是，尽管有这项专利，类似技术已经被使用了好几年。

这桩昂贵的官司持续了几个月，最终得出结论，多家公司同时开发并推出了高度相似的技术——这些"现有技术"让该专利无效。

在现代科技公司中，很难证明一项发明是真正独特的并可以申请专利，而保护这些专利又是非常昂贵和费时的。科技公司的快速发展意味着，即使你能够胜诉，到那时，这项发明也已经过时了。

问问自己产品对潜在客户有什么吸引力，然后直接向潜在客户验证你的假设。设计一些问题，按照 1~10 的分值排列，获得对最重要内容的判定。如果只有一小部分目标客户对该差异点感兴趣（如果只是早期采用者对其感兴趣），那么说明它还不足以令人信服地构成一个可持续的产品。

不要只用高级功能或很少用到的功能来体现差异化。（当然也会有例外：例如，当你有一款"免费增值"产品，用其提供免费的基本服务，然后吸引一小部分准备升级到高级功能的超级用户。）

"巴比伦"案例中的差异化声明强调了独特的技术和客户体验。它描述了一个完全自动化的端到端解决方案，如果实施良好，将使公司在便利性和质量控制方面大大领先于竞争对手。"巴比伦"案例的差异化在于它的智能收割过程，而且是完全自动化的。也就是说，用户所需的唯一劳动就是播种、跟踪种子的生长过程，并准备好收获产品。自动化降低了人为失误的风险；保证了新鲜的有机农产品；消除了第三方农产品出口商经常遭遇的不被信任情况（因为他们不能确保没有转基因作物，也不能确保农产品是清洁的）。

关于解决客户问题（风险和假设），你还不知道什么

风险分析的目的是确定关键的潜在外部干扰因素，如果不加以监控或缓解，这些干扰因素就是导致产品失败的最可能原因。

进行风险分析有 3 大优点：

● 可以通过提前识别风险来确定早期产品开发活动的优先级，也可以确定应在项目早期计划的研发活动。同时增加了对客户需求的了解，并对是否继续进行项目或如何开展项目的决策更有信心。当然还可以节省时间或资源。

设置预警线

我们的运营目标是增加用户的参与度和内容浏览量（提高留存率）。我们决定通过提高个性化内容列表（我们称之为"播放列表"）的能力来实现这一目标。

该特性发布之后，我们确确实实看到用户的内容浏览量增加了，主要目标已经达到。客户的反馈都非常积极，我们差点就要宣布成功了，直到重新验证我们的假设。

> 我们假设 25% 的用户会采用这个特性，而实际采用率只有 5% 左右。尽管我们推出了一个非常成功的特性，但 95% 的用户都没有使用它。
>
> 经过进一步研究，我们发现了问题。那就是在没有主动去找的情景下，这个功能很难被发现。我们也没有很好地让人们建立对新特性的期望，许多人在给这个新特性机会之前就放弃了尝试。
>
> 为了解决这些障碍，我们将新功能移到了主页上，并创建了一系列预先配置好的播放列表，这样用户就可以更轻松地体验。
>
> 如果我们不清楚之前提出的假设，也不去重新验证它，就不会发现这些问题。

- 阐明你对未来的假设。你可能已经做了一些假设，这些假设只有在产品开发后期才能得到证实。通过验证假设，可以设置边界条件。这些条件起到了"预警线"的作用——如果你后来做出的一个假设被证明是错误的，就可以重新审视你的计划并进行调整。

- 与决策者沟通。大多数相关方都很愿意承担经过分析计算过的风险。你需要解释危险，并阐明你的应对计划。如果测试失败了，就要审查下一步投资的条件是否仍然存在，以建立他们对你和产品计划的信心。

如何评估风险和假设

每项产品开发项目都有风险。新产品往往有很大的风险，因为你必须建立一个新的市场，创造一个有利可图、可扩展的生意。现有产品在让客户满意、保持销售持续增长、保护现有市场免受竞争对手和新进入者的影响等方面也有风险。

风险评估不需要太复杂。你和团队的知识和共识才是最重要的。因此，你需要找出几个关键风险和管理它们的方法。当你了解更多的时候再去看。关键不是第一次就要"正确"，而是要不断地验证你的假设，并随着你的进步不断提出新的问题。

进行风险评估的一个有趣的方法是在启动产品计划之前进行"失败检查"。先假设你的产品计划失败了，然后再集思广益。

你可以在 www.influentialpm.com 上找到一个有用的风险评估框架。

1. 专注于不易控制的风险

正确的风险评估并不只是聚焦在公司控制范围内的明显风险或内部风险。确保充足的资源、获得高管批准、与客户一起验证产品和测试安全可靠的技术，这些因素都不应被忽视，都在你的控制范围内。

外部风险可能并不明显，如果明显的话，你就知道如何应对它们。可能的产品风险包括：
- 客户的舒适度或改变行为的意愿。
- 客户的收益和支付意愿。
- 向目标客户推销或接触到目标客户的能力。
- 产品或特性的可发现性和采用性。
- 新技术的发明。
- 系统、数据或技术复杂性或稳定性。
- 竞争对手的反应。
- 合作伙伴或供应商成本或依赖关系。
- 监管或法律要求。

2. 你的假设也有风险

不要忽视你所做的假设（如在目标客户和竞争对手分析中所做的假设）。你是否假设用户会为你的产品支付多少钱？能够将多少用户转换成付费用户？你的增长能有多快？你的模型中的敏感点在哪里？如果错了，会有什么问题？这些也是风险！

正如第 1 章中所介绍的，存在认知偏见是很自然的（如寻找数据来支持现有观点或过于乐观），尤其是当你公开宣扬公司正在追求一个理念的时候，你会很自然地选择一些假设，这些假设都从正面看待产品创意。因此，你需要客观地挑战你的假设来消除这些偏见。

3. 确定关键风险的优先级并制订减轻或应对计划

找出最重要的风险，并解决几个（最多 3~4 个）关键风险。这些风险往往是概率和影响都很大的风险。

除非你能付诸行动，否则风险评估是没有价值的。要开展沟通工作，说明你正在承担的风险，以及你将会如何应对这些风险，以增加成功机会。减小风险意味着在产品发现和开发计划中预先识别这些风险（如与用户进行早期测试）。应对风险需要在风险发生时（而不是在风险发生之前）有一个应对的计划。

4. 重新审视情况是否有变化

随着你获得更多信息，一些风险将被新风险所取代。不要过度专注于评估风险，偶尔也要重新审视风险。看看是否有什么变化，是否要采取进一步的行动。关键是，当你发布产品时要评估风险并密切监控它们。要积极主动地沟通，出现问题时迅速反应。要求决策者做出承诺，允许你识别是否有重大风险，然后再决定是否投资一个产品,这是成功的第一步。

如果风险很大,就要通过足够的努力来消除或减小它们,也要寻求额外的支持。在没有制订计划来减轻或消除已识别的风险的情况下,不要期望决策者对有风险的项目全力支持。除了从客户访谈中收集少量但宝贵的消费者洞察,还要利用团队和一些值得信赖的顾问的集体智慧。"巴比伦"团队集思广益地讨论了潜在风险,并对其进行了评分,如图3.3所示。他们发现了用户信心、当地监管挑战、竞争对手动向、产品可预测性和稳定性及供应商等方面存在风险。之后,他们才能够更加专注地寻找客户。

风险	内容	概率	影响	计划
用户缺乏对水培植物知识的了解	● 用户不信任自动化农场 ● 用户需要技术知识	大	大	● 强调全自动化培育产品的特性 ● 推动媒体对水培农业进行报道 ● 编制好用的用户手册
法律、社区要求和开发商限制	● 当地法规不允许安装 ● 开发商不愿或不能提供空间	大	大	● 成立一个专门的法律团队来研究法律限制 ● 向当地社区进行游说,让决策者同意 ● 积极主动地与开发商对话
水培植物系统失效(内部风险)	● 全自动化农场未经可靠性验证 ● 产出比预期要低	中	大	● 在开发和测试期间投入更多资源以确保技术稳定 ● 加强对用户的投入 ● 在 GTM 和商业模式中包括食品担保
外部技术或服务的威胁	● 用户宁愿去能提供本地廉价绿色蔬菜的商店 ● 更为健康、便利的饮食解决方案(在线配送服务)	中	中	● 推销个性化和可定制的特性(根据需要随时增加) ● 强调产品的本地化,突出环保性 ● 评估新的竞争性技术和其他商业模式的优势
农场供应系统涨价导致成本提高	● 供应商(种子、化肥、工具和配送)的成本	中	中	● 与种子公司合作,控制价格,确保持续供应 ● 批量订购以降低单价 ● 制订融资计划和其他定价策略

图3.3 "巴比伦"潜在风险分析及应对计划

第4章 共同确定优先级
——专注在最大的机会上并与相关方达成一致

> **本章学习要点**
>
> 1. 产品经理的角色是评估机会并在产品优先级上与相关方达成一致并迎接挑战。
> 2. 无论公司文化如何,你都可以使用一些技术手段来确定产品优先级,同时平衡速度和精准度。
> 3. 如何通过对比测试(split-testing),利用用户反馈来实现现有特性的增量优化。

为什么确定产品优先级很难

如果产品经理有一种责任比其他任何责任都让他敏感的话,那就是决定优先做什么。作为产品经理,你需要决定要做什么,更关键的是,决定不做什么,这是你在为公司带来价值中所扮演的最重要的角色。

做错误的产品可能付出非常昂贵的代价,不仅浪费时间和金钱资源,还浪费机会成本。如果无法对依据和假设提出质疑,或者不能收集足够的数据来确定优先级,抑或无法开展对运营和客户有价值的项目(无论来源),你的信誉和团队士气都将受到负面影响。

然而,从某种程度上说,失败是不可避免的。

确定优先级是指在两个相互竞争的需求之间取得平衡。你总是想要开发,总是想要交付,总是想要成长。但是你也要收集和使用你能得到的高质量信息,以确保团队专注在最重要的事情上。

如果你无法预测失败,也没有关系。但在前期不做足够的工作来详细评估项目或特性,肯定是行不通的。

以下是你在确定优先级时面临的最常见挑战,以及处理建议。

1．相比人而言，流程更容易管理

在组织中，有许多相关方会对你下一步的开发活动提出建议。他们都认为自己在各自的领域内是专家。你的用户体验团队会提出改善产品流程以提高客户满意度的方法；运营主管会发现增加客户获取收入的机会；公司创始人会想象出数十种潜在的新特性，如果有了这些新特性，产品就更能实现其愿景；销售团队会根据大客户的需求来要求提供短平快的特性；而工程主管会发现新方法来重新开发某一核心技术。

对自己的创意，他们都会自鸣得意，并且坚持按他们的意见去做。所有人都会认为公司没有马上理解和实施他们的创意。

解决问题的答案就是将优先级排序工作视为是一种协同，而不仅仅是一个过程。给团队、相关方甚至你的客户提供机会，你可以通过两种不同的方式提供意见和影响决策：

● 讨论用户、运营和产品目标（不是特性）及其重要性。在与相关方就项目和特性达成一致之前，要就产品愿景和目标先达成一致。与高层相关方保持一致，明确低优先级（或无优先级）的目标。

● 收集特性和创意。将创意视为备选方案，不要孤立地评价创意。将创意记录下来，包括推荐的理由及依据。

按照步骤开展工作。首先在目标上达成一致，创造环境，用来制定特性层级的决策。将创意进行比较并排序，确定哪些更能实现你的目标。如果收到相关方的反问，问题就会变成"目标改变了吗？"而不是"哪个特性更重要？"

本章后半段会介绍一些通用框架，你可以使用这些框架来管理优先级排序过程，但不要偷偷使用它。相反，要合作、公开并透明。同时要注意，在相关方群体目的性过强且充满冲突时，不要因为支持一方而牺牲流程，这么做将很难达成一致。

2．说"不"会令人不快

产品经理希望既能取悦相关方，又能取悦客户，而每个群体的要求有时都是令人信服的，甚至是强力的。也许他们在思考和交流他们的创意上投入了很多，但没有解决方案会给他们带来很大的痛苦。例如，缺少工具或特性会使他们的工作很困难。

对他们的要求说"不"，可能让他们感觉像是个人的拒绝，因为会涉及情绪。

然而，由于资源有限，将一项工作置于其他工作之上是一个零和游戏。对超出团队能力的事情说"是"会令你失望，要么是你之前向别人承诺的事情会被干扰，要么是新的请求不会很快得到处理。不管你做什么，总会有人不开心。

> 你在第 1 章中可以了解更多处理相关方创意的方法，包括说"不"的好方法。

知道什么是不应该优先考虑的和知道什么是应该优先考虑的一样重要。如果你计划要做的工作在战略和目标大背景下没有意义，就不要去做。此外，不要在惯性下继续做一些没有意义的事情。必要时，要勇于做减法。

3．数据是永远不够的

不能完全相信你正在确定的优先级是正确的。即使有大量的数据，其中也不排除有与客户、相关方、团队和你的研究之间相互矛盾的输入。

如果你无休止地收集更多的数据，只是为了做出选择或驳倒相关方的反对意见，就会导致优柔寡断。分析潜在项目的唯一方法就是优先处理它。将确定优先级作为一项持续的任务。与团队和相关方一起预先设定期望值，不断收集新数据，经常重审优先级。将快速协同技术与详细的客户需求分析和运营机会分析相结合。

你应该寻找支持依据，这样就可以通过支持数据、研究和测试来确定优先级。当你发现新信息时，要运用信息并调整优先级。但是，如果没有一些令人信服的证据表明某个项目能够对客户和你的运营产生价值，就不要将其列为优选项目。

其次，把大项目分解成小项目。因为确定优先级是为了朝着目标前进，所以首先要聚焦在项目的关键部分上。帕累托原理告诉我们，20%的努力会为你的目标带来 80%的收益。如果你已经做了足够多的工作来交付影响最大的组成部分，那么最好不要再做什么确定优先级的工作了，直接进入下一项工作。如果你认为有更多的商业机会，就可以徐徐图之。

> 你可以在第 5 章中阅读更多关于验证和原型的内容。

最后，不要忘记你的项目清单只是一个候选清单，即一组关于什么可能推动你的产品目标的假设，并不是所有项目都能入围。你要对这个清单进行验证，包括原型设计和先发布一个更广泛特性的小增量，也要准备好移除一些被事实证明没有什么希望的项目。

4．妥善处理上司的指手画脚

也许一位高级管理者会宣称他的观点是正确的，在没有提供背景和数据的情况下就确定了优先级，也不理解其他潜在项目的结果。或者一个具有 A 型人格特质的强势者把其他人逼到了角落，造成一个达成共识的假象。虽然你想赢得相关方的支持，但他们的意见仍然只是众多意见中的一个，尽管他们是专家，但直觉并不是确定项目优先级的好方法。

有时候，如果一个创意从长远来看能够帮助建立信任关系，并且看起来足够可靠，就可以做出适当让步。如果这是一个反复出现的问题，让步只会降低产品质量，也会打乱公司的优先级确定。

这个问题没有简单的解决方案。由于个人性格和领导风格的不同，每种情况都是不同的（例如，如果具有挑战性的人比你更资深，你就会感到不知所措）。可以尝试下面几个方法：

● 引用数据。在公布项目优先级之前，花更多时间用数据进行分析，并讨论和分享分析结果。提出客观、富有挑战性创见的做法会让相关方改变主意。即使他们不改变主意，也可以对风险有更深入的了解，并做出决策。

● 在交谈中提及资源、依赖性和后果。一旦他们得知成本太高或另一个关键项目会被推迟，他们就可能改变主意。

● 回到初始目的和目标。如果目标发生了变化，就需要在所有的优先级中有所体现，而不仅仅是体现在该项目中。换句话说，这种变化会影响项目。强调当前总体目标足以说服他们取消变化。

● 重申计划内容。忙碌的相关方往往会忘记已经做过的工作。在相关方心目中，早期出现的、现在由团队正在解决的问题就意味着已经关闭了，因此他们会把注意力转移到新的问题上。这时你需要提醒他们，你正在做的正是以前他们认为最重要的事情。具体说（如列出你正在进行的具体计划），告诉他们团队目前没有多余的能力，如果有必要的话，向他们展示团队中每个人目前的资源分配情况，要调整优先级，就必须做出权衡。

长效解决方案就是创建有条不紊和透明的优先级排序流程。这样做会让你能够对产品进行掌控，你提供数据，准备建议，并获得输入，通过增加透明度建立信任，也许你会看到你的大部分建议被采纳。同时，相关方认为他们能够强烈地影响结果，而且你愿意接受他们的意见。

使用本章后面讨论的技术来正式确定优先级，确保使用目标驱动的方法。

> 请参阅第 2 章中有关产品治理的部分。

5. 突发事件总会跳到第一优先级

也许需要所有人员共同处理这些突发事件，也许一个重要的客户正在坚持开发某一特性，也许销售人员会要求帮助他们开发大客户。

如果出现不可避免的干扰，计划中的优先事项的进度就会变慢。让问题浮出水面并展示其带来的影响。如果持续遭受干扰，就会出现严重的质量问题。无论重要与否，紧急问题总想插队。

例如，在销售导向的组织中，相关方会绕开优先级排序流程，将紧急请求升级以获得大客户。尽量不要对销售或客户的诉求做出反应，而是将问题上报给产品领导者。这会很有挑战性。如果可以的话，提醒他们你正在开发供许多客户使用的解决方案，而不仅仅是一个客户。但是，如果你经常听到相同的诉求，就要考虑该诉求的优先级。

在确定优先级时，重要的是了解客户需要什么（价值），他们希望如何使用你的产品（可用性），以及你可以做出什么（可交付性）。

简化产品优先级排序的技术

考虑到不同的组织规模、产品生命周期阶段、决策结构和文化，没有一种优先级排序方法适用所有组织。即使是在同一家公司内，单一方法也可能不适合所有正在考虑的项目。例如，你能给以下两个项目确定优先级吗？一个是创新的和战略性的、失败风险高、范围和投资回收期未知的项目，另一个是定义明确、容易量化商业价值的项目。

最好的技术是自上而下：首先通过确定高级客户和运营目标优先级来创造环境和制定评估标准。然后，将特性级别的详细信息和这些目标进行对应，并根据将在何处创造最大价值来评估其重要性，这种方法适应性很好。产品经理和团队应该明确顶层目标，也不要轻易改变顶层目标。这样一来，如果一个看起来很有希望的项目却达不到预期目标的话，产品经理就有权转移到下一个优先项目上。

如果组织还没有一个标准的确定优先级方法，那么你可以从众多可行的技术中选出一种，然后进行调整确保符合你的具体情况。坚持使用它，就可以评估备选方案了，也可以定期更新优先级（无须重新确定优先级）。

建议你使用几种可以互补的方法，同时从不同的角度审视优先级，这样会给你带来一个全面的视角。

- 确定优先级的流程。
- 评估总体目标和标准。
- 你相信一些项目对目标的影响最大，对这个判断进行理性评估。

你的目标是制订一个计划，使团队能够专注于重要工作，并将其他事项排除在外。你要制订一个相关方即使不全部同意也基本认同的计划。

参见图4.1，优先级排序技术有4种：

定量方法就是将目标、项目影响和努力转化为数量，对优先级进行计算。还可以用来确定一个项目是否在财务上可行。

定性方法就是构建运营目标和客户需求，利用团队、相关方和客户的集体智慧来确定最有可能实现目标的优先级。定性方法的准确性未必比定量方法低。转化为数量的假设仍然是假设，但会给人一种准确度更高的错觉。

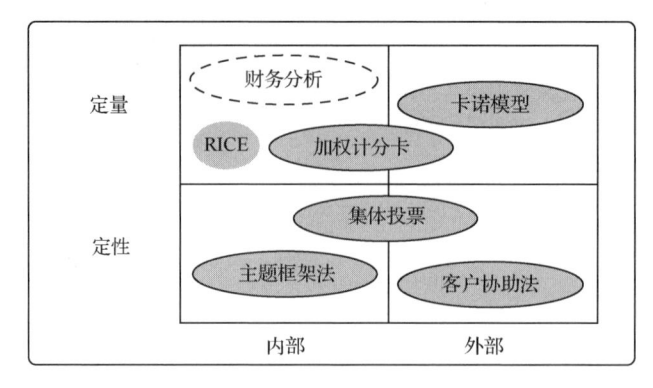

```
         ┌─────────────────┬─────────────────┐
         │   (财务分析)     │    卡诺模型      │
   定量   │                 │                 │
         │  RICE  加权计分卡 │                 │
         ├─────────────────┼─────────────────┤
         │                 │    集体投票      │
   定性   │   主题框架法     │    客户协助法    │
         └─────────────────┴─────────────────┘
               内部              外部
```

图 4.1 优先级排序方法示例

你可以进一步将这些方法分为工具集，用来进行优先级排序。内部方法更多地依赖公司内部已有的数据和意见。它们包括运营目标、产品性能数据、相关方意见和现有客户的洞见。当你已经有很多信息供挖掘并用于制定决策时，内部方法是最好的。但是，使用内部方法可能错过新的重要的市场信息，并受到群体思维偏见的影响。

外部方法利用客户的输入，直接确定需求，以及满意和不满意之处，邀请客户参与确定优先级并获得客户认可。如果在产品生命周期的早期阶段，现有的数据很少，或者希望将客户的想法纳入确定优先级流程以实现短期运营目标，那么最好使用外部方法。但要确保不只是几个关键客户在确定特性层级的需求。

一些优先级排序方法比其他方法要耗费更多的时间和资源。例如，财务分析和卡诺模型需要大量的数据收集，前者涉及建模，后者涉及客户访谈。一些简单的技术，如加权记分卡或主题框架法，虽然不适用于做重大投资决策，但较省时并可以马上更新。

简单的方法也有助于达成一致或暴露出任何不一致之处，原因如下：

● 在相关方群体中，人们往往会对高优先级事项达成一致。（尽管在不怎么重要的优先事项上可能存在分歧，但无论如何，这些提议不会很快付诸实践。）

● 你会更快地发现在总体目标和评估标准方面的任何争议，如果没有就这些问题达成一致，你无论如何都无法确定特性的优先级。

虽然有数百种不同的确定优先级的方法和版本，在这里我只选择了其中一些，这些方法的结构很好，也有创见性，是定量和定性优先级排序方法全貌的缩影。有些方法简单而有效，可以引导你走上正确的方向；有些方法较复杂（更费时），但足够可靠，可以用来制定重大投资决策。

加权记分卡（内部定量方法）

加权记分卡是目标驱动的优先级排序方法，当时间有限、数据不足或强势者占上风时，可以替代直觉决策。加权记分卡能使相关方在总体目标、相对重要性，以及选择更有价值的特性上达成一致。

该方法要求明确评估标准，迫使人们讨论标准而不是特性。在内部制定框架时，可以与信任你的客户一起验证记分卡以获得更多的信任。

1. 在评分标准上达成一致

首先，建立一套评估标准，对特性进行评分。以下是一些通用标准：
- 提高客户满意度（添加特性，改善用户体验）。
- 驱动收益（ARPU——每个用户平均收入）。
- 加速增长（增加市场份额和扩大规模）。
- 开发新市场（增加细分市场和区域）。
- 提高客户转化率或留存率。
- 降低成本（提高生产效率）。

尽管记分卡的好处是考虑了每个人的建议，但在指标的选定上却是少胜于多，要避免只从运营收益的角度选择指标。作为客户的代表，你要将以客户为中心的目标作为总体指标的一部分，同时包括运营指标（如生产率或规模、通过改进工具来管理和支持你的产品）。对相关方而言，这些指标不够明显，因此会被忽视或低估。即使这些指标权重很低，也不排除通过一些改进提高其得分，从而在整体优先级清单中体现出来。

一旦你与相关方就建议的指标达成一致，就要一起确定每个指标的相对权重（重要性）。所有指标的权重之和应该等于100%。例如，与相关方一起确定第一个指标占总体重要性的40%，另外4个指标占总权重的10%~20%。

2. 识别待选特性并根据标准进行评估

创建一个创意清单，其中包括你的研究、在头脑风暴及与相关方的谈话中收集到的创意。相关方可能希望包含10~20个特性，但无法同时理解和评估这么多特性。清单太长会导致整个过程陷入对一些非重要项目创意排名的争论中，而这些创意的数据太少，不足以提供决策依据。

你必须在决策效率和保证相关方创意被考虑之间取得平衡。要做到这一点，你可以试着让相关方提供一个完整的清单并要求他们选出排名前三的创意，以便后续评估。来回几次后，就可以选出一些次优先级创意，将其放到后期考虑。你可以单独与相关方进行这项工作（根据他们提供的清单）。各自沟通后，对记分卡进行整合。如果某一项目多次出现，就很容易发现相关方的共同兴趣点（如一个项目被多个相关方排在很高的优先级）和可能存在偏见的地方（如一个项目同时出现在多个清单中，而得分相差很大）。

3．在电子表格中输入特性、指标及权重

用一个简单的电子表格计算分数，并与决策者对结果进行排序和微调。要填好电子表格，就要收集所有待选特性。你需要为每个特性添加两句简短的描述，以确保大家对每个特性有共同的理解。然后在"行"中填写特性，"列"中填写指标和权重。

4．对影响特性的每个指标赋值

每个指标的分值区间为 0（无影响）～100（非常高的影响），可用 10 的倍数。排名不一定要非常准确，但应理性并用数据（如果有的话）进行客观评估，并体现差异。

在分值上达成共识不太容易，你需要找出那些差异和分歧最大的分值。如果改变某些因素，排名就会不同，就要仔细讨论这些因素。

在图 4.2 中，特性 1 明显提高了收入和增长潜力，但对其他领域的影响较小。其加权影响值为

（80×40%）+（0×20%）+（50×10%）+（80×25%）+（10×15%）=59

5．每个特性的成本估算分为 3 类：实现成本、运营成本和风险

利用一个简单的"T 恤尺寸"评估（S、M、L、XL、XXL）。在分值旁边加上一栏，将影响值与投入进行对比。画 1 条线，将低优先级特性用阴影描出并放在范围外，因为更高优先级特性已经用尽了可用资源。

在图 4.2 中，你可能注意到特性 2 和特性 3 比特性 1 需要更少的工作，而它们的累计影响值是 99。因此，与特性 1 相比，这两个特性可能是更好的选择。

指标	收入	用户参与	客户要求	增长潜力	团队生产率	影响值	排名	投入
权重	40%	20%	10%	25%	15%	100%		
特性 1	80	0	50	80	10	59	1	XL
特性 2	50	20	40	90	30	55	2	S
特性 3	30	60	30	30	60	44	3	M
特性 4	10	10	40	50	80	35	4	L

图 4.2　加权记分卡示例

6. 与相关方一起讨论而不是争论每个特性的优点，讨论总体目标以及每个提案对这些目标的相对贡献

你很可能发现缺少了一些指标；尤其是那些话语权较小的相关方（一旦他们意识到项目如何成为优先事项）要求推动他们的目标。记分卡还向相关方表明，你正在认真考虑他们的需求，但可能存在优先考虑的竞争性优先事项。

记分卡也存在一些问题。虽然它们看上去是定量的，但权重和分数很容易产生偏差。对通过游说施加影响或那些无法坚持自己观点的人来说，加权记分卡就不是一个有效的工具，因为得到他们想要的结果太容易了。另一个问题是外部客户的建议和风险不能得到充分考虑。

加权记分卡很容易产生偏差

我的上司负责对公司所有项目确定优先级。他制作了一个电子表格，把所有可行的项目排成一行，总共 50 行。在每列上加入了运营指标，包括收入、客户满意度、降低成本和稳定性。采用 1～5 分进行打分，根据每个指标评估每个项目会产生的影响。

我们还在表格中添加了"投入水平"（LOE），告诉我们每个项目需要多少资源才能实施。这种评分方法让我们使用运营指标来对项目进行排名，对运营指标的影响越大，项目的排名就越靠前。那些只影响了一项指标的项目，或者那些虽然影响了几个指标但效果很弱的项目，自然就落在名单后面。

能起到作用吗？差不多吧。我们第一次更清楚地了解了哪些项目更有可能实现预期的运营成果。由于资源有限，清单上的项目太多，也不可能都做，所以更容易决定不做什么。

事实证明，仅仅通过 1～5 分来打分还是太主观了，你可以强行将一个项目在清单中的排名设得更靠前。有时，相关方会要求将分值打高一些以便提前完成排序。

如果有太多的标准，你最终会得到一个有许多零散特性的产品计划，而不能提供一个连贯的产品愿景。

因为上述这些局限性，所以不要完全依赖加权记分卡来确定优先级，你可以用它来进行讨论和推动相关方的一致性，并把它作为确定优先级的一种方法。

主题框架法（内部定性方法）

将重点放在主题而不是项目上会升级对优先级的讨论，也会变得更具战略性，更强调运营成果。主题框架法有以下优点：

- 讨论目标、结果和度量而不是创意。
- 大幅减少优先级排序中的项目数量。对 5 个主题进行排序比对几十个有着显著收益差异的项目进行排序更容易。
- 自然而然与资源配置保持一致。例如,你可以为每个主题指派一个团队,以确保对每个主题的专注。
- 允许在几个关键主题上同时开展工作。更重要的主题将获得更多的可用资源,同时可以将一些资源提供给次要的主题,确保取得进展,而不是没有进展。
- 赋予团队和产品经理调整优先级的灵活性。在验证和学习主题过程中确定主题的优先顺序。这样,就可以推进优先级最高的主题。
- 引导团队对 KPI、目标关键结果(OKR)及产品绩效指标负责,而不仅仅是负责项目实施。

在管理产品组合时,确定主题优先级是最好的方法。如果你负责一个较小的产品领域,会被分配一个主题,其中的目标或多或少是固定的。在这种情况下,确定主题优先级有助于将工作置于大环境中,这样你就可以支持公司总体目标并理解资源限制。

识别主题

主题可以是产品的任何战略要素,以下是一些提出主题的方法:
- 参见加权记分卡中的总体标准(见上文)。
- 使用第 11 章中介绍的客户漏斗。每个阶段(获取、转换、激活、保留、追加销售)都可以是一个主题。总体产品提案可以是主题,可以给每个主题配备独立人员。例如,增长、入职培训、运营工具、社区开发、国际化、发现、搜索、个性化、规模和速度及消除技术债务。每个主题还须包括一组相应的运营指标。
- 客户细分可以是主题(如果每个客户有不同的产品),包括一系列优先事项,满足各部门需求,并根据增长潜力和价值按比例分配资源。
- 制定季度运营目标或使用目标关键结果,如果目标(不是 OKR)变化较少,就可以提供一组很好的主题。

1. 麦卡利斯特(McAllister)框架

麦卡利斯特框架是最为知名的主题框架优先级排序方法,由 Airbnb 前产品负责人 Ian McAllister 提出,该方法最适合在大型公司中使用,团队可以专注于单个主题,麦卡利斯特框架的好处如下。

- 识别主题并确定其优先级，排出前 3 个主题。根据产品生命周期中的最大需求及与公司目标的一致性，对其进行排序。
- 把资源和时间初步分配给你要关注的几个主题。在讨论特性或具体项目之前开展此项工作。虽然一开始要提供这样的建议，但必须得到管理者和相关方的认可，确定选择了正确的主题，也合理分配了时间和资源。
- 将项目和主题进行对应。获取潜在的项目清单，将每个项目映射到其中一个主题的备选方案中（即使一个项目影响到多个主题，也要将其分配到有主要关联的主题下，以免过程复杂化）。之前没有受到太多关注的主题很可能很少有关联的项目，因此需要集思广益来添加更多的创意。
- 估计每个项目的潜在影响和成本，用分值（0~10 分）或"T 恤尺寸"法。影响是主题进展的程度。成本是对开发所需投入的高层级估算。
- 与团队一起确定每个主题中项目的优先级，根据项目的影响和投入，决定首先要处理哪些项目。不要将项目合并到一个清单中，而是将它们分到各个主题下。允许团队重新检查清单，确保精力投放在机会最大的项目上。

在使用麦卡利斯特框架时，需注意以下几点：

- 首先要为每个主题定义一个可量化的度量。这样，每个主题都可以根据其运营结果进行描述，并且可以度量团队责任。
- 制定一个边界线，选出每个主题下优先级较高但因资源有限而无法开展的项目。拒绝项目时也要做到公开透明。如果原来优先级较高的潜在创意被证明没有前途，就将另一个项目上移。
- 将资源分配到每个主题中（而不是优先事项中）。不包括会议之类的日常开支，但要包括被转移到其他团队中处理与主题不一致的项目或缺陷。定期（如每月）与相关方一起审查结果。如果发现资源分配不合理，就要重新进行分配，或者运用更好的方法来分配。如果做不到这些，在这个主题上取得的进展就会达不到预期，也会让相关方失望。

估算工作量

很少有事情比要求工程团队估算工作量更容易触发矛盾。你不能苛求他们估算工作量，只能要求他们估算范围不明的项目。

一些公司已经成功地告别了这种做法，强调发现和验证范围是需要时间的，转而使用只有里程碑的路线图。

如果你想要求工程团队提供估算以帮助你确定优先级，就可以采用以下技巧：

- 保持估算的相对性，也许可以使用"T 恤尺寸"法，避免使用月或人天等具体单位。

- 选出众所周知的范围或已交付的项目，首先设定估算水平，然后将每个新项目与其比较，然后评分。
- 在评估中考虑风险，包括成本风险、范围风险和可行性风险。这个额外的因素为工程部提供了一个表达不确定性的方法。然后，优先考虑低风险的选择，或者优先考虑高风险项目的发现和研究，以便早日获得收益。
- 绝不要让估算夹杂其他任何目的，尤其是期望获得工程团队的承诺。这样做会让你们的关系紧张。
- 谨慎使用"投入"作为优先级的关键决定因素。如果只专注于低成本、低风险项目，最终会得到一个相当平庸的产品。有时候，你应该优先考虑一个高风险的项目，你很可能通过做别人不能做的事情来获得最高的价值。

2. 特性桶

亚当·纳什（Adam Nash）的特性桶在初创公司中最受欢迎，也是最直接的主题框架法之一。只需将特色创意分解为 4 个桶中的一个。定期从每个桶中抽出一些内容，就可以获得一个全面的产品，有助于避免将重点放在客户需求上而忽视长期创新。

不必把特性只放在一个桶里，它们可以放在几个桶里。以下是亚当·纳什推荐的一些特性桶：

- **度量移动器**（**Metric movers**）。这个桶包括运营和产品量度的特性，前提是已经建立了用于评估特性的已经定义的客户漏斗和基于价值的度量（详见第 11 章）。
- **客户请求**（**Customer requests**）。包括客户直接要求的特性和增量。这些信息可以从客户反馈中收集，也可以由销售人员提出。优先顺序可以取决于收入机会，也可以取决于它们能否让重要客户满意。
- **取悦**（**Delighters**）。基于洞察力或差异化创意而产生的内部创新，它们会给客户带来意想不到的惊喜。
- **战略**（**Strategics**）。与学习或长期未来目标有关的特性。一些团队将这个桶与前一个桶进行结合，因为亚当·纳什将战略定义为发现创新的第一步。然而，如果公司不善于尝试新的创意，就要把这两个桶分开。

为了构建亚当·纳什的框架，我推荐的另一个桶是：

- **增强**。对底层技术进行持续改进，或消除一些问题。逐步列出已报告的错误或设计问题清单。如果没有这个桶，你会忽略一系列小成功带来的综合影响。

尽管从一个发布到下一个发布，你可能强调不同的桶。但随着时间推移，要跟踪在每个桶中所做的工作，确定一个粗略的"组合投资"。如果看到在任何一个桶中的投入太少，就要对其进行增加。

集体投票法（定性混合法）

与内部相关方、客户或两者（但不同时）一起使用集体投票方法。前提很简单：运用一个专家组的集体智慧是确定优先级的良好方法。在一个快节奏、高度透明的组织中，最好使用这些方法来获得一致意见。在组织中，你必须快速做出决策，但要根据需要和学到的更多内容重新审视这些决策。

不要严格按照投票结果来确定优先级（因为这会使你丧失产品经理的角色）。相反，你要使用这些协作方法来鼓励参与者考虑并解释权衡的理由，他们的理由反过来会告诉你优先顺序。

进行协作时，要避免产生偏见。例如，当初级员工只是赞同其上司观点或保持沉默而不是表达不同的观点和风险冲突时，就可能产生偏见。要确保协作流程既民主又安全，并安排最资深者最后投票。

1. KJ 法

KJ 法也被称为亲和图法，由川喜田二郎在 20 世纪 60 年代开发。用于识别并将相似的需求进行分组，进而寻找最佳机会。通常从各相关方的自由发表意见开始，进行集体投票并说明明确的理由，最终以得出客观结果并达成共识结束。

这种方法可以用于任何级别的优先级排序过程，从高层级主题到具体产品。因此，对于任何级别的产品经理来说，它都是一种很好的方法，可以帮助他们的团队和相关方达成共识。它也是一种出色的头脑风暴框架。运用该方法，要谨慎地遵循每个步骤，并对结果充满信心，具体步骤如下：

- 招募一个多元化团队，将组织不同部门的人员、能够提供建议的顾问甚至不同类型的客户聚集在一起。他们不一定是资深专家，但应该有广泛的视角。
- 提出焦点问题，这取决于你试图推动的创意和优先顺序，提出一个总体问题并进行沟通，以持续关注过程。以下是几个例子：
    - 用户为什么关注我们的产品？
    - 现在的用户在使用我们的产品时有什么问题？
    - 我们如何提高用户参与度？
    - 什么工具和系统能使我们成为一个更有效率的组织？

    把你的焦点问题写在白板上。
- 让每个人把创意写在便利贴上。从个人头脑风暴开始，参与者在便利贴上写下创意、观点和理由（如果可能的话）。每个成员单独工作，并在安静的环境中尽可能多写。不允许分享、批评或辩论。
- 分享并摆放便利贴。让每个参与者朗读创意并将其贴在白板上。房间中的

每个参与者选择一个创意进行呈现,直到所有创意都用完为止。与此同时还需要考虑一些细节:

- 参与者可以把答案贴在白板上的任何地方(你会注意到他们倾向于把创意放在类似的创意附近)。
- 如果参与者有一个与白板上已有的创意相同的创意,请他们立即将其紧挨着贴在白板上,不要丢掉它。
- 当参与者听到其他建议时,他们会提出其他创意,而且他们可以随时添加到清单中(当轮到他们时,在白板上添加额外的便利贴)。

● 将类似的创意进行分组。参与者聚集在便利贴周围,将类似的创意放在一起。他们可以移动任何人的便利贴,而不仅仅是自己的。请他们解释移动每张便利贴的理由,使用以下句式:

- 这与……相同。
- 这实现了与……相似的目标。
- 我看到一组……

要求参与者给每个组命名,并将名字写在白板上,在每组相关的便利贴周围画一个圆圈。要欢迎不同的意见,并根据需要归纳或创建新组。这是一个有价值的步骤,因为每个人都能听到每个相关方的价值取向和创意。

● 小组投票。让每个参与者投票给他们认为对解决焦点问题最重要的创意(而不是个人创意)。你可以给他们 3~5 票的限制,可以用任何方式投票。相关方可以将所有投票放在一个领域,而不包括其他领域,表明他们认为这个问题对解决焦点问题至关重要。有时候,其他相关方可能不同意。在这个阶段,要鼓励批评,欢迎健康、建设性的冲突,并让他们辩论。

● 排序。按票数排列创意组。参与者可以合并类似的组,前提是组的颗粒度数要足够大,也有助于之后排序优先级时增加投票。如果将组进行过度合并,相关方就会将非常多的创意放在桌面上,这样你就无法将足够多的创意排除在范围之外。继续排序,直到出现几个优先级高的组,较低优先级的组被明确或被排除。

● 会后交流。会议后,感谢与会者并发出结果汇总。制定一份优先级清单,与已确定的关键组保持一致。有些创意可被标记为"进一步发现"(那些需要客户验证和原型设计的创意);另一些则可能由于资源和可行性等限制而被标记为"不符合实际"。

重点关注优先级高的组,因为其表明你已经综合考虑了参与者的反馈。

2. 购买特性法

卢克霍曼(Luke Hohmann,《创新游戏》一书作者)提出购买特性法,是指将特性优先级转换为"货币"。它像游戏一样,可以单独进行,也可以分组进行(4~

6人）。玩家可以在想要的特性上付款并解释理由。这个游戏也有助于强调你只能有有限的优先权。如果你在压力下承诺的工作超出了团队的合理工作范围，这个方法就很有用。按照以下步骤使用购买特性方法：

- 创建特性卡。定义特性名称并在单独的卡片上描述每个特性的好处。
- 特性定价。为每张卡上的特性定价，根据特性的复杂性、风险和工作量定出一个粗略的成本。如果一个特性比另一个特性复杂一倍，其成本就应该是另一个特性的两倍。
- 为每个玩家分配一个总预算，用于购买特性，也可以自己赚钱。每个玩家的总预算应不允许单个玩家购买超过 1/3 的特性（因为你希望他们做出艰难的决策）。此外，一个玩家不可以购买任何一个大特性。玩家可以将自己所有的钱花在一些小东西上，或者集合其他玩家购买一个更大的特性。
- 描述游戏。向玩家解释他们将使用预算购买对他们而言重要的特性。将特性卡放在桌上，并简要回顾每个特性卡，提醒他们注意成本。
- 轮流购买特性。在玩家购买特性时，拿走他们的钱，并让他们解释为什么要购买这些特性（或者让每个人马上把钱放好，然后讨论总体结果）。

让玩家自我管理，由主持人写下评论、理由和每个玩家对他们认为最重要的特性做出的解释。

有些特性可能非常昂贵，只有在几个玩家相互协商的情况下才能获得足够的资金进行购买。我们鼓励这样的合作：相关方可以达成一个折中的方案来满足需求，也无须你进行调解。

其中一个游戏方法是将每个特性的价格与所需开发工作的估算联系起来。每个玩家的预算就转换为可用的全部开发资源。虽然这个方法在游戏中可能用不到，但如果你不想使用虚拟货币（可能对你而言太过抽象）的话，它就派上用场了。

你可以在大众用户体验网（www.uxforthemasses.com）上找到一组非常好的模板。还有一种类似的方法，叫做百元测试（Hundred-dollar test）。

卡诺法（外部定量方法）

卡诺法由日本管理学家狩野纪昭（Noriaki Kano）教授于 1984 年开发，它是指调查并了解客户的需求，然后根据特性能提高满意度的程度对特性进行排序。如图 4.3 所示，根据潜在的满意度水平及其当前的特性，将特性分为 5 类。

1. 期望型需求（P）

客户首要考虑的更容易表达的需求。它们是客户自然而然想要的东西，也是竞争对手努力超越你的产品要素。客户用这些需求与竞争对手进行比较然后做出选择。你在改进这些方面的投资越多，客户满意度就越呈线性提高。卡诺最初称这个为"单维度需求"。

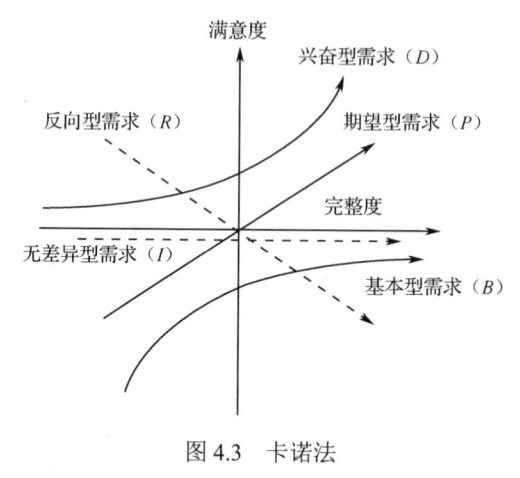

图 4.3 卡诺法

2. 兴奋型需求（D）

用一种令人惊喜的创新方式显著提高了客户满意度。很少有客户特别要求这些特性，相反，这些特性是通过观察未解决的客户需求得到的。即使是对兴奋型需求的一小笔投资也能成倍地提高客户满意度。它们使产品与众不同，尽管没有它们并不会降低客户满意度。卡诺最初称这个为"吸引力"需求。

3. 基本型需求（B）

客户期望并认为理所当然的需求。即使特性做得很好，客户也会保持中立，但当特性做得很差时，客户就会非常不满意。忽视对基本需求的投资会降低客户满意度。然而，所需要的只是足够的投资，因为做了不会提高满意度，不做会造成不满意。

你的产品必须至少达到最低质量水平。基本型需求的特点是进入价格越高，竞争对手的产品质量越高，基本型需求的门槛就越高。卡诺最初称这些特性为"必须的"，也称为"阈值特性"（对满意度有二元影响的基准特性，即如果不具备该特性客户就不满意）。

4. 无差异型需求（I）

既不会提高也不会降低满意度。虽然客户可能对投资漠不关心，但这些需求仍会引起公司的兴趣（如自动化运营流程或改进后端技术）。卡诺法的一个缺陷是，它只从客户满意度的角度排序优先级。在实践中，你必须用其他优先级排序方法对其进行补充，以获得虽不直接为客户创造价值但能为自身运营创造价值的创意。

5. 反向型需求（R）

出于完整性考虑，卡诺法包含了 5 类需求。从理论上讲，对一个特性的投入很高，会导致客户不满，去除或减少这类特性会提高客户满意度。典型的例子包括干扰产品主要特性的次要特性（可能增加产品的误用和摩擦）。

随着时间的推移，兴奋型需求将向期望型需求转移，期望型需求也会转为基本型需求。当你（或竞争对手）用新的特性让客户感到兴奋时，你就开启了新的期望型需求。

市场已经习惯了某种程度的特性，并期望其他产品也能效仿。你的创新变得更为商业化了。关于如何进行卡诺分析，有很多文献可供参考。更深入的卡诺分析要求你仔细地开发问题，单独调查细分市场和客户，考虑客户反馈的不同之处。（例如，为什么一些客户将一些特性列为基本型需求，而其他客户将其列为期望型需求，要对这些不同之处进行协调就是一个挑战。）

卡诺法在预测产品中的客户价值方面非常有用，在平衡你的需求组合（在添加新特性和改进现有特性之间）时也尤其有价值。但是，请注意以下几点：

● 运用卡诺法非常耗时。

● 情感反应会含有偏见，并不总是可靠的，因为客户并不总是知道他们需要什么。

● 卡诺法不能告诉你为什么一个特性被认为是不好的，或者你应该改善什么使它变得更好，它只能告诉你应该重点关注的领域。

在 www.influentialpm.com 上，我提供了一种简化的"快速而粗略"的卡诺法模板。

客户协助法（外部定性方法）

客户协助法可以对直接从客户处收集的建议进行结构化。与卡诺法不同，该方法在衡量客户偏好及其理性需求方面往往更快，但准确性较低。它们是补充内部和定量分析的良好技术，可以重复使用该技术进行优先级排序和决策，直至特性层级。该法也常用于用户体验研究。

1. 气泡排序法（Bubble sort）

如果你的潜在特性优先级清单不是很长，就可以将其随机列出，让客户比较相邻创意。对比每对比较对象，决定哪个更重要。如果其中第 1 个方案比相邻方案更有吸引力的话，就把第 1 个方案排到相邻方案后面。重复该步骤，直到客户认为所有方案都得到了正确排序。

在每一步中，只对相邻的方案进行比较和排序。如图 4.4 所示，将对每个优先级决策简化为二进制中的"是"或"否"，在一系列小决策之后，你将获得所有方案的总体优先级排序。该法的缺点是，每个决策背后的理由可能并不充分，所以参与者在做决策时要做出相应说明。

随机顺序	首次通过	二次通过	最终通过
特性 3	特性 1	特性 1	特性 1
特性 1	特性 3	特性 3	特性 2
特性 4	特性 4	特性 2	特性 3
特性 5	特性 2	特性 4	特性 4
特性 2	特性 5	特性 5	特性 5

图 4.4 气泡排序法示例

2. 创新游戏法

该方法来自卢克霍曼（《创新游戏》的作者），通过创造游戏化环境来吸引客户（但也可以与相关方一起使用）。最有用的两个游戏是修剪产品树和快艇（有时称为帆船）。有很多介绍这些技术的资料，该技术也有几十种变体。

快艇法是一种特别有趣的方法，因为它关注的是用户不喜欢的产品，而不是用户想要的产品。如果你面对的客户强烈批评你的产品局限性并表现出非常不满，那么这个游戏是很有用的。因为客户的要求甚至会让你不知所措，要求他们就优先级提供反馈，只会造成满腹的沮丧，或者得到令人绝望的长篇大论（我们都经历过这种情景）。

尽管客户对一个产品有很多抱怨，但他们很少会把产品或产品经理说得一文不值。但是，仅仅要求他们想要改变的东西是没有帮助的。通过将负面反馈游戏化，你可以很好地了解哪些问题是最重要的，即那些考虑放弃你的产品的客户有哪些问题。快艇法迫使客户以一种建设性的、可控的方式优先考虑产品中最不讨喜的特性或最显著的限制。

你可以问客户："我们需要移除哪几个锚才能使快艇更快地航行？"

● 在白板或纸上画一艘快艇。作为一艘快艇，它应该开得更快。它目前的速度是每小时 30 英里，可以达到每小时 80 英里或更快。快艇是你的产品。那锚是什么呢？

● 让客户在便利贴上写下他们不满意的特性或问题。让他们明确说明问题，而且要非常具体。例如，不要只说产品"不直观"，而是让他们详细说明为什么，以及在产品在什么地方可用性不足。把他们完成的便利贴贴在船下面，并在每个便利贴与船之间连一条线作为锚。

- 确定最重的锚。让客户对每个锚进行定义（例如，每小时 5 英里、每小时 10 英里或每小时 30 英里）并估计速度。把重一点的锚放得低一些。每个锚都会给你一个度量客户优先级和改进"痛苦"的尺子。可以忽略较轻的锚，专注在较重的锚上。
- 以书面形式记录结果。记录最重和最轻的锚。以书面形式记录下来，就可以避免重提琐碎的问题，把注意力集中在重大问题上。但如果你想做得更好，就要对发现的问题采取行动。

该游戏的一个增强特性是添加推进器（即产品的积极面，也写在便利贴上）。图 4.5 显示了一个可以使用的简单快艇游戏模板，也可以在 www.influentialpm.com 上下载。

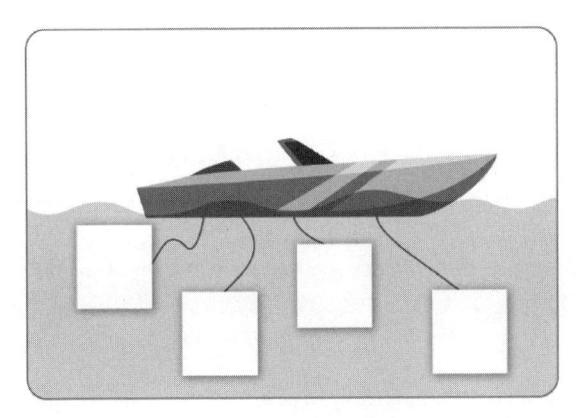

图 4.5　快艇游戏模板

3. 5 问法（5Whys）

客户和相关方通常会因为难以确定的原因而要求具体特性。使用此技术可以确定根本原因及其与其他问题的相对重要性。连续问 5 个为什么：

- 为什么这是个问题？在什么情况下会出现这个问题？
- 为什么这对你（或是需求提出者）很重要？预期的商业成果是什么？
- 为什么现在是问题？以前你是怎么解决这个问题的？
- 你的运营重点发生了哪些变化，使实现这一目标变得非常重要？为什么会发生这种变化？
- 鉴于我们正在研究 X，为什么我们必须停止那项工作，转而开展这项工作？

5 问法也是一个出色的团队评审计划。

当内部出现问题时，如产品特性、项目、流程或沟通失败时，可以使用它来找出问题的根本原因，并确定未来团队和组织的改进方向。

优化客户和运营成果

许多公司过分强调开发新特性是一种持续交付客户价值的方法。这些公司往往具有以下特点：
- 他们想实现成百上千的创意。
- 在产品发布后，他们开始研究次要的、只是加分项的特性，这些特性是从之前的范围中删减的。
- 一旦发布了一个特性，就很少重新检视它，一味启动下一个特性开发项目，而不管之前的特性是否成功。

应该通过添加新特性或增强特性的方式来确保交付成果符合产品的长期愿景，又必须同时确保现有特性以最佳方式运行。合理平衡这些相互竞争的需求（添加新特性或优化现有特性）是一个挑战。如果你将时间全部用于开发新特性，就可能错过另一个机会，那就是优化现有特性来实现较好的运营成果，同时投入也相对较少。在可持续提升的基础上，要在特性优化和快速获胜上安排出一些时间。

到目前为止，我们在本章中讨论的优先级排序方法提供了在大项目（需要几个开发周期的项目，以及严格评估和预先验证的项目）中进行选择的良好方法。但对小项目而言效果不太理想，这些小项目主要是逐渐改进用户已经在用的特性。

细节决定成败

多年来，我观察到，通过简单的创意和概念逐步改善成果也可以取得巨大的进步。以下是一些引人注目的例子：
- 对搜索引擎优化的投资，例如，复制网站 10000 个"长尾"页面，可以将总有效搜索流量提高 30%。尽管任何一页都没有值得关注的内容，但总的来说，它显著提升了搜索量。
- 缩小资源（图像和视频）文件，使用第三方服务提供适合用户设备和网络速度的低容量内容，加快了网站速度，并增加了 20% 的转换率（从免费用户到付费用户）。
- 新特性的发现率很低（与之交互的用户不到 5%）。我们不将它删除，而是集思广益，使它在导航位置中更为显眼，从而显著提高了用户整体满意度。
- 向放入购物车但未结账的用户发送带有折扣的电子邮件会使购买完成率增加 10%。
- 在该网站关键页面上的 5 个行动召唤（Calls-To-Action，CTA）中，热图分析（heatmap analysis）显示只有一个是有效的，它是一个"了解更多"的链接。我们意识到我们试图在用户准备好之前让他们购买。与我们直觉相反的是，在页面上添加更多信息并在之后放置购买行动召唤，就可以改善结果。

> ● 一个成长型团队在 90 天内对一个在线学习网站进行了 51 次小规模试验，并将转化率提高了 43%。虽然其中大多数试验都失败了，但是集体的胜利累积起来是非常巨大的。

不应单独使用优先级排序方法来识别和排序。相反，你应该使用一种实验式的方法来集思广益，快速实现轻量级解决方案，并根据明确定义的指标进行小规模测试。如果结果是积极的，就可以将你的改进推广到整个用户群。增量型优化往往表现出以下一个或多个特征：

- 可以相对迅速地实施。
- 就其自身而言，它们都太小，很难证明在事先广泛研究、排序优先级和讨论上的开支是否合理。
- 它们是许多需要测试的潜在创意，目前尚不清楚哪一个会胜出。
- 作为一个组合，随着时间推移需要增加资源，以逐步提高现有产品的特性（也就是说，它们不是单一"项目"，而是一系列的迭代）。
- 就其自身而言，不会产生很大的影响，但作为一个组合，累加起来作用就会很大。

最常用的发现增量变更工作的技术是 *A/B* 测试或对比测试。测试虽然在概念上很容易理解，但经常被误用。只有当你有一个基础经验时，你才能进行迭代和测试，并从你服务的活跃用户库中收集具有统计意义的数据。

要有效地进行 *A/B* 测试，请遵照以下指南。

1. 确定你想要的和可测量的结果

不要臆想。通过准确地宣布你正在努力实现的总体运营或客户成果，来集中精力并使团队保持一致。

下面是一些例子：

- 一系列的登录页面优化工作中的每一步都会将客户转化率提高一小部分，它们的总体影响就非常可观。
- 产品中的一个页面或特性有一个特别高的放弃使用率，想想看是否可以降低它。
- 你有一个假设，即增加的销售额会抵消当前价格折扣。
- 最近推出的特性的参与度低于预期，你希望通过把它放在最显眼的地方来促销。
- 你希望找到哪些电子邮件内容和主题能驱动最高打开率和对所提供服务的点击率。

设置一个 KPI 或度量标准，用以测量总体成功率。还可以设置几个次要指标，以便更容易或更快地测量。这些指标应是实现总体目标的领先性指标。对现有实践进行度量并创建基准。理想情况下，可将一组没有任何改善的用户设为参照组，与其比较并确定最终的总体结果。

> 在第 6 章中提供了一个规格书模板。在实施前，对比测试应该有一个完整的实验记录，记录假设和你想要达到的精确度量和现有基准。

此外还要定义反向指标，因为你不希望看到负面影响。例如，如果你的总体目标是提高效率，以推动访客成为付费客户，那么主要指标可以是转换率。反向指标（你不想看到情况恶化）包括平均订单价值（Average Order Value，AOV）、客户满意度和退款。

2. 收集创意并进行排序

根据目标将创意转换为有序的待办列表并进行测试。以下是两种最有效的方法：

- 找出那些善于实现与你类似目标的公司（不仅仅是竞争对手），研究他们的产品创意，仔细分析其中的一些细节和特性。
- 使用 KJ 法，召集一个跨职能小组，通过集体讨论在短时间内生成大量创意。浏览你的目标并分享案例。生成创意后，任何需要付出更多努力的事情都会成为更大的产品路线图中的一个部分。你也可以鼓励团队进一步分解创意。

除了"什么"（如白板、线框草图），还要捕捉"为什么"（每个创意背后的假设）例如，一个假设是："如果我们邀请用户提供他们的电子邮件地址，他们以后就更可能购买我们的服务，因为可以通过电子邮件向他们推销我们服务的价值主张。"

你和团队一起合作，通过以最少的努力产生最大影响的内容的方法大致确定创意优先级。有一个名为 RICE（触达、影响、信任和努力/减轻）的方法可以帮助你决定哪些创意具有最大的影响优先级，该方法也受到成长团队的欢迎。

> 请参阅本章前面部分和第 8 章，以获得高级估算技巧。

为了对创意进行评分，你必须首先根据可用的数据、你的最佳猜测或团队共识（如果数据不可用），为 4 个属性分别分配一个百分比、比率或数字。

- **触达**。在给定的时间段内，了解会对改进创意产生影响的用户数量。如果你正在优化网站，就要每月使用页面视图或查看访问者。显然，你网站的低流量部分会得到一个较低的触达分值。
- **影响**。当用户遇到这个创意时，它将在多大程度上改进你的目标估算，用 0~10 分的量表就可以了。如果你没有明确的研究或坚定的信念（如看到其他服务已经在使用改进的创意），就采用团队的集体意见。
- **信心**。根据现有数据、直觉和以往经验，该创意能够执行并将产生影响的信心百分比是多少。不要太过保守，这样就不会因为信息太少而被评为低级别。大多数创意应该是 30%～80%。

- **工作量或难易度**。另一个维度对应团队的工作量。可以使用"T 恤尺寸"法，也可以转换成数字，或者使用团队周的方法进行粗略估算，也可以使用故事点数来估计分数。

每个百分比、比率或数字都是一个相对的衡量标准，可以用来将每个创意与其他创意进行比较。无须特别准确，保持一致即可。

一旦为每个属性分配了一个数值，创意的 RICE 得分就为：

RICE=（触达×影响×信心）/工作量

表 4.1　RICE 优先级矩阵示例

	触达 （每月客户数）	影响 （1～10 分）	信心 （%）	工作量 （故事点）	RICE 得分	排名
创意 1	50	6	80	8	30	1
创意 2	30	7	90	13	15	2
创意 3	50	4	30	5	12	3
创意 4	10	9	50	20	2	4

如表 4.1 所示，RICE 分数越高，该创意的总体贡献越大，优先级也越高。在上例中，创意 1 显然胜出了，因为它拥有广泛的受众，你对它也相当有信心，并且开发工作量相对较小。尽管创意 4 有很大的影响力，但它只影响了一小部分受众，况且它的工作量较大，所以它的 RICE 分数要低得多。

鼓励产生和实施微调类创意（低影响、高信心、工作量小）和波动类创意（高影响、低信心、工作量中等）。随着时间的推移，逐渐增加微调，虽然每次微调的幅度都很小，但累积起来就会产生很好的运营成果。对行动召唤、按钮位置和价值主张进行简单的改进，就会对指标产生较大的影响。

虽然波动类创意的信心值较低且工作量较大，但如果它们能够发挥作用，对整体的影响也是很大的。许多团队都陷入了对局部"最优值"进行迭代的困境中，此时一个根本性的改变可以为巨大的、意外的成果带来新的可能性。例如，削减产品中的一些特性意味着简化功能，从而提高目标完成率；或者每周发送一封丰富的个性化电子邮件可能比发送十几个用模板做的电子邮件更好。

3. 进行实验

一次只能在表面区域（surface area）中实施一个创意。表面区域是产品独特的流程或组成部分。例如，如果你希望通过测试进行改进，那么可以对产品的每个入口（直到退出页，即转换点）进行不同的测试。

将用户随机分配到至少两个测试单元——控制和变量，考虑所有其他因素，并消除把相关性当作因果关系的风险。控制通常是现有的基准经验，而变量在每个方面都是相同的，除了你正在测试的单体更改。

看似微不足道的考虑会降低测试的有效性。例如，如果你将具体地理位置或频道的所有用户引导到新体验中（这是一种运行 A/B 测试的简单方法），则无法控制这些用户可能表现出与你的更广泛用户群不同的行为。同样，如果用户可以选择加入或退出任何一个体验，那么你的结果可能出现偏差，因为更有热情的用户会选择性尝试你的新产品。

你可以在并行基础上运行 A/B 测试（其中用户被随机分配以接收这两种体验中的一种）。你也可以使用时间基准运行测试（其中所有用户都被分配到一个新体验一段时间，然后结束测试）。但是，在基于时间的测试中，你不能做任何改变用户组合的事（如启动一个营销计划，吸引许多不太合格的访问者）。

如果你没有 A/B 测试平台，那么可以借助第三方工具。为了加快测试速度，你需要能够轻松地交换不同的用户体验，并跟踪和可靠地报告所有必要的数据。如果你正在开发多平台产品，则需要独立测试移动和桌面应用程序。

你必须等待，直到你收到足够的用户交互来声明测试，无论哪种方式都要有统计意义。根据范围和影响的不同，测试时间可能从几小时到几周不等。频率推理的结果会更加准确，但需要更长的时间才能达到高可信度。贝叶斯推理速度更快，需要的时间和工作量更少，但只在方向上有用（例如，你可能知道你的测试结果是积极的，即使你无法确定 KPI 的确切增长）。你的数据分析团队可以帮助你决定哪一个更合适。

快速测试行动召唤

获取移动应用程序用户策略的关键部分是病毒性增长。系统会提示用户向朋友和家人发送短信邀请，并提供一条默认短消息和一个下载链接。用这些方式注册新成员的转化率约为 5%。

我们在短信中测试了数百种模式。结果并不明显：表现最好的消息"发送我使用的免费短信[URL]"比表现最差的消息"免费短信[URL]"的转化率（9.9%）高出一倍多，为 4.4%。

你能看出有什么不同吗？也许大写字母看起来不自然，对收件人来说太垃圾了。也许"我"这个词把第一次邀请变成了一次更私人的邀请。不管是什么原因，只有测试才能发现问题和运营结果的巨大差异。

多变量测试允许同时运行更多变量，如 A/B/C 测试。当你添加更多的测试单元时，每个单元中的用户数量都会减少，这可能增加你必须进行测试才能获得的具有统计意义的结果的时间。

50/50 对比测试是最快的。但是，为了管理风险，你可以根据需要学习的速度轻松限制将要测试新体验的用户数量。这意味着，即使你对用户造成不利影响，

4. 使用同期群分析跟踪长期影响

有些指标可以立即测量，但其他指标将要求你在更长的时间内跟踪用户。例如，虽然转化率的增加可能立竿见影，但用户留存率是需要时间来评估的，因为这些变化只能随着时间的推移而显现。

在图 4.6 中，测试 1 似乎很有希望。但后来才证实，另一项指标（用户留存率）未受影响。它使整个用户生命周期价值（LTV）比基线提高了 10%。测试 2 最初看起来更有希望，但过了一段时间，很明显，激进的行动号召可能误导了用户，导致第一个月的高流失。测试 3 是个惊喜。经过跟踪，折扣被证明是让用户试用该产品的好方法，但一旦定价恢复到以前的水平，这些用户就会离开（导致整体净中性效应）。

	转化率 （第 0 个月）	第 1 个月留存率	3 个月后留存率	用户生命周期价值
基准线	1.0%	80%	60%	$60
#1 在主页上加强消息传播	1.1%	80%	60%	+10%
#2 一个积极的行动召唤	1.3%	50%	35%	-7%
#3 尝试一下产品，有很大的折扣	2.0%	80%	30%	+/-0

图 4.6 跨 3 个测试单元的产品 A/B 测试示例

5. 鼓励实验文化

在棒球运动中，"击球平均数"是用击球手的击球数除以"轮到击球的次数"来计算的，甚至最高击球平均数也在 0.310~0.366 之间。在 A/B 测试中，就像打棒球一样，大多数时候你的测试都会失败，或者产生一个看似微不足道的差异。如果它们没有失败，那么说明你没有测试足够大的创意！

你需要实现多个可能被抛弃的创意，而一些用户可能不喜欢接受新的体验。

对失败的恐惧：激进的测试和微调

一名产品经理被指派了一个团队，并将提升我们的教育产品优化转化率为目标。

在3个月的时间里，她在主页上运行 A/B 测试，以提高性能。团队测试了不同的消息传递、布局，甚至提供了一些自由的内容——但不幸的是，每个测试只产生了边际结果。转化率从 1.0%上升到 1.05%，这几乎不足以证明我们对她的工程团队所做的投资是合理的。

该团队一直在尝试"安全"的理念——最低限度地调整和设计变化。

他们担心，如果任何创意都有一个强烈的负面影响，我们将责怪他们，尽管只有一小部分用户在被证明之前已经暴露在了一个创意之前。他们觉得我们期望每个创意都能起作用。

我将期望与团队复位，并鼓励他们拥抱潜在的失败。只要我们能从中吸取教训就好，一个创意，要么是伟大的，要么是失败的。

在这之后，他们尝试了完全不同的创意，包括更长时间的服务试用、高度个性化的页面，在最初几天发送更多的电子邮件，以针对我们的服务教育用户，并改变了定价备选方案。结果更有希望。

如果你有投资的冲动，你会在很长一段时间内努力让它奏效，尽管很明显它不会奏效，或者团队或管理层不能容忍"错误"。

但是测试失败，这不能被理解为判断上的错误，否则，你就只会尝试最安全的创意。如果你面临这个问题，那么你要从小处着手，对经验进行基本的、没有争议的改变，分享积极的结果，以获得动力，并鼓励实验文化——然后逐渐尝试更多、更大胆的创意。

第5章 发现并确认客户需求
——通过客户持续反馈来验证假设和产品解决方案

本章学习要点

1. 为什么必须从产品生命周期开始,并在整个产品生命周期中不断地与客户进行产品探索和验证。

2. 如何通过常规、低成本的验证过程来改进产品决策,并建立对客户的同理心。

3. 如何通过用户访谈来验证用户价值,以及是否采用你的潜在产品解决方案实现他们的目标。

你在做正确的产品吗

产品发现(Product discovery)是收集客户洞见和证据,旨在达到以下目的:
- 建立对客户的同理心,了解他们的需求(他们的需求就是你的机会)。
- 表述产品路线图的优先级和总体方向,特别是产品解决方案中的功能和设计。
- 确定你提出的解决方案是否能够比现有解决方案更好地满足客户需求。

在创意生成一开始就进行产品发现工作,并在细化需求和开发之前,即在整个产品生命周期中持续进行。投入设计、开发资源来创建和迭代测试模型(如原型)。甄别、鉴定和会晤潜在客户。运用专业方法稳步、仔细考虑和验证假设,确保你正在创建一个有价值的并且可用的解决方案。

产品经理和投资者往往会跳过产品发现过程,因为他们认为时间紧迫,同时对产品路线图和创意坚信不疑,希望"继续往下走",所以他们认为产品发现过程是浪费时间。但考虑一下:

产品经理的职责不是正确地做出产品,而是做出正确的产品。

无论执行有多好,用错误的产品解决方案满足错误的客户需求都是100%的浪费。

来看图5.1,你的产品与客户之间需要进行以下外部验证:

- 产品是有价值的，必须用证据证明产品为目标客户解决了真正的问题。通过完成客户观察和访谈，你可以获得价值感。了解客户未满足的需求和在解决问题时遇到的挑战。
- 产品是可用的。目标用户可以直观、高效、愉快地使用产品并能够实现目标。

> 有价值吗——产品解决了一个用户真正关心的问题
> 有用吗——用户可以直观、高效、愉快地实现目标
> 功能性——产品符合内部测试规格

图 5.1　产品外部验证的 3 个层次

> **尽早测试，频繁测试，保持简单**
>
> 在完成一个新的移动应用程序 6 个月之后，客户仍然在收集设计偏好特性优先级方面的信息。有问题吗？所有的输入都来自每周开展的内部审查，并且只根据相关方需求进行改进。外部测试也很少，反馈来自有限的几次调查和设计方案评审。
>
> 一种错误的想法是，为了获得有效的用户测试，必须有一个具备主要功能的产品。此外，他们还把达成内部共识与获得市场认可混为一谈。
>
> 我们开始采用精益化、频繁的外部测试模式。我们建立了一个每周半天的测试会议机制，邀请 3~5 个用户进入现场。根据我们即将做出的决定或产品的当前状态开展测试，每次测试仅限于几个基本假设。我们首先询问每个用户的生活和需求，然后分享我们最新的产品创意和上周的设计，或者试用一部分成品才有的功能。
>
> 3 个月后，我们访谈了 50 个用户。虽然还没有证明产品成功的统计数据，但丰富的定性数据给我们提供了在产品需求、特性和设计方面有价值的输入。我们可以更快地行动，对决策也更有信心。

在可用性测试阶段，可以招募用户与产品原型进行交互。然后，随着开发的推进，你可以继续将测试作为一种手段，不断获得经验并调整产品的方向，直至产品成形。你可以观察用户的感知及其痛点，发现待解决的问题。

无论是对新产品还是对现有产品的改进，任何重要的项目都要有产品发现过程。产品发现在产品开发初期最为关键，但也要在整个产品生命周期中进行，甚至在产品发布之后，还要继续收集数据并验证产品，这么做基于以下几方面原因：

- 客户、市场和产品会不断发展。某一点在以前被证明是正确的，并不意味着以后也正确。
- 局部功能测试或完整功能测试要比概念、设计或原型更容易让用户理解（等到做成成品再开始测试就为时已晚了）。

- 产品上线后，你可以通过分析用户交互数据和定性反馈来增强产品测试。

在本章中，我将介绍产品发现背后的一些挑战，以及用来进行高效访谈的方法。其核心是，如果你能够提前验证，经常验证，保持测试过程简易并可重复，就会有更大的机会创造成功的产品来取悦客户，并为公司赚钱。

产品发现极具挑战性

基于客户的验证被认为会受到质疑的几种假设是：
- 客户不知道他们想要什么。
- 发现和验证是复杂、昂贵且耗时的，并且常常导致不确定的结果。
- 我们对客户和内部验证流程已经足够了解。

1. 客户不知道自己想要什么

你可能听说过这样一句话："伟大的公司从来不问客户想要什么，因为客户不知道自己想要什么。相反，伟大的公司会用客户从未想到过的解决方案来让他们感到兴奋。"这话不完全对。即使客户不能清楚地描述问题，但客户至少能意识到问题的存在，只是他们自己不能给出好的解决方案而已。

客户受制于自身习惯和日常工作，对现有解决方案也过于熟悉，因此很少能开发出一个未来的解决方案。他们无法预测自己将如何改变自身行为，只能与当前的参照系进行比较。

另一个常见的场景是，销售代表或其他相关方根据他们交流或讨论的结果，告诉你客户想要什么。这些是间接需求，因为销售代表或其他相关方在传递信息时，已经通过他们自己的感知和组织特权对客户所说内容进行了过滤。

> 在这种时候，你可以使用第 4 章中介绍的 5 问法。

你的职责是从客户要求的解决方案中梳理出潜在的问题。与客户合作，找出他们需要解决方案的原因，直到发现根本原因。如果客户提出了一个解决方案或特性，就要回过头来重新理解潜在需求，然后朝着与那些建议方案不同的方向推进。

不要问客户他们想要什么特性，即使客户坚持认为自己需要这些特性。也不要让他们对特性进行排序，除非是间接的和客观的（例如，询问问题 A 是否比问题 B 更重要，并让他们解释原因）。

相反，让他们描述他们今天为实现目标所做的工作，确定哪些问题解决得不好，让他们觉得有动力去探索备选方案，在他们的环境中观察他们，并在许多客户中寻找共同的模式。你必须与客户互动，了解他们和他们的需求，但要知道，想象、定义和验证新解决方案的是你，而不是他们。

2. 发现和验证是复杂、昂贵和耗时的，并且常常导致不确定的结果

焦点小组和大规模用户研究项目一方面有价值，另一方面也是费时费力的，这样做占用了大量本应从事其他优先项目的资源。由于这项研究较为复杂，因此发生的频率较低。然而，投资于消费者研究以确定产品优先级是至关重要的。另一方面，你也不希望它延缓产品送达客户手中的进程。

同样，对产品进行可用性测试越容易、越有效，产品就越完整。但是，只有在开展足够的测试后，你才会想投资于一个完整的成品。这是一个"鸡生蛋、蛋生鸡"的问题。如果在开发后期才开始可用性测试，就在一个既定的路径上走得太远了，只能致力于一个具体的范围和时间表。在后期阶段做出重大调整要困难得多，所以只有一些小的调整才能保证产品在发布后能如期上市，否则将面临产品失败的风险。

为了应对这些挑战，考虑将长期领先的市场和用户研究项目脱钩，并在执行的同时运行它们。通过用反复、频繁的客户访谈和测试来补充执行。循序渐进地学习，并立即提出见解。如果你每周测试 3~5 个用户（企业客户可能更少一些，但也不会太少！），你将在 1 年内把你的产品展示给 150 个或更多的用户。

你的产品和对客户的理解每次都会有一点变化。保持每个会话简单且集中于一个轻量级的测试目标，如验证一个特性，识别一些影响易用性的问题，或者理解具体客户深层行为。建立一个假设，设计一个会晤大纲，并开始构建（无论是纸面上的创意、实体模型，还是部分完成的产品，充分利用你已经拥有的任何东西来减少准备时间，无论它处于什么状态。

焦点小组的缺点

虽然焦点小组很受欢迎，但它们经常（但并不总是）被误用在单独评估技术产品的选择中，尤其是一些可以快速迭代的产品。经过数千美元投入和数周准备，我参与了一次焦点小组。我们与第三方公司合作，开发了特殊用途的原型，招募用户，编写测试脚本。

我们通过视频链接从另一个房间观看，测试人员带领参与者了解我们的产品。她提出了很好的问题，我们从中获得了很多启发。但每回答一个问题，都会有更多的新问题要探讨。因为焦点小组是一次性的活动，对任何提出的问题都没有机会解决和重新测试，更不用说对原型进行调整，然后看一下是否有改善了。

在访谈中，一个具体的测试观点非常鲜明，很明显小组中的其他人也受到了他的影响。由于他们表达了类似观点，目前还不清楚是共同信念还是群体思维导致的。

尽管如此，我们能够获得的信息仍不够多。我们认为这个方法效率低、成本高、让人喘不过气且无法集中注意力，不值得做。

你会认识到由此产生的客户反馈较为零乱，有时甚至是互相矛盾的。尽管你尽了最大的努力，但在与客户面谈时，你可能发现很难使测试具有可量化性和统计相关性。在审查资格和挑选人选的过程中，在与测试对象解释你的问题时，在测试产品质量时，以及在观察用户得出准确结论时，都会产生一些差异。此外，你的产品和客户需求有可能快速变化。

因此，客户反馈应该是指导性的，而不是结论性的。你收集数据的目的是将其与你的认知、实际产品使用或市场分析进行权衡。在基于上一轮客户测试结果来确定下一步行动时，要在行动计划中安排 1~2 次小型改进。用少数人的意见来做出方向性决策并不合适。

如果有几个测试失败了，那又如何呢？不久还会有另一个机会。同时，每次迭代时，收集到的信息也不太可能适用于整个客户群，要不断学习、调整并增加信心，因为你正在开发一个有价值的产品。

零乱和矛盾的反馈

用户测试可能是一个令人沮丧的体验。我们准备测试一个已经上市一年的移动短信产品中的增强功能。我们飞了 20 多个小时到印度进行用户访谈。在与我们交谈的每位新用户身上，我们发现他们在使用产品时遇到了完全不同的问题。

一个用户在下载应用程序时遇到困难，另一个用户的问题是菜单中的导航功能，还有一个用户问题出在发送群消息上。其他用户在使用功能上没有问题，但提出了以前未曾出现的可靠性问题，说这些问题让他们无法更频繁地使用产品。

我们不知道下一步该怎么办，一种产品完全失败的绝望涌上心头。

但我们并没有放弃，相反，我们设计了精益测试策略来更详细地研究每个问题。随后的每轮测试都集中在单一假设上，告诉我们应该在新版本中实施哪些改进。最终，我们逐渐改进了产品，用户满意度也在不断提高。这得益于我们摒弃了原有方法，采取了更为聚焦、更为经济的方法进行多轮测试。

---

3. 我们对客户和内部验证流程已经足够了解

不要错误地认为只要有了投资方的支持或实现了项目内部里程碑，就能拥有一个有价值和可用的产品。

创造一个让用户满意的产品是关键。让你的相关方，特别是高级管理层满意是很容易的。然而，你和你的相关方都不是用户。相关方会因自身经验、声誉、资源、兴趣和目标而产生偏见。特别要防止他们及你自己受到近因效应（以前用户或潜在用户对产品的反馈）的过度影响。

经验不足的产品经理可能将通过内部"关口"的批准视为获得验证。他们努力地把市场研究、解决方案、商业论证和演示结合起来。他们利用达成共识技术（第 2 章）获得相关方支持。一旦相关方竖起大拇指，他们就会忘了验证工作才刚刚开始。你必须保持警惕，以确保将稀缺的时间和资源花在正确的高优先级项目上。

一种常见的内部验证技术是"内部测试（dogfooding）"，即你和组织中的其他人测试自己的产品的功能。虽然它有助于发现可用性问题并增强你与用户间的共鸣，但不能用其代替真实用户与产品间的交互。

走出去验证

在我职业生涯的早期，我将主要精力花在向高管、上级和同事展示产品开发的进展上。我争取优先级，获得决策的批准，收集大量的产品需求并与质检人员进行合作，以确保通过功能测试。每一步都让我感觉像跨过了一个障碍。

由于过于自信，我很快从我的第一个产品（称为"SmartLinks"）失败中领悟到，客户不在乎你的创意有多聪明，也不在乎你执行得有多好，他们只想要产品能够解决问题。我发现这个产品并没有我们想象中的那么重要，而且功能太多，用户界面过于复杂。所以，与其把时间花在办公室里，不如花在外面，和客户在一起，及早发现问题。

快速失败（fail fasts）和转型（pivots）

在验证过程中，你会发现产品的初始方向有问题，继续往下走是没有出路的，相反，你要重新评估方法。

虽然"快速失败"和"转型"是很受欢迎的概念，但它们会误导你。它们可能导致牛仔文化，让你胡思乱想，在优先权之间摇摆不定，或者完全不做计划和不进行产品发现。

我更喜欢"快速学习"。根据你对客户需求的理解，在每次迭代中输入一个假设。了解如何衡量成功或失败，并明确讨论你学到了什么，这样你就可以把这些经验教训纳入下一轮迭代。如果事实证明你错了，也有所收获，因为你学到了新东西。

同样地，向一个有前途的而不是糟糕的创意转型。利用你在之前的尝试中收集到的洞见来决定新方向。坚持总体战略目标，转型应该有助于重新定义一个可行的解决方案，以解决一个完全不同的问题，很少会重新定义战略。

最后，再次参见图 5.1，你可能熟悉验证产品功能所需的测试：确保产品达到预期、满足可视化和交互式设计规格并稳定运行内部测试（继续在负载和错误最小的情况下执行)。这些工作也被称为质量保证,测试工作与产品开发工作同时进行,也在产品开发工作之后进行。

确认产品符合规格的内部测试是必要的,但还不够。最坏的情况是,在测试清单中挑选会让你误认为创造了一些有价值的东西。

与客户面对面

用户体验团队是验证过程中不可或缺的合作伙伴,你需要通过他们来领导可用性测试。你可能还有一个专门的客户洞察小组,其职责是建立对客户需求和行为的深刻理解。也许在你的公司中,由产品市场或销售团队定期提供新的市场数据。你应该与这些极具天赋的专业人士合作,和他们一起进行精心设计的测试,因为你将从他们敏锐的洞察力中获得很多。

但是,不要完全依赖这些人。你还必须具备对客户访谈和观察的第一手资料,原因如下:

● 要对假设进行优先级排序。作为一名产品经理,你必须了解最紧迫的运营和客户问题,这些问题将影响你的产品方向。直接参与客户验证可以让你优先考虑对假设进行测试,尤其是那些对决策最为关键的假设。

● 建立客户同理心。通过观察客户与产品的互动来对客户和产品的局限性有直接了解和第一手资料。

● 发现新需求。作为产品经理,你在观察客户环境,确定新客户机会和可能的技术解决方案中处于既有利又独特的位置。

● 观察结果。第三方研究会做出总结性的洞察和结论,这在向高层汇报结果时有价值,但缺乏细节。你需要自己解读这些原始数据,从客户行为中捕捉蛛丝马迹和线索,积累一段时间后就可以发现规律。

● 加快后续工作。研究和测试可以发现更多新的问题。如果你亲自去见一位客户,你可以在现场找到更多关于这个问题的信息,而不必等到下一个研究开始。

产品经理必须主导并推动围绕问题定义、客户价值和市场验证及特性优先级方面的研究。你不能把工作委托给他人,而只看他人的工作总结。

通常,用户体验设计师和研究人员主导并推动可用性测试,包括工作流、功能和用户交互。但是,你必须参加测试会议,收集第一手洞见。考虑到你和团队的不同角色和背景,你可以从相同的对话中寻找和获得不同的东西。

你要准备在现场引导访谈内容。因为访谈内容是会变化的,不要只是坐着看。否则,一次准备充分的可用性测试结果可能只是糟糕的概念、产品、价值/经济性验证。

另外,不要低估让工程团队参加访谈的作用(不要一次性邀请全部成员,每次轮换团队成员,这样就不会让访谈主题太过发散)。当访谈陷入僵局时,应采取果断行动。

使产品探索和验证持续、低成本

让你和团队将以用户为中心的访谈和测试整合到一个常规的日程中，并使测试工作具有低投入、常规化、迭代式的特点。然后你可以不断改进产品，建立信心，消除风险，调整设计和特性优先级。

一个简单的框架可以帮助你理解该持续验证过程，这就是范围—设计—测试—学习循环的持续发现和概念验证框架（如图 5.2 所示）。为了说明这个框架的实际作用，我们可以设想一个在线技能开发服务 Photo Pro，目标用户是有抱负的业余摄影师。

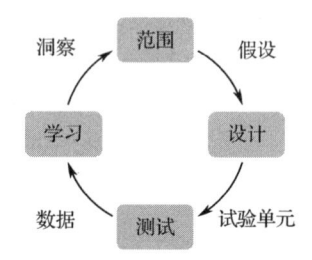

图 5.2 持续发现和概念验证框架

Photo Pro 希望通过提高品牌认知和成员资格来扩大其在线运营。假设你是产品经理，并且计划为成员添加一个社区功能，为其工作提供反馈。

● 范围。在产品发现的过程中，你会提出假设，而不是需求。你提出建议，开发产品、功能或特性来满足（但可能满足不了）客户需求。

例如，对于 Photo Pro，先从一个高层级假设开始：我们知道，许多有抱负的摄影师在学习新技能时喜欢与他人合作，我们相信可以通过该产品实现他们的在线交互。在为现有成员提供上传工作和接收其他成员反馈时，我们希望推动成员们更频繁和更紧密的参与。

在你的第一次访谈中，你可能专注于验证和理解有抱负的摄影师的真实需求：他们真的喜欢合作吗？他们重视反馈吗？从谁那里？以什么形式？

随着深入了解，你可以在之后的访谈中改变测试变量。例如，也许有抱负的摄影师确实重视反馈，但在具体的反馈和高层级的反馈以及艺术评论和技巧上有所不同。你可能让访谈对象浏览一些他人工作反馈并使用现有在线工具进行反馈。

之后，在了解更多关于客户需求的信息之后，你可以测试设计或原型。原型只是你提出的解决方案的具体体现。原型在测试中很有用，因为在你开发一个特性之前，最好先确定它是否有价值。

如果结果出乎意料，而你不采取行动，做测试就失去意义了。你应该尽早测试那些对产品成功影响最大的假设和风险。

- 设计。计划好你的实验，以最小的工作增量（一个可测试的单元）来验证假设。例如，你可以开发模型来测试 Photo Pro 的社区反馈特性：
  - 一系列供测试对象语音反馈的照片。
  - 现有的竞争对手工具，供你观察正在使用的测试对象。
  - 使用多项选择题和开放式问题对现有用户进行的调查。
  - 演示问题和陈述价值主张的幻灯片。
  - 一个建议的网站和消息区，供了解受试者对所提供特性的兴趣和理解。
  - 两个或更多提议解决方案的早期设计和草图。
  - 产品流的可用模型（高真实度设计）。
  - 为测试对象选择照片以提供反馈（测试数据是否可消费）的算法。
  - 产品增强的原型，用户可以上传照片并提交对他人的反馈（其中"后端"不是真实的，数据也不能保存）。
  - 添加到当前产品版本中的基本功能（如果测试成功，将进一步充实该功能）。
  - 已经在开发中的部分工作产品。

请注意，上面的例子可以帮助我们更好地开展探索性工作，随着探索工作的深入，还需要大量的投入。

在这个阶段不需要华丽的点缀，这些点缀甚至毫无用处。在考虑纯粹为了测试而开发模型之前，充分利用你已经组装好或正在开发的任何东西。但是，要给团队设定这样的期望：你正在学习什么是有效的，什么是无效的，你将"改变你的创意"。虽然你所创造的一些东西不会被扔掉，但你还没有打算创造出功能完善、可重用的代码的材料。因此你需要准备好放弃或根据你的访谈结果做出改变。

在本章的后面，我将介绍如何准备和进行基本的访谈。

Photo Pro 的访谈脚本示例可在 www.influentialpm.com 上在线获得。

- 测试。使用你的可测试单元，对用户、客户和内部相关方进行测试。收集定性和定量数据（如有可能）。适应性比准备更重要。如果你的测试没有产生有用的结果，就要改变你的访谈问题或实时更新你的可测试单元。

- 学习。从支持或质疑假设的数据中梳理出洞见。制订深思熟虑、客观和实际的行动计划，并就你将要采取的行动达成一致。你所需要的是每次获得1～3个建议。稍后再测试其他方案。你的洞见会帮助你指出问题，建议你需要尝试一条不同的道路，或者肯定你正走在正确的轨道上。

实施你的建议，完善范围并测试下一个假设。现在你可以更加自信地进入下一个阶段了。即使你的测试结果没有定论，你很快也会有另一个学习的机会。

必须在产品生命周期的各个阶段持续进行验证。以下是各个阶段的介绍：

- 需求探索（发散）。在提案开始时，主要了解客户需求并探索潜在的解决方案。调查从高层级内容开始，如测试价值主张、验证用户目标和比较功能备选方案。

- 产品执行（收敛）。当你和团队进入执行模式时，不要假设产品发现已经完成。在这个阶段，验证变得更加容易，因为你可以从概念或原型转移到特性上。随着产品的每个部分都得到进一步的改进和更多细节的完善，你必须确认正在开发的产品将满足客户的需求并易于使用。因此，做好改进的准备，继续做一些开发工作。

● 发布后（优化）。用户主动使用你现在的功能性产品时，是你获得一些经验的最好时机。你将生成大量的定量和定性用户数据（如产品跟踪和客户电子邮件）。不幸的是，这也是许多团队项目收尾的时候。相反，你要继续测试现有的产品和特性，并排序好开发工作的优先级，优化特性并解决可用性问题。

> 在第 4 章中，介绍了通过头脑风暴、RICE 法和对比测试等优化特性的方法。

根据开发计划和客户的访问，尽可能多地重复这个阶段。对于用户应用程序，建议每 1~2 周与 5 个用户进行一次访谈和测试，与每个用户一起花费大约 2 个小时，并在总体准备和总结上花费大约 2 个小时（假设你用的是简易测试模型）。这只相当于你一周工作的 5%~10%（尽管在产品开发高峰期这个比例应该更高）。为你的客户创造一个合适的产品值得花那么多时间——令我惊讶的是，我经常遇到从未与客户交谈过的产品经理。

你可以决定将用户带到你的办公室或在其周围与他们进行访谈。如果你的地区中有一个现有的产品和一个相当大的用户群，那么招募用户应该相对简单。通常，客户服务代表或办公室助理对管理流程持开放态度。实践中很多用户邀请函都无人应答；有些用户也会在最后一刻退出预定的访谈。这时候，一个简单的奖励，如一张礼品卡，就有足够的吸引力。真正的访谈，总比付钱好。在你开始访谈之前，一定要给用户奖励，以免让他们觉得需要给你正面的反馈来"为之工作"。如果你想在你当前的用户群或地区之外访谈用户，你可能需要更具创造性的方法。这可能包括访问他们经常光顾的地方（如商店或咖啡店），在网络论坛上发布访谈请求，或者通过视频电话进行测试。如果有必要的话，远程访谈也有可能接触到全球的用户，但会失去建立和谐关系和发现微妙线索的机会。

客户咨询委员会

企业通常设立一个客户咨询委员会（CAB），邀请公司最大客户的最高级别管理人员或买家参加定期活动。

产品经理通常会参加这些活动，做演示或回答问题，包括讨论新兴市场的需求及获得产品和路线图反馈。要知道这些是销售活动，而不是仔细研究产品的机会。它是销售人员与最重要的客户建立关系的好机会。你还必须在这些事件之外开展自己的研究和发现。

代表你最重要客户的公司并不代表整个客户群，尤其是你服务不足的细分市场或那些用你的竞品的客户。

> 作为精明的买家和高管，客户可能很少与产品或实际终端用户进行日常互动。他们可能要求独特的功能，而这些功能对更广泛的市场可能没有什么价值。当着客户主管的面，要避免无意中承诺解决问题或添加功能。

对于企业应用程序，我建议至少每两周到客户办公室访问，了解产品的环境。这通常比用户应用程序需要更多的准备和时间来安排。考虑到你和忙碌客户的时间都有限，可以考虑参加一个跨职能小组，在一次访问中实现几个目标。确定并采访具有代表性的部门，包括终端用户、团队领导者和管理者、产品内部管理员、产品内部倡导者、IT/安保人员、买家和高管。单独采访他们，以免陷入群体思维，或者出现他们不愿与资深者意见相左的情况。如果需要他们对某一主题深思熟虑，就提前发一份简报，以便他们做好充分的准备。

你也需要与销售团队协商如何接触客户。重要的是，你必须与销售团队达成一致，你不是在进行销售拜访，你的讨论脚本是经过仔细准备的，讨论主题也是不受限制的。在建立信任之前，销售团队成员可能希望参加或以其他方式参与进来。你可以欢迎他们这样做，但要澄清你的角色，并说明你不会向客户做出任何路线图上的承诺。

组织和开展用户访谈

一个结构良好的访谈可以让你洞察每个假设。如前所述，你的用户访谈应该包括对用户和其需求（价值）的探索，以及对具体功能（可用性）的测试——你不必每次都就两方面开展访谈，但你需要保持平衡。你应该更看重前者，而你的用户体验合作伙伴通常看重后者。

完美的用户访谈需要不断实践才能达成。因此你可以请你的用户体验小组帮助你开发和设计用户访谈，以确保你正在应用行业最佳实践。如果遵循推荐的持续验证模型，就会有很多提升技能的机会。

1. 仔细写下访谈记录，记录所说的话并观察没说的话

你和每个用户访谈时只有很短的时间，所以要充分利用它。如果没有脚本，就会很容易偏离正轨，不经意地改写问题并对用户的答案产生偏见，或者在多次访谈中提问不一致。如果你问不同的问题，用不同的措辞提问，或者以不同的顺序提问，就很难从多个用户那里看到模式和得出结论。

坚持你的假设。当你进行一次没有明确结果的"钓鱼探险（fishing expedition）"时，你会很少获得有用的信息或反馈。提前写下已知的问题（这样你就不太可能把反馈当作你已经知道的东西而不予理会），但需要使用脚本作为一般指南。每次访谈和受访者都略有不同。要让用户自然发挥，不要太死板。如果用户说了或做

了一些有趣和出乎意料的事情，可以脱离脚本，进一步探索。

在访谈中，写下你在回答问题时所看到和听到的一切，尤其是直接的用户反馈信息。不要在记录时得出结论，坚持把事实记录下来，以后再做解释。

非语言线索有时比用户说的更能说明问题。也许他们似乎对你提供的东西并不特别感兴趣，但他们很有礼貌。如果你想录下谈话，或拍照和录像，请先征得许可。

结对方法会更有效：一个人提出问题，与你的测试对象建立融洽的关系；另一个人可以记录所说的内容，并捕捉非言语信息。理想情况下，产品经理和设计师会结对，由工程团队监听。在第一次访谈之前，你可以和你的搭档现场练习剧本，为了提高技能，让他们观察你是如何进行访谈的，并在访谈结束后立即给你反馈。访谈的次数越多，你就越熟悉。

2. 把控制权交给用户，理解而不是得出结论

当你完成流程的每个步骤时，不要展示用户原型。毕竟，当产品的每个用户都需要帮助时，你不可能亲自到场解决问题。通过围绕用户目标和产品设计访谈，创造一个真实的环境，如果他们第一次与产品交互的话，自然会发现用户原型的存在。不要一步一步指导他们。

不要回答他们的问题，或想解决他们的问题，或在他们陷入困境时帮助他们。如果他们问"这有什么用？""我下一步该怎么办？"，你要反过来问"你觉得它能做什么？""你下一步打算做什么？"至少用 10 秒钟静静地听，然后再问他们在想什么。记住，不要去帮他们思考！

当你坐在那里观看时，没有什么比看到用户陷入困境更痛苦的了，但是你学到了宝贵的经验。

记住，你不是在推销你的创意，而是在验证它。保持客观，并对你可能听到或看到的与你的假设相反的事情持开放态度。在访谈中保持中立，不要表现出惊讶、判断或失望。努力理解用户在使用你的产品时出现的问题，不要忽略那些你不喜欢或不符合你观点的东西。

探索性问题示例

试试下面这些有用的探索性问题：
- 你能告诉我更多关于……的事吗？
- 你能给我举个例子吗？
- 你能更详细地解释一下吗？

- 你说……是什么意思？
- 这会是什么样子？
- 是什么促使你这么做的？
- 你认为为什么你注意到了？
- 为什么这对你很重要？
- 你打算怎么办？
- 你对……感觉如何？

你尽可能少说而让你的用户多说，让他们说出他们的创意，让他们解释他们正在做什么或他们预期会发生什么。给他们中立的反馈和鼓励，如"好的，请继续"。请注意，你的用户可能变得沮丧或分心。有时候做的事情越少越好，但细节要越多越好。

不要满足于泛泛而谈或半途而废，要找到"为什么"并挖掘细节。提出试探性的问题，了解他们在想什么，有什么顾虑。然后问一些具体的细节。

如果他们给你主观的反馈，如关于颜色、视觉设计或对特性优先级的看法，那么就让他们解释背后的原因。

3. 仔细地组织和整理你的问题，消除偏见并建立融洽关系

有许多用户测试方法和专家方法可以用来解决用户访谈问题。这里简要介绍一个"快而粗略"的访谈方法，适用于大多数情况。

让用户掌握控制权可能极具挑战性

为了给我们的照片分享产品的用户测试创造一个舒适、真实的环境，我们安排在用户家中对我们的网站进行测试。我们与一位典型的用户见面，她非常友好、热心帮助我们，她的电脑过时了，互联网连接速度慢，而且她的技术能力有限。

我们让她用我们的产品完成一个目标——与她的朋友分享一些照片。一开始，她甚至找不到浏览器的桌面图标（她不小心把它藏起来了），然后她也找不到共享功能在主页上的位置（我们自认为已经清楚地标记了这个位置）。她对自己感到慌乱和沮丧，在分享照片的过程中有些困难。最后，由于她从桌面上传照片时花了很长时间，她的猫趁机跳上她的腿，分散了她的注意力。她几乎没有完成这一目标。

我和我的同事都很紧张，很想帮助她浏览网站，但我们知道此时不能这么做。她一直在为自己的技术差和猫的打搅自责并道歉。也许是担心她会伤害我

们的感情，她坚持说我们的产品做得很好。

尽管我们保证，有几个人注视着她的一举一动，但她肯定感觉我们在评估她，而不是我们的产品。不要低估设计和实施用户测试的艰巨性。

尽管如此，这种高度真实、令人紧张的体验告诉我们，我们需要为目标市场简化服务。

想象一下把访谈安排得像剥洋葱一样（如图 5.3 所示），从宽泛的、开放式的问题开始，逐渐缩小范围，询问具体的产品任务和功能。通过这种方式，你将从目标用户身上了解到有价值的信息，例如，他们是如何看待问题的，以及在他们了解你的解决方案之前该问题是多么重要。

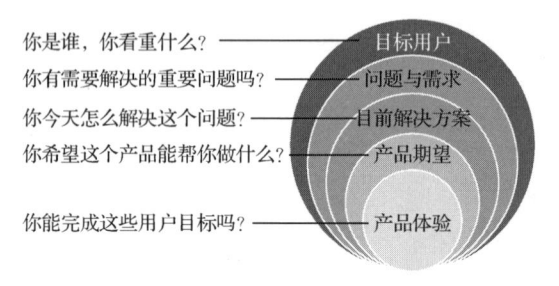

图 5.3　访谈问题的洋葱模型

尽可能长时间地将核心问题放在暗处。避免过早地给出过多的背景信息，如在他们听到总体方案之前就向他们解释产品功能或展示产品设计。过早地透露太多信息，就会产生偏差。你将失去收集有关用户实际需求和"第一次"印象的有用信息的机会。

建议按以下顺序针对这些主题展开提问：

● 目标用户。你想了解更多关于目标用户的信息，他们的价值观及他们的创意。如果你有用户画像，就用它们来深入了解细节，进一步确定你的测试对象是一个真正的访谈目标。例如，在与受访者闲聊热身后，Photo Pro 的产品经理可能问以下问题：

■ 你是如何对摄影产生兴趣的？
■ 请向我介绍你的经历。你最兴奋的是什么？有什么挑战？

● 问题和需求。判断他们想要解决的问题有多重要，以及什么能否激励他们解决问题。让他们描述解决问题的价值。提出中立和间接的问题，这样你就不会对他们的回答产生偏见。例如，询问以下问题：

■ 这个清单中有 10 个描述，请按真实性或重要性从低到高排序（"对我的工作进行反馈"是清单中的一个描述）。
■ 具体来说，你想达到的技能目标是什么？

● 目前解决方案。询问用户现在如何解决问题，以及他们是否使用不同的（有竞争力的）产品。如果是，那是什么？如果不是，为什么他们今天并不关心如何解决这个问题（一旦你的产品上市，这种情况会改变吗）？例如，询问以下问题：
- 你现在做什么来学习新的技能？
- 你用什么或通过谁来获得对你工作的反馈？

● 产品期望。在没有提示的情况下，向用户展示你的产品，让他们说出期望你的产品能做什么。

把你的产品交给他们，确保可以"开箱即用"（你不在场）。不要告诉用户产品是什么或能做什么。问为什么产品对他们有吸引力（如果没有，为什么没有）。这将帮助你确定你的产品是否能"自己说话"，帮助你评估产品价值和信息。例如，给出如下提示：
- 花几分钟尝试一下 Photo Pro，一边操作一边说出你在想什么。
- 向我解释你认为"获得反馈"特性的作用（初步探究用户的误解或关心之处）。

● 产品体验。要求他们执行一些具体的任务，并观察他们怎样做，以了解产品的可用性和有效性。与其指导他们使用某个功能，不如要求他们实现用户目标。

例如，假设你有一个产品，允许受访者使用新功能进行模拟，你可以说：
- 请继续为你的一张照片获取反馈，一边做一边说出来。
- 你最不喜欢这个功能的什么？

在进行访谈设计时，要让你能迅速地与终端用户建立信任和融洽的关系，并让你从中获得细节和洞见。然后以简要的汇报结束，与用户确认你的结论。

可以通过设定如下期望值开始访谈：
- 访谈需要多长时间（并确保守时）。
- 你不想卖任何东西。
- 你为谁工作（不要误导他们）。
- 有两三个人（如果有多个参与者）。
- 你在寻找一个诚实的批评者。

此外，如果要录像或录音，需要获得允许。如果你打算这样做，请在开始之前给他们一些奖品（如礼品卡）。

当你询问目标用户时，通过提出更温和的问题来建立信任，让他们通过谈论问题自己来参与进来。你也有机会进一步限定你的测试对象（他们做什么及他们是否符合你的目标）。当你从一个阶段过渡到下一个阶段时，一定要引导他们（例如，说"现在让我们谈谈你对移动界面的体验"）。

最后，让他们知道还有几个问题要问，以此来结束这一切，并加强他们的反馈和洞见的价值。问他们是否有进一步的创意或意见，如"有什么我们没有要求过的吗？"在访谈结束后，当受访者非常投入和放松时，一次非正式的谈话可以收获出令人惊讶的额外洞见。

最后，感谢他们抽出时间受访，并告知如果他们以后有什么需要补充的，请他们与你联系。

在你访问另一个用户之前，要注意那些不太合适的问题，并相应地调整你的脚本。

设计良好的访谈问题核对单

☐ 我问的是开放性问题而不是封闭性问题吗？
☐ 我是否避免了引导或误导用户（希望获得我想听的结果）？
☐ 我是不是在问一个宽泛的问题，看看我是否发现了惊喜？
☐ 我是否理解用户需求，而不是要求用户告诉我他们想看到的特性？
☐ 我是否要求用户实现以用户为中心的目标，而不是使用具体特性或完成任务？
☐ 我是否在深入理解用户的问题，在问"为什么"，直到我理解了根本原因？
☐ 我的问题是否能加深对用户需求和反应的理解，避免肤浅的结果？
☐ 我是不是在回避术语和重述问题以确保它们被理解？
☐ 我有没有要求客户说出他们的创意？
☐ 我是否保持了一个中立的态度，控制自己的情绪，以获得真实的回应？

在 www.influentialpm.com 上，你可以找到 Photo Pro 社区反馈特性的访谈模板示例。

使用线框图、模型和原型进行测试

将用户体验可视化，可以让你在拥有一个功能完整的产品之前，快速设计和测试不同的潜在解决方案。它们也是向相关方传达你的概念以及向工程团队说明面向客户的交互和可视化设计需求的极好方式。

可视化显示了产品将如何运行，而无须花费开发一个完全运行后台的费用。它们节省了时间，你可以在编写代码之前对可视化进行迭代（当你了解了更多用户的实际需求，可能需要进行实质性的代码更改）。

在准确度之间找到正确的平衡点，以便对当前假设和建议的解决方案进行稳健的验证，并使创建所需测试工件的速度与成本保持平衡。

在探索早期，当你可能有几个概念要测试，并且对用户界面的概念模糊时，请使用低准确度方法。你只需很少的成本就可以快速迭代不同的创意。当你集中于解决方案时，你可以在产品的展示中变得越来越详细，以进行可用性稳健试测。更高的准确度需要更高的设计成本和更长的开发时间，但只有当你的产品被很好地理解及产品可用时才需要。

以下 3 种可视化产品形态（如图 5.4 所示）中的每种都可用于不同真实度的测试和沟通。

产品形态	线框图 （概念功能、布局和状态之间的交互［页面］）	模型 （静态、可视化设计，详细说明功能、布局和交互）	原型 （概念功能、布局和状态之间的交互［页面］）

准确性增加 →

产品形态	草图 （纸质或虚拟）	链接（可点击）、图像、PDF、Photoshop、Excel或Word文件	部分功能前端产品 （设计+HTML）
成本	廉价、可迭代、一次性	带有粗糙图像和副本的UX级设计	具备10%的代码：没有后端或经营逻辑
验证	概念和流程方案	互动与视觉设计	可用产品
沟通	备选方案	方向	需求

图 5.4　线框图、模型和原型之间的差异及创建所需测试模型

● 线框图。我们可以使用线框图来表示整个内容架构，大致勾勒出页面的结构和布局（在哪里）、基本的用户界面/交互（如一致的菜单）以及用户将如何在页面或状态之间流动（如何使用）。

线框图能快速说明顶层概念，以获得客户和相关方的反应，并收集意见，以便比较不同的选择。它们是低成本的、快速迭代的理想选择，在快速迭代中，你可以丢弃没有作用的概念。可以使用笔、纸、纸板和剪刀手工绘制特性、流程和功能，也可以使用软件插图工具。通常只使用少量颜色创建草图，并用基本线条和形状替换图像和布局，文本也仅限于表示主要方向和按钮。

● 模型。这是一种静态、可视化的模型，详细说明了信息、内容、对用户操作的交互响应和核心功能的布局和结构。与线框图不同，模型包含图像、草稿文本、菜单、按钮和表单。我们可以使用模型验证更详细的用户交互，并测试用户对菜单、流程和操作调用的理解。与线框图不同，它开始准确地代表终端用户的体验。它们也有助于捕捉"外观和感觉"，如品牌、字体和颜色。

模拟工具或报表、电子表格可以用来构建模型。用户可以看到数字细节，甚至可以通过过滤器和切换来模拟交互。提供了出色"视觉需求"的高级模型还包括以下内容：

■ 有关动画或状态的细节信息（如可能使鼠标悬停的重点发生更改的元素，或移动或旋转的项）。

- 错误输入信息的错误响应，如错误密码或表单中的非法值。
- 边缘案例，如"X 未返回搜索结果"。
- 脱机模式行为（对于移动应用程序）。
- 非视觉输入和输出，如语音指令或声音。

一个可点击的模型可以让你将多个模型链接在一起（通过一种叫做"热点定位"的技术），这样你就可以模拟当用户点击页面的一部分时会发生什么。单独的页面被链接到模拟封闭场景中的基本导航流程：用户不会输入数据，但可以在每个屏幕上导航，就好像他们正在实现一个目标一样。

● 原型。原型是面向用户的"前端"的高度精确表示。高保真原型允许用户体验内容及其与界面的交互，从而真实地显示最终产品的功能。从测试的角度来看，用户甚至可能不知道他们正在与已完成的产品之外的任何东西交互。原型是迭代最终设计的最有效方法，也是运行良好的产品发现过程的黄金标准。在详细开发开始之前，你可以确信产品满足可用性目标。一个高保真的原型能够给工程、文案、市场和业务团队带来的清晰度比任何书面说明都要高。

原型几乎不需要连接到任何后端服务，允许你在投资这些系统之前验证用户体验。例如，如果你的原型是一个网站，你可以生成静态 HTML/CSS 以在用户浏览器中呈现；移动应用程序原型可能包含在模拟器中运行的屏幕，但没有从客户端到服务器系统的链接。在这两种情况下，你对任何后端功能［如算法、服务（APIs）、运营逻辑、错误处理或数据管理］的投资都是最低的。你可以屏蔽数据进行测试。

制作原型是一个比创建线框图和模型更昂贵和耗时的过程，但是最终版本可以在开发中重用，因为它包含资产、副本和一些前端代码。

除了从 Adobe 和 Microsoft 设计软件工具，在线原型工具和用户测试平台还可以帮助你高效地构建高质量的模型和完成用户验证。

● 线框图。创建关键屏幕和功能的"草图"或故事板，以描述用户交互和整体流程。

● 可点击的实体模型。上传 PDF、图像或 Photoshop 文件，以及每页的热点区域链接它们。它们通常包括协作区域，以便快速记笔记和讨论改进。

● 交互式原型。设计将线框和其他资产转换为一个让人感觉更接近最终产品前端用户体验的原型。

● 虚拟用户测试。几乎可以测试任何东西，从概念到工作产品，帮助你虚拟地（在线和远程）招募、执行、记录和共享用户测试。有几十个免费和付费的在线工具和服务（有些是免费试用的），可以帮助你轻松创建模型和进行用户研究。随着这些工具的出现，没有理由不将产品发现和用户研究作为产品管理过程中的一部分。

现代工具使可用性测试变得轻而易举

在通过电子邮件进行了大量反复的讨论之后，我们计划召开一个会议来审查和决定两个订阅服务和转换体验的设计选项。

高级相关方更喜欢第一个备选方案，因为它包含了更多关于服务的信息，并为用户提供了额外的定价选择。第二个备选方案更简单，有一个强大的行动号召（CTA）和一个单一的注册路径。

相关方担心，第二个备选方案会导致用户混淆服务的价值主张，如果没有多种价格选择，转换率会更低。他还担心，第二种选择的行动号召过于激进，用户会对品牌产生负面反应。然而，产品和营销团队认为第二个备选方案更为清晰和简单，而且相关方的担心是没有根据的。

这是两组内部相关方之间需要解决的复杂问题，他们的观点都非常坚定。

就在会议之前，我要求设计团队在用户测试网站上发布这两个备选方案。在短短几个小时内，我们收到了多个用户测试结果，其中包括用户与每个设计进行交互并大声表达自己创意的视频。

毫无疑问，第一个备选方案失败了。这些额外的信息非但没有帮助，反而让用户很快迷失了方向。此外，每个用户对第二个备选方案的 CTA 都有积极的响应，对品牌没有负面的反应。我们带着支持性的数据走进会议室，阐述第二个备选方案是正确的，最终这个方案正式通过。

第6章 选对产品
——用假设驱动的规格书来让团队探索方案并交付成果

本章学习要点

1. 如何为项目提供目标驱动和与环境相关的产品规格书，协调相关方，并让你和团队保持专注。

2. 管理受到制约因素限制的产品目标和范围，加快产品上市、减轻风险、避免过度投资的原则和益处。

3. 如何使用自上而下的5步框架和强大而简洁的产品规格书模板。

如何制作专业的产品规格书

在高优先级项目进入交付阶段之前，在设计和工程准备正式开始实施时，产品经理通常会制作一份产品规格书。

为了将术语明确化，我使用产品规格书这个术语来表示包含以下细节的高层级文档（通常只有几页纸）。

- 向相关方和团队成员传达环境目标、可测量成果和制约因素。
- 确定产品的高层级范围（主要特性和功能）。
- 作为启动设计和开发流程的平台。
- 将计划分解为一组详细的特性需求，如用户故事。

有必要将产品规格书与一组详细的产品需求区分开来。产品规格书包括对所需范围和特性的描述，甚至包括概念设计，但留出了完善细节的空间。产品规格书与详细产品需求的区别有以下优点：

- 它使产品规格书对所有人而言都具有可读性并很好理解。背景和概述不会被淹没在一页又一页乏味的细节中。
- 它允许涌现需求细节，团队在进行客户验证和协作时可以对其进一步完善。
- 它减少了前期沟通成本。可以避免在界定功能的范围上浪费精力，因为这些功能可能在后期被削减，或者因更好的决策而发生变更。

> 第 7 章介绍的用户故事和产品待办列表就是将高层级范围细化为规格的工具。运用这些工具确定详细需求和功能级别的优先级,有助于确保团队密切协作。

遗憾的是,许多产品规格书的质量非常低劣。它们没有提供足够的运营或客户背景,只是直接列出一系列特性。常常忽略了主要的功能需求(一开始也往往被产品经理忽略),这些需求最终会导致范围蔓延。或者,其中包含的功能对于项目目标来说是多余的,甚至是浪费的。

通常,糟糕的产品规格书会导致产品经理与工程师之间的冲突。产品部门将其归咎于工程部门,认为他们没有及时交付产品或未能交付预期的成果。工程部门则指责产品部门在开发过程中缺乏背景介绍,优先考虑一些低影响的项目,改变了范围(或"改变了他们的创意")。

专业的产品规格书应定义明确的目标,包含这个目标为何重要的原因,并且只包含满足需求的范围,而不是其他范围。

1. 建立一个有可测量结果的明确目标

设置一个明确的目标,聚焦于一个或几个运营和客户目标。聚焦的力量是非常强大的,它提供了清晰性、紧密性,并能够激励团队。当你试图同时实现太多相互竞争的目标时,你会遭遇混乱不堪、不一致、过于复杂和特性排序紊乱等问题。

将目标描述为一个可验证的假设,说明为什么需要这些功能。首先从客户的角度阐明要解决的问题,用定量和定性数据来支持你想要的结果。

定义对成功的度量。在理想情况下,你可以设定并量化基准,然后设置目标。这体现了你从战术思维(执行和交付项目)转到战略思维(为客户提供价值并创造收益)的职责所在。

明确共同目标并建立框架,该框架用于将功能包括在范围内或排除在范围外。它可以帮助你在开始时确定一组核心功能并确定其优先级,然后避免范围蔓延。当相关方请求增加或变更特性时,你可以参考范围目标,以决定是否需要包含这些特性,并有理由拒绝超出范围的变更请求。

相关方更愿意批准新的项目,尤其是有充分的数据证明这些项目能够获得运营收益。这也有助于打破一个怪圈,即总想推出新能力,而不去改进现有能力。很少有首次发布的产品就能完全解决一个问题,如果你还没有达到目标,就进一步开发和优化。

2. 确定实现目标所需的范围,不要超出范围

第一次尝试开发一个特性丰富的"完美解决方案"时,许多未经验证且可能

没用的特性会浪费公司资源，这对初创企业来说尤其致命。通常有两个原因会导致这个致命的浪费：

- 特性浪费。假设客户需要你建议的所有特性。从历史实践中看，满足 80% 的客户需求只需要不到 20% 的特性。开发次要特性会浪费宝贵的时间和资源。
- 未满足初始需求。不管研究和验证工作做得多么好，任何产品最初都可能无法满足客户需求，需要大量的返工来纠正做错的地方。最好早点发布产品，收集反馈，然后开始迭代。

除了直接浪费，机会成本也可能很高，原本工程团队可以提供其他更有价值的东西，而不是交付次要特性。当你允许这种情况发生时，作为一个产品经理，你就失职了。你决定不去做的事情往往比你要去做的事情更有价值。你不必一下就做得面面俱到。正如之前所说，"完美"是"良好"的敌人！

定义范围是一个主观过程，但是有了明确的目标、严格定义的度量标准和有效的制约因素，就可以更容易地在必要时检查每个产品特性。

规避以下错误：采用头脑风暴将功能完整化，直到你觉得无法在承诺的时间内交付产品时，才削减功能。如果这样做了，你就会得到大量有问题的功能，这时你才能将这些功能贴上"必须有""应该有""有了更好"的标签。

只做"必须有"的功能来实现你的目标，并且只对那些必要的组件进行范围定义。专注在它们身上，把原本用于开发更多特性的钱花在它们身上，把它们做得非常好。

注意细节，如首次使用体验、发现和边缘情况（在错误或极端情景下仍能正常运行）。不要在设计和测试中走捷径以覆盖更多的范围。客户希望产品直观和美观。在产品研发过程中，做好这几方面很管用。如果你发现自己在寻找一个看似巨大的产品项目，也许你的目标太高了，而且太过包罗万象，如"增加收入"几乎可以证明任何事情都是合理的但无法落地。回到你的目标上来，使它们更加清晰，计划先交付一个更小的产品增量。这将帮助你了解客户的反馈和行为，并决定应该（或不应该）在何处进行更多的产品投资。

> 请参阅第 9 章了解明智的范围权衡的更多信息。

如果你正确掌握了这一原则，就会理解之后缩减范围会使产品无法向最终客户交付真正的价值。除非在客户确认后范围发生了变化，否则不要缩减一开始就认为必要的重要范围。如果你发现自己在开发过程的后期缩减了范围，那么你可能在开发之前没有对范围进行足够严格的限制。然而，如果你只是为了赶上发布日期而缩减关键功能，那么最好推迟发布时间。

> **如何利用目标驱动的产品规格书加快产品上市**
>
> 一款客户移动会议应用程序简单易用，广受欢迎，有很多忠实的客户。两年来，产品没有进行任何重大的更新，只是进行了一些小型改进。
>
> 3.0 版产品正在开发中，但俨然成了一个巨型工程。在很久没有进行重大的产品更新的情况下，人们对新功能和基础架构改进的需求被抑制了。每当产品即将发布时，本已复杂的升级中都会增加新的需求。
>
> 利用本章讲述的原则，我们首先着手确定升级的几个关键目标并确定其优先级。这些措施包括解决前 10 大易用性刺激因素和提高底层架构的稳定性。一个版本中包含的目标越少，就越容易确定范围中的内容（更重要的是不包括哪些内容）。次要特性将在稍后进行审查。
>
> 接下来，我们仔细检查了现有版本中所有特性的使用情况。发现大约 20% 的现有特性不经常使用，因此我们决定将这些特性排除在范围之外。
>
> 最后，随着新需求的出现，我们根据最初目标过滤所有请求来对范围进行管理。任何被认为对实现这些目标不重要的事情都被放在一边。
>
> 不到 6 个月，团队面貌就焕然一新。大家不再纠结于是否取得了更多进展，而是自信地定期发布产品增强功能，为客户带来新的价值。

将项目限制在基本范围内的唯一优势是能够尽早发布产品。反过来，这允许你建立一个客户反馈回路，观察实际的用户行为，以便你可以根据数据优先考虑其他功能或改进点。你越早接触目标客户，就越有信心。

3. 创造环境，与你的相关方在理性选择和预期范围上保持一致

你、团队和相关方可能对产品的用途有不同的想法。现实中很常见的一个现象是：相关方对于在一个计划中交付什么样的结果和功能有着先入为主的概念。当看到产品成形后，他们可能感到失望，或者会询问为什么没有他们认为应该包含的组件。如果期望的结果不清楚，他们会对结果不满，即使你认为这些结果是成功交付的。

明确的规格有助于避免之后的冲突和误解，从一开始就说明关键目标是什么（和不是什么），以及哪些高层级功能在范围内（哪些不在）。用一个清单列出相应参数及其制约因素，如服务（和不服务）的客户、最初关注的地区或市场、包含或不包含的平台或技术。

这样做，你就更容易与团队和相关方达成"什么是成功"的共识。但是，要注意对达成共识的制约因素进行权衡，就不会提出尽快完成每件事这样的要求。明确记录大家约定的超出范围的功能，并确保相关方承诺遵守决策。

> **避免一劳永逸的产品开发项目**
>
> 制定过于雄心勃勃的产品规格的一个常见原因是：组织有一种文化，当你启动一个新的产品功能时，永远不会回来添加或改进它。在这种情况下，相关方（正确地）担心这将是他们在新功能中获得他们想要的所有范围的"最后一次机会"，因此现在倾向于增加较低价值的功能。一个好的规格将增加进行富有成效的对话的机会，也可以将一个大的规格分成几个小的增量，每个增量都有一个令人信服的理由来证明正在进行的投资是正确的。目标驱动的规格要求产品在发布后不断更新，而不是被淡忘。

创造环境和提高清晰度也是鼓励设计师和工程团队的一大动力。他们了解自己的工作是如何和运营保持一致的。他们觉得自己得到了授权，然后努力解决问题。你也允许他们对那些与目标不一致的部分进行重新考虑。

创建"自上而下"的产品规格书的步骤

使用一个 5 步框架来定义假设、客户和运营目标，并使用制约因素来定义一组有限的功能。无论你要交付的是一个全新的产品还是现有产品的一组功能，或者你只是执行一个 A/B 测试来进行增量改进，都可以使用该框架。

之前我虚拟了一个在线技能开发服务产品，即 Photo Pro。我使用该框架创建两个规格示例，一个是用户注册实验，另一个是更具体的特性。在第 5 章中，Photo Pro 希望增加会员人数，提高其在业余摄影师中的知名度。如今，它通过给摄影器材商做广告获利，期望构建一个市场平台，撮合摄影师与器材商的交易。

每个示例的最终规格可在 www.influentialpm.com 网站获得。

第 1 步：提出假设和学习目标

假设说明可以非常短，例如：
- 你所知道的事情。
- 你认为潜在的需求或问题。
- 你计划为谁做什么。
- 预期结果。

可用以下简单模板来提出假设：

> 我们知道[数据或观察]并相信[需求或问题]。通过为[目标用户]交付和测试[概念]，我们期望获得[可测量的结果]。

从定量分析和定性研究的结果中生成数据或观察结果（详见第 5 章）。一个高层级的、最重要的事实是大家所需的，如果对该假设有实质性的分歧，那么你就不可能得到更多信息。你无须在假设中列出所有数据，只需在产品规格书的前面包含详细信息和其他数据，以便之后进一步细化。

需求或问题是你认为的愿望或原因。介绍概念时避免使用专业术语，要让它浅显易懂，便于他人理解。包括用户子类型中的目标用户，如果你发现自己只是在写"用户"二字，那么你想做的会太多，或者你没有写得足够具体。

可测量结果是你想要的用户或运营结果，无须在假设中列出精确的指标，但是你在第 2 步中选择的指标必须与该目标保持一致。

以下是 Photo Pro 的假设示例：

示例 A（用户注册实验）："我们知道 50%的 Photo Pro 网站访问者不会注册账户，并且认为注册过程要求用户在准备好之前做出过多的承诺。通过改善首次访客的注册体验，我们预计注册人数会增加。"

示例 B（社区反馈功能）："我们知道许多有抱负的摄影师在学习新技能时喜欢与他人合作，我们相信我们可以在产品中实现他们的虚拟交互。在为现有成员提供上传服务和接收其他成员反馈的机制时，我们希望推动更紧密、更频繁的参与。"

基于做出的假设，你会发现相关方和团队成员对整体环境有了更多的了解。你的假设是一个锚：每个人都可以问相关的问题，挑战假设，集思广益。在开发后期，它有助于让每个人都走上正轨。

第 2 步：选择一个可测量的运营目标

选择单一运营目标会使你在工作中集中精力，并较易为你的项目定义成功。不要混淆用户目标和运营目标，虽然你必须按照价值主张向用户交付价值，但是你仍然要决策：在运营中，你最想要的是什么。

根据运营阶段来选择合适的目标。如果你处于产品生命周期的早期阶段，不要期望投资建立一个庞大的用户群，而要投资获得你的第一个客户群并为他们提供价值。然而，如果你的运营已经有了规模，那么你的目标可能是增加现有客户群的单位客户收入，或者将你的服务扩展到新市场。一个更成熟的企业会专注于管理风险、建立新的合作伙伴关系及保护特许运营权。

表 6.1 给出了运营目标示例，大致按产品成熟阶段排序。（尽管这不是一个严格的分组。例如，即使在早期阶段，你也可能需要一个产品开发项目来"降低关键运营成本"。）

表 6.1　按产品成熟阶段划分的运营目标示例

早期阶段（表示产品符合市场）
- 获得第一批用户/客户（早期采用者）
- 获得新的客户洞见（测试概念）
- 增加用户参与时间或重复使用
- 消除关键的易用性刺激因素（服务中的摩擦点）
- 从早期采用者转向主流客户群

成长阶段（产品规模扩大）
- 获得更多客户
- 提升客户转化率
- 产生可持续的收入流
- 改善你的市场营销和客户关系管理（CRM）推广
- 降低客户获取成本（CAC）
- 简化新客户的入职流程
- 建立和整合战略伙伴关系
- 开拓新市场（地理/细分市场）
- 提高保留/更新率
- 提高追加销售率

成熟阶段（产品需要优化）
- 降低关键运营成本
- 让运营流程自动化以使其可扩展
- 提高产品可靠性/正常运行时间
- 为将来的规模消除技术债务（改善基础设施）
- 降低安全风险
- 使品牌形象现代化（如重新设计产品用户体验）

通过设定衡量成功的指标，让你的目标得以量化。在理想情况下，包括一个绩效目标。如表 6.2 中 Photo Pro 所示，你的指标应与假设中所描述的可测量结果一致。

一些次要指标（相关指标或领先指标）通常也很有帮助，因为追求主要指标后，你希望改进这些指标。这些指标可能更容易和更快地测量。次要指标允许你突出显示多个性能指标，同时保留描述和关注一个主要指标的能力。

同样，如果关键运营指标会产生负面影响，就将其作为反向指标。例如，对于 Photo Pro 的假设 A，注册之后就发生了变化，并没有带来收益，因为这意味着将不太合格的用户群吸引到你的服务中。对于假设 B，如果孤立地考虑添加反馈功能，你会发现添加反馈功能是成功的。但是，你可能无意中降低了用户对其他核心功能的参与度（因为添加的每个功能都可能争夺用户的注意力、扰乱产品或增加认知负担）。

表 6.2 验证 Photo Pro 假设的指标

假设示例	假设指标	二级指标	反向指标
A	所有新访客的注册率（%）	● 完成注册的时间 ● 第一个月的流失率 ● 在注册流程的每个阶段终止 ● 增强访问者对价值主张的回忆（定性）	每月用户变动率（%）
B	每个活动用户重复使用	● 黏性 DAU/WAU ● 每个活动用户上传照片百分比（%） ● 至少反馈了一张照片的百分比（%）	● 发现/参与产品的其他部分 ● 客户满意度

第 3 步：识别制约因素以缩减范围并简化问题

有意识地添加制约因素可以大大降低复杂性、依赖性和时间成本。将最初的产品交付限制在几个维度或市场细分领域，具体如下：

● 客户类型。你能专注于几个关键的用户、角色或客户类型吗？你可以晚些时候再考虑其他客户。

● 行业垂直。是否有一个行业部门更容易接受你的产品，并能提供首次发布机会？

● 用户生命周期。你能否首先关注用户体验地图的某一部分，如首次访问或忠诚用户？

● 功能。如果你正在优化运营流程或为企业引入新工具，你是否可以先考虑某一具体部门或职能，然后再扩大到其他部门？

● 地理位置。是一个还是几个测试市场或地区？这些在一开始足够吗？

● 渠道。你的产品是通过许多合作伙伴和营销渠道分销，还是集成到许多第三方平台？你能先应付更少的人员吗？

● 发布平台。如果你的产品打算跨多个平台（如 iOS、Android、Web 和 SmartTV），你是否可以先构建一个平台，而不是同时覆盖所有平台？

● 产品"表面积（surface area）"。如果你正在实施整体产品的特性，如在网站重新设计中，你能先做一部分吗？为了在实验或新特性上收集准确的成功数据，最好一次在每个表面积上添加一个。否则，你未必知道什么样的改变能带来最大的收益。

确保没有一个或多个制约因素的组合不会在短时间内将用户交互量减少到低于统计置信度评估所需的水平。如果交互太少，则需要更长的时间来收集足够的数据，然后才能宣布通过测试或成功实现特性。

表 6.3 说明了 Photo Pro 项目应用制约因素类别的两个示例。

表6.3 Photo Pro 项目应用制约因素类别的两个示例

示例 A	示例 B
● 初次来访者：运行 50/50 对比测试 ● 在加拿大测试：如果成功的话，则推广到世界其他地方 ● 仅桌面网络 ● 主页：锁定频道登录功能超出了范围	● 业余风景摄影师（减少版权和图像审查风险带来的复杂性） ● 活跃的、已登录的成员（当前每月至少访问一次） ● 英语国家 ● iOS 和 Safari：我们的大多数用户都是"果粉" ● 初始特性仅添加到成员介绍页

第 4 步：确定几个高层级用户故事及其优先级，交付用户总收益

如第 7 章所述，高层级（或史诗级）用户故事很短，主要是从终端用户的角度简单描述所需的功能，格式如下：

> 作为一个[用户类型]，我想[做某事]以便获得[受益或有价值]。

一些史诗级的用户故事可用来形成并完善整个计划。例如，一个简单的求职网站可能只有两个用户故事：

作为一名求职人员，我希望能够申请到发布位置，以便能找到一份工作。

作为一名雇主，我想列出要招募的职位，以便能用合格的候选人来填补空缺。

选择一些你认为对客户影响最大的用户故事。用户故事推动围绕以客户为中心的预期结果进行讨论，而不是围绕功能、特性或设计进行讨论。你必须确保它们在前面步骤的限制范围内（例如，如果你决定将求职网站上的用户细分限定为"计算机程序员"，就应将"未来的员工"改为"计算机程序员"）。

> 在第 7 章中，我会介绍将史诗级用户故事分解为更小的部分并创建产品待办列表的过程。

当你启动开发过程时，高层级用户故事构成了更详细分解的基础，在整个实施过程中得到进一步细化。如表 6.4 所示，在示例 A 中，这些故事可能已经足够小了，但是应该对每个故事运行不同的测试；在示例 B 中，该特性仍然是非常高层级的，需要更多的细化。

表6.4 Photo Pro 计划的高层级用户故事

示例 A	示例 B
作为一个新访问者，我想要更多关于 Photo Pro 服务的信息，这样我就知道一旦注册后会有什么	作为一名风景摄影师，我希望能够上传和管理作品集，这样我可以展示和接收反馈

示例 A	示例 B
作为一个新访客，我希望注册步骤更少，这样就可以快速完成注册	作为一名风景摄影会员，我希望能够看到其他会员的作品，这样我就可以得到自己的灵感
作为一个新访客，我希望被少要求一些敏感的个人信息，这样我就可以更轻松地完成注册	作为一名风景摄影师，我想接受和管理其他成员对我工作的评论，这样我可以提高我的技能
作为一个新访客，我希望收到反馈并获得即时价值，这样我就能知道完成注册对我有什么好处	

第 5 步：现在，即刻开始定义功能的范围

你现在已经制定了一些指标，可以用这些指标来发现潜在的高级功能。

这里的流程是评估每个候选人并确定以下内容：

- 从第 1 步开始——检验你的假设是否是必要的（还是必要的先决条件）？
- 从第 2 步开始——是否会进一步实现你的运营目标？它能帮助我达到标准吗？
- 从第 3 步开始——它是否符合你制定的一系列严格的制约因素？
- 从第 4 步开始——是否需要我提供高层级用户故事？

定义范围非常主观，也取决于你的具体运营目标、客户需求和产品成熟阶段。这通常需要与相关方协商。自上而下流程的价值在于，你现在已经建立了一个评估框架，用结构化、面向目标的方式管理讨论结果。

考虑到你想要的规格处于"灰色地带"，也就是介于简单的产品和完全成熟的产品之间。你的工作是基于你对客户的理解使用判断并与相关方协商，以确定哪些特性在范围内或范围外。

为了简单起见，可以将功能分为 3 种类型：

- 筹码。你必须构建的基本功能，以使客户认为你的产品是可用的。

筹码包括所有使产品实现功能化但本身不能实现既定目标的基础特性。

  - 支持功能。使你的产品工作的任何基本特性和基础技术。例如，如果你有一个移动应用程序产品，包括下载、安装和登录到你的产品的功能。基本功能还包括营销、跟踪和报告、客户服务或给其他运营功能赋能。
  - 保健因素。包括数据安全性和完整性、无重大缺陷，以及遵守法律、法规要求。缺乏易用性的刺激因素也符合这一类别，你不希望关键的易用性问题会阻碍用户使用你的产品实现他们的目标。对于基于网络的产品和移动型产品，速度（或响应能力）也至关重要。
  - "合理"的市场平价。你不需要具备竞争对手所具备的每项特性。但是，你的用户可能习惯于某些用户体验、性能、功能和服务。多年来推出的

所有产品和服务都树立了标杆，这些基本功能的创新最终成为筹码。

● 在潜在范围内。你认为用于实现目标需要构建的功能，并在第 1 步到第 4 步中设置的筛选范围内。如果备选方案不适合，你会发现自己需要重返第 1 步到第 4 步，以添加、澄清或更改初始假设。

● 超出了范围。你想要但不需要达到目标的所有功能和能力。任何未能通过第 1 步到第 4 步中列出的测试的都属于这个类型。不在范围内的讨喜特性或复杂技术也属于这个类型。

关于运营考虑要素的核对单

获取早期跨职能问题和需求。作为一名产品经理，我把我的从业经历中遇遭遇的一些常见的、容易被忽略的事项罗列出来。

市场和营销
☐ 上市计划、依赖关系和时机
☐ 客户获取、拓展和 CRM 或电子邮件
☐ 相对于现有公司或竞争对手的产品定价和定位
☐ 消息传达、生产资料和品牌批准

数据分析和业务运营
☐ 定义新的事件跟踪、数据定义、报告和完整的 QA 数据
☐ 财务分析：研发投资（有时被摊销）、预算、供应商付款、获客成本（CAC）或产品生命周期价值（LTV）
☐ 规划和会计：预测、收入、税收和退款
☐ 生成报告的数据系统的意外后果

法律与合规性
☐ 合同谈判或现有合同义务变更
☐ 是否遵守法规，如个人用户数据、信息泄露、政策和服务条款、独特的国际市场因素等
☐ 副本和资产审批
☐ 保密性审计

供应商和合作伙伴
☐ 添加或更改第三方基础设施和工具
☐ 谈判（和时机）分配和战略伙伴关系
☐ 合作关系或客户合同中的具体要求

客户支持与成功
☐ 获得新产品培训和资源支持
☐ 提供工具和知识库项目，帮助客户查询其他常用产品。用户会对他们很少使用的次要特性并不在意，但非常在意他们所期望的核心功能或体验

除了确定你的用户和客户需要的功能，还要了解边缘情况和高层级的非功能性运营需求（如法律、财务、分析和营销需求），然后与跨职能的相关方会面（他们将在早期明确其总体需求或关注点）。在产品规格制定阶段获取这些信息是非常重要的。如果只通过实施过程获取信息，那么意外的运营需求可能完全破坏初始计划。

产品规格书模板

在非常小的团队中，非正式的、简短的产品规格书是可以接受的。对大型团队而言，最好将产品规格书的内容用几页纸就写完（有些公司喜欢用"单页"的产品规格书）。不管怎样，遵循严格的流程，围绕清晰的运营和客户目标，严格定义范围是至关重要的。

在 www.influentialpm.com 上，你会发现一个真实的产品规格书模板，该模板用于 200 人左右的公司。和大多数公司相比，这个规模相对较小，但要获得相关方的认同也不是件容易的事。此外，客户和平台的数量也不少。

你可以下载并调整模板以满足你的需要，也可以获得 Photo Pro 的完整产品规格书示例（包含假设 A 和 B）。

一般来说，只有在团队成员共同参与制定并遵守的情况下，产品规格书才有效。你可以要求相关方考虑和质疑假设，并同意目标和范围，以便让他们了解你的规格或概要介绍，以确保得到他们的认可，这样才能获得他们的承诺和支持。

同样，避免将产品规格书变成冗长、详细的需求文档。专注于获取关键的高层级需求和问题。细节可以在之后的用户故事和产品待办事项中得到充实（如第 7 章所述）。否则，你的产品规格书将很快变得不可管理，并且没有人会看它。

产品规格书也是需要保持动态更新的文档，随着你了解的信息量增多，你也要更新产品规格书。在开发线框图、详细设计和技术计划时，也要与支持材料相一致。不要让你的产品规格书失去作用。

第 7 章　获取以用户为中心的需求
——从用户角度构建所需功能并通过学习持续改进

本章学习要点

1. 如何与各种各样的相关方合作，定义以客户和运营为中心的需求。

2. 掌握用来获得产品需求详细信息和预期结果的一种灵活、省时的方法。

3. 如何创建并定期整理产品待办列表，以确保执行最关键、最及时的需求。

通过协作（而非收集）来确定需求

现在你已经完成了计划目标和功能的高层级产品规格书（第 6 章），并得到了相关方的支持，你的优先项目开始转入实施模式。接下来，你需要定义详细的需求，以便团队确定所需的经验、技术和系统。然后，确定资源需求、活动顺序和时间安排。

在收集需求时，应涵盖以下内容：
- 客户和用户如何以独特的方式从产品使用中获益。
- 所有支持平台上每类客户对功能的需求（如果产品是面向用户的，那么需求还应包括交互和视觉设计）。
- 系统要支持的输入、输出及结果。
- 支持产品（市场、销售、运营、跟踪和报告）及与合作伙伴或公司系统集成所需的内容。
- 非功能性约束和考虑因素（如身份验证、法律、安全、产能或规模）。
- 边缘案例、错误处理和异常管理。

有很多方法可以将产品需求具体化。为了更好地获取需求，公司和团队可以调整定义和记录需求的时间和方式，明确项目优先级，做出是或否的决策，以及进行技术交付时所需的工程细节程度。

与团队一起确定最佳的需求定义、方法和工具，并达成一致。牢记最终目标，一个高绩效团队知道什么是预期的结果，并能给你的客户和组织交付价值，包括必要的细节。提供能够获得共同理解的项目内容、原因及优先权。从表面上看，最终流程可能与其他公司甚至同一公司内其他团队采用的流程有所不同。

具体来说，最佳的产品需求为：
- 明确表达运营和客户价值相关的需求（不只是列出一组特性或任务）。
- 邀请执行团队和相关方参与，并通过"及时"学习获得灵活性。
- 避免无效的讨论和文档，也不要过早导入可能错误或被淘汰的细节。
- 保持简洁和高层级估算，但允许随着时间的推移出现可预测的项目进度表（例如，你可以从粗略的投入量开始，在获得更多细节后不断提高准确度）。
- 避免过早承诺备选方案或解决方案，也不要将技术决策留给架构师、工程师和测试人员。
- 明确验收标准，以便所有相关方都明确"完成"的定义。
- 通过比较优先级，明确组织的需求。

你的工作不是收集需求。不要问客户或相关方希望产品具备哪些特性，这只会增加你的待办事项。另外，不要独自定义自己的需求，不要自认为哪些内容应该在产品中或产品应该如何使用，也不要抢着回答你认为团队可能提出的问题。

确定需求是一个协同训练，而不是一个收集训练。你将与 3 个核心团队协同：
- 产品开发团队——你的用户体验团队有权了解用户洞见，并探索其他解决方案。你的工程团队置身在产品中，可以指导你找到可行的技术解决方案，并提供权衡方案。
- 同行和同事——其他产品经理可以就范围和优先级提供不同意见，并识别你的产品与自己产品的依赖关系。
- 跨职能业务团队——你可能经常会忽视其他一些部门，这些部门也可以为你提供需求。有些部门会在新产品上市后提供支持。因此，他们需要定义操作流程、工具、数据、跟踪和报告。此外，市场、销售和客户支持部门是判断市场趋势、查明现有问题和确定产品特性优先级的极佳伙伴。同样，用户洞见和分析团队可以帮助你收集或访问数据，有助于决策。
- 客户——不要总向客户提问，要仔细观察他们。这么做能帮助你发现他们的痛点并更新需求优先级排序，以及验证解决方案。在与现有客户、潜在客户、流失客户和使用竞争对手产品的客户进行访谈时，要避免选择性偏差。

避免过早引入浪费的需求细节

在我职业生涯的早期，曾在一家公司工作，这家公司的文化与旧式企业的文化很相似。决策者希望产品经理能够事先提供所有细节，以帮助他们管理审批流程、设定最后期限、识别风险和确认资源分配。这就需要工程团队提供非常具体的需求才能符合这个流程要求。

我负责的项目是为企业用户创建一个移动应用程序，它是一个自动化的旅行助手，用于满足员工差旅、住宿和餐饮需求。

项目批准前起草所需的4份文件花了我两个月的时间：
- 市场需求文件（MRD）——20页。
- 产品需求文件（PRD）——32页。
- 用户界面流程规格书（UI）——18页。
- 详细的用户界面功能规格书——56页。
- 这些文件在工程中使用率非常有限，据我所知只有一个工程师看过这些文件。项目开始时，由于可行性和资源限制，许多特性需要从产品的第一个版本中删除。结果导致多次重写产品需求文件，用户界面流程规格书也要经常更新。

该团队推荐了替代方案，并优先考虑那些需要较少努力的特性，这些特性很重要且更容易实现。在项目过程中该移动应用程序发生了实质性的变化。初始版本和最终工作版本的差距非常大。

我在项目开始时花了这么多时间定义和设计产品，结果只用到了一小部分。

作为起点，本章介绍可以适应独特环境的原则和技术。我将重点介绍用户故事和产品待办列表，如果使用得当，这些框架包含了前述所有最佳实践。当你了解了更多详细信息时，可以通过放大或细化用户故事来获取客户和运营需求。产品待办列表是一个松散的优先级集合，它包含不同级别的完整性、细节和大小的需求，可以随时添加或更改这些需求。

为了说明实践中用到的用户故事，我将使用一个虚构的金融知识移动应用程序（Centsible）作为示例。这个移动应用程序面向千禧一代，特别是新毕业的大学生，帮助他们改善个人的财务管理。

用户通过参加测验来检查他们的知识，该产品进一步根据他们的成绩推荐相应的视频内容或文章，以提高他们的金融素养。他们可以绑定信用卡，跟踪自己的消费情况，并收到个性化建议。该产品获利方式是推荐信用卡或贷款等金融产品获得佣金及在线广告。你可以在 www.influentialpm.com 上的产品待办列表中查看产品简介（以及一个简短的演示）和一组应用程序部分完成的用户故事的链接（你可以在链接的待办列表中找到"目前/待办事项"和"史诗（Epics）"下的用户故事）。

用户故事

有很多方法可以用来构建需求，但是无论怎么做，都要遵循行业实践标准。一个通行的方法是运用用户故事。除了运用用户故事，了解总体设计并应用具体实践也可以帮助你更好地编写和管理需求。

如图 7.1 所示，用户故事模板包括 3 个要素：

- 卡片——这是用户故事中最常见的元素。不要把卡片误认为用户故事，它只是一个起点。
- 访谈——通过与相关方和团队成员讨论和澄清而产生的需求细节和规格（不是单独编写的）。
- 确认——也被称为验收标准，这个要素包括用户故事要通过的测试。只有通过了测试你才能认为它已经完成了（"潜在的可部署代码"在功能上必须是完整的，同时要有所需的质量证明）。

卡片	一个简短的陈述，包括什么、谁、为什么
访谈	在整个协作过程中获得的细节和决策
确认	该用户故事被判定为"完成"的验收标准

图 7.1 用户故事 3 要素

1. 卡片

卡片是用户故事中对相关内容的描述。最常见的声明格式如下（它捕获了以用户为中心的故事信息）：

> 作为一个[用户类型]，我想[做某事]以便[获得受益或实现价值]。

卡片中包含以下问题：
- 我们要为谁开发这个产品？（哪个目标用户或相关方）
- 我们在开发什么？（如目标用户期望）
- 我们为什么要开发它？（它对目标用户的价值是什么）

这种卡片格式的优点是，确保我们针对客户和运营需求而不是特性需求或系统规格来进行产品开发。它使你和团队能够理解为什么要去满足需求，以及预期的最终结果是什么，从而可以寻求协作以找到能够实现目的的最佳解决方案。

声明中的任何内容都没有明确规定你必须如何构建产品或解决方案。

用户故事或需求格式可以存在于任何特定层级中。你可以获取一个用户故事，无论它是模糊的、笼统的还是详细的，或是在增量特性层级。下面是一些典型的有关用户故事的例子。

"作为一个刚毕业的大学生,我想学习个人理财,这样我就可以自信地管好我的钱。"——Centsible 的高级用户故事。

"作为用户,我想参加一个由本课程相关问题组成的 10 个多选题测验。"

这是一个糟糕的用户故事。"用户"这个词太笼统了,解决方案也太具体,没有体现用户价值。

更好的描述应该是,"作为一名新注册的用户,我希望对我所学的知识进行一次正式评估,这样就可以在相关课程的指导下,有效地提升我的技能。"

你可以将这个用户故事分解为更具体的用户故事,详细介绍各个元素。如:

"作为一名考生,我想在测验结束时得到一个分数,这样我就知道自己对知识的掌握水平了。"

"作为一名考生,我想在测验中得到提示,这样即使遇到困难也能学到东西。"

"作为一名考生,我希望可以在退出测验时点击保存,稍后返回时能从上一次未完成处继续。"

"作为一名内容制作员工,我希望能够编写新的问题和答案,以便开发用户关注的测验内容,并吸引用户参与。"

用户故事可以针对任何类型的用户,而不仅仅是终端用户。在上面的最后一个用户故事中,用户是一个内部相关方,即为用户编写测验内容的员工。从这个用户故事中获得了对某一管理工具的需求,通过开发一款公司内部人员可以使用的工具,可以创建和管理提供给终端用户的测验内容。

用这些卡片获得了对不同业务价值的期望,提醒你与团队讨论目标,以及实现目标的最佳方法。

2. 访谈

在访谈中,你可以回答问题,阐明意图,细化功能和实现细节,并记录过程中做出的决策。不要把这与单独记录细节混为一谈,如果没有团队访谈的输入,不可能获得高质量的细节,因此要与团队进行访谈以获得更多所需的信息。

产品经理和团队会发现,有些用户故事需要很多细节,而另一些用户故事则需要很少细节。要避免将你的时间和精力浪费在无须细节的用户故事上,而应该把精力集中在那些需要更多细节的用户故事上。几分钟的聊天或评论就可能满足团队的指导需要。有时也会需要进行实质性的细化,如将较大的用户故事分解为较小的用户故事,回答团队问题并增加支持性材料。

高效沟通比文档完整化更重要。

把访谈结果作为用户故事中的笔记记录下来,作为你所做决策的记录。例如,"作为一名考生,我想在测验结束时得到一个分数,这样我就知道自己对知识的掌握水平了。"

下面是一个例子，说明在与团队进行讨论和澄清后，你可以将更多的访谈细节添加到用户故事中：
- 用户为什么要关心分数？目的是什么？结果如何？
- 分数是怎么计算的？
- 最后的得分是多少？（分数评价是 10 分制还是字母等级制）
- 分数显示在哪里，在什么时候显示？（分步限制或在完成后才显示）
- 用户是否可以重新进行测试？对上一次分数如何对比？
- 用户参加测试后，结果会怎么样？（各种情景，包括用户不及格、及格或高分）
- 支持哪些设备、应用和语言？
- 在什么情况下会无法显示分数？之后会怎样？这些也被称为极端情景。

> 若要查看 Centsible 的用户故事的最终访谈详细信息，请访问 Centsible backlog，打开"故事（Top story）"并向下滚动到"活动（Activity）"部分。

访谈不要有头无尾。从电子邮件中获取内容，进行简短评论，在用户故事的适当位置记录会议结论，以便新的团队成员（或第一次阅读用户故事的人）可以查看它。保持访谈的条理性和可读性，但是不要放入太多细节，要紧扣当前实施过程中遭遇的挑战。同样，能用图片的地方就不要用书写的方式。用图表、白板照片和简单模型对决策进行说明，提供与系统或界面的外观和功能相关的信息，并与用户故事中有价值的文档或注释进行互相参考。

在你无法回答问题时，尝试做以下工作：
- 明确地让团队自主决策与行动。
- 将用户故事推迟到下一个开发周期，这样你可以收集更多数据、寻求相关方的意见或评估新的选择。
- 对研究任务（也称为"刺探 Spike"）设置优先级以发现答案。

3. 确认

解决方案必须完整且有效，并通过相应的验收标准。验收标准可以从访谈中得到，包括功能、外观设计、性能和稳健性（如错误和极端情景处理）的最低要求。

验收标准应遵循以下准则：
- 具有确定性和可测试性。通常是对预期结果的一段清晰描述（也可包括目标）。
- 在用户故事开发之前就设定。在开发流程中设定新标准会使得开发团队很难预测用户故事所需的工作量。在开发流程中设定的新标准应作为一个不同的用户故事来对待。但是，如果开发团队可以很好地解决这些问题，就可以让开发团队自行决定是否更改当前正在实施的用户故事的验收标准。如果你在获得了更多新信息之后，发现目前的工作并不能带来价值，你就可以这样做。

> ### 开发团队期望了解太多细节
>
> 一些开发团队希望在所有工作开始之前拿到非常具体和详细的规格。他们认为通过用户故事来定义需求过于模糊，也会认为产品经理不知道用户到底想要什么。他们希望得到与用户见面的机会，通过谈话讨论细节，提出并澄清问题。
>
> 为了处理这种情况，你需要在与开发团队会面之前，在访谈中添加一些你希望他们想问的问题。你可以让开发团队做出回应并进行调查，不断澄清以获得更详细的信息，而不是从一张白板开始工作。通过这种方式，可以使开发团队更容易适应用户故事和协作过程。与开发团队一起确定哪些用户故事需要详细描述及其理由。然后询问哪些用户故事细节已经足够。通常，他们要求用户故事模式或类型具备更多细节。例如，某些情况下，开发团队可能被要求处理具有多个用户和极端情景的复杂系统。认识到这一点，你就知道未来涉及同一个系统的用户故事将需要更多细节。
>
> 另一种方法是，要求开发团队估算每个用户故事的投入量。一旦被要求做这件事，他们自然而然就会开始澄清问题，这样就能对范围有更多了解，从而做出准确的估算。

- 用户故事要在"完成"与"未完成"之间二选一，没有"完成百分比"这一说法。任何测试失败，都无法完成用户故事。虽然任何开发团队成员都可以编写验收标准，但作为产品经理，只有你才是能够判断用户故事是否满足标准的裁判，而开发团队不应该判定他们自己写的代码是否符合预期。

编写良好的验收标准的一个关键好处是让开发团队在开发的同时构建自动化测试。可以对代码进行连续调试，以提高用户故事的成功概率。这样做可以避免在整个开发周期的最后一刻进行测试，为了赶上截止日期，有大量代码要同时测试，这个压力也会导致质量保证工作失效。此外，可以在将来的任何时候重新运行这些测试，以确保后面的用户故事不会破坏前面的用户故事。

如果要了解"作为一名考生，我希望在测试结束时得到一个分数，这样我就能知道自己对知识掌握的水平"这个用户故事的验收标准，可以打开 Centsible 待办列表中最顶端的"故事（Top story）"。

"作为一名用户"——用户都是不同的

为了避免混淆用户故事的预期结果，要准确地指定用户故事的目标服务对象。

"作为一名新注册的用户，我希望对我所学的知识进行一次正式评估，这样就可以在相关课程的指导下，有效地提升我的技能。"

如果上面这个用户故事以"作为一名用户"开始，那么团队会认为是为所有 Centsible 用户服务的，而不只是为新注册用户服务的。

以下是对不同类型用户进行的常用分类：

● 特定目标用户群体。尽管许多用户的产品需求可能相同（在这种情况下，"作为用户"就足够了），但每个用户细分群体会有一些独特的需求。如果任何产品功能都是专门为满足一个用户画像而不是另一个用户画像的需求而设计的，那么就要明确说明。如果你能确定事项的优先级，给一个用户群体交付的功能比另一个群体更重要，那么你可以很容易地将需求合并并提高其优先级。

● 生命周期阶段。你的用户将与你产品处于生命周期的不同阶段。有些人是第一次访问你的产品，而有些人可能是高度忠诚的回头客。针对新用户开发的特性可能与回头客无关。同样，免费活动通常只提供试用或有限服务，而对付费用户则会提供高级服务。必须为每个用户明确定义各自的用户故事。

● 互补的用户类型。从同一产品中获得不同利益的多种用户要有他们自己的用户故事。例如，媒体产品需要用户故事来为消费者提供内容，但也需要用户故事来满足广告商的需求（广告是一种产品）。对于企业产品，决策者、管理者和员工都需要个性化的产品。他们并不是同一类人，所以你必须为每类人使用不同的用户故事，例如，"作为一名销售主管……""作为一名系统管理员……""作为一名培训新员工的培训师……"等。

> 回顾第 3 章目标用户群体和角色。划分共同的生命周期段。补充客户类型，每个类型都可能是一组独特的用户故事的来源。

● 相关方。你也可以为系统的内部用户编写故事。相关方同样要求产品以具体的方式满足他们的需求，而这些需求对你的终端用户来说并不明显也不重要。以下是一些典型例子：

■ 营销团队希望通过客户接触点使用工具来细分用户并传递个性化信息。
■ 销售和客户管理团队需要销售支持、客户登记和客户关系管理工具。
■ 财务团队需要描述如何实现、收集、报告收入和其他指标。
■ 法律团队需要严格的安全性或遵从性强的用户故事。
■ 技术运营团队需要了解他们如何监视产品，以及当产品出现问题时应该如何应对。

- 数据分析团队需要用户故事来定义系统要获取的数据类型，以便跟踪 KPI 和其他产品指标。

如何将大的用户故事变小

在基于一组产品功能定义总体用户目标时，高层级的用户故事非常有用。哪怕高层级的需求很清楚，大多数细节也只有在开发阶段才会变得更为清晰。如图 7.2 所示，要使用户故事成为有用的实施工具，你必须逐步将大型的、模糊的描述分解为更小的、更为具体的描述。这些小的用户故事要有足够多的细节，使你的开发团队能够在短时间内交付不同的功能增量。

高层级用户故事	详细用户故事
大、粗略、模糊	小、完整、具体
沟通总体用户目标	沟通具体用户功能
多个开发周期	在一个开发周期内完成
将其分解，用于开发和交付	交付一小部分商业价值

图 7.2　高层级用户故事和详细用户故事之间的区别

用户故事从适当的细节开始，以"准时制（Just-in-time）"的方式支持计划，不断充实细节。高优先级的详细故事使你能够关注当前最重要的事情，并获得可用的最佳信息。低优先级的高层级故事提醒你未来的工作，只在必要时才添加细节。

在获得新信息后，就要调整、删除、添加或重新排序用户故事。只有当你具备足够多的信息来做出有把握的选择时，你才能做出决策。

如何判断高层级用户故事和详细用户故事？团队需要决定用户故事的大小。当他们花费的时间超过几天时，或者使用 Scrum，超过了故事点的阈值时，他们就会认为这个用户故事太大了，这是一种评判标准。其目的是促使高绩效团队能够完成高质量工作，从而为公司目标和运营任务的实现做出贡献。你要继续分解用户故事，直到他们认为自己能够实现目标为止。

如本章后面所述，当你梳理产品待办列表时，要对用户故事进一步分解。更重要的是要在访谈和估算过程中始终与团队紧密协作。

Mike Cohn 在他的《用户故事实战》一书中，概述了 7 个需要回答的问题，以帮助识别哪些大故事可以分解成小故事：

- 用户工作流程的步骤是什么？画出客户体验地图或解决方案的概念框架。将每个工作流程步骤分解成更小的用户故事。用户在每个工作流程中采取的每个单独操作都可能是不同的用户故事。

- 有多种用户类型吗？拥有多个目标用户类型的用户故事最好分解为每个目标用户的故事。第一个故事更加集中，而第二个故事将利用第一个故事，因此它会更小——添加对第二个用户类型所需的"增量"。

- 是否有多个用户操作？这是操作数据时的典型场景。与其编写一个用户故事来覆盖数据上的多个操作，不如先选一个操作，然后在后续的故事中包含其他操作。例如，如果用户可以添加、编辑、删除、更新、筛选、排序或恢复数据，就可以使每个操作具有不同的内容。
- 有很多数据属性吗？这个问题在向用户显示结构化数据时很常见，如在提供搜索结果或报表时。首先可以交付一个或两个属性来简化故事，允许开发团队将精力集中在工作上，从而获得一个基本属性。一旦核心工作完成，就可以开展包含其他数据属性的低优先级工作。
- 用户界面是否复杂？如果有复杂的交互作用或棘手的设计组件，首先使用一个简单的版本，然后再完善它。例如，用户界面的第一个用户故事仅为一个基本表单，甚至是一个命令行，有很少甚至没有视觉效果。显然，如果没有一些可视化的东西，你不可能将其向终端用户发布，但之后的用户故事就可以围绕该基本接口进行详细设计了。
- 我们能推迟复杂性吗？通常，功能由 3 部分组成：
  - 核心功能，也被称为"快乐路径"，99%的工作或用户交互时间花在此。
  - 极端和错误用例是用来处理异常情况的方式，如用户输入数据不正确或做了一些意料之外的事情。
  - 性能是指启动时在所需的范围内平稳运行的能力。

你可以将每个组件分为不同的用户场景，将复杂性留到以后讨论。首先完成核心功能，然后是极端用例，最后才是增强性能（在完成初步用户故事后的更晚些时候）。

"作为一名用户……然后……"疲劳症

随着用户故事的颗粒越来越小，内容越来越具体，如果目标用户和成果非常明显或微不足道，那么编写用户类型并强调收益就会变成一件单调乏味的工作。团队要能够避免混淆，并且每个人都充分理解每个用户故事的背景，否则在编写较小的用户故事时，就会只关注所需的功能，而忽略了用户和参考价值。

- 我们需要"刺探"吗？在说出用户故事之前要做出关键决策时，就可以添加发现故事或"刺探"。如果有太多未解决的问题，就可以运用概念验证，建立原型，实验或进行更多的研究来获得答案。创建一个单独的"刺探"用户故事并对其进行优先级排序，只有在"刺探"完成并可以有效地应用新知识之后，才可以返回原始的用户故事中。

在 www.influentialpm.com 中你可以找到将这 7 个方法应用到高层级的用户故

事中的示例。例如,"作为一名刚毕业的大学生,我想学习个人理财,这样我就可以自信地管好我的钱。"

如何设定验收标准

如果你和团队一直在仔细记录用户故事中访谈部分的细节,你就可以轻松地定义可接受条件。这些细节将用于运行测试。通常不需要标识每个用户用例或情景。测试能够展示一个稳健的系统,但不要给开发或测试团队带来不必要的负担。通过所有这些关键测试意味着用户故事的完成。

用一个简单的语句描述验收标准及如何验收。如果预期结果不明显,则用目标结果进行补充。例如,在 Centsible 中,让用户使用通行的信用卡(如 Visa、Master Card 或 American Express),并在验收标准环境下使用它们。不仅要验证功能是否达到预期,还要包括一些异常的用户或系统行为,了解那些不希望看到的结果。在 Centsible 上,你还可以添加一个针对借记卡测试的链接。如果你不支持跟踪借记卡上的活动,测试就会无效。

在验证过程中,要注意以下几个方面:

● 功能——确保特性适用于所有约定的用例(如信用卡),而不适用于已定义的相反用例(如借记卡)。

● 设计——假设你的产品有一个用户界面,包括视觉检查并根据提供的设计规格进行验证。说明你将支持的平台,但是要考虑是否应该将多个平台上的特性故事拆分为单独的故事(例如,同时支持 iOS 和 Android 的用户故事可能不是单一的)。

● 性能——验证非功能规格和制约因素,以确保应用程序能够在预期的范围内工作。验收标准可以有:

■ 响应时间(速度)。
■ 数据跟踪准确度。
■ 可测试性(覆盖率)。
■ 可用性(正常运行时间)。
■ 安全性。
■ 吞吐量(产能)。

通常,性能标准是和工程团队共同确定的,在产品开发流程早期并不需要使用故事,或者它们可能被分成自己的故事集,以便之后优先考虑。不要设置不合理的标准,测试期望的"峰值"而不是平均值。我们应该清醒地认识到,太多的性能标准会阻碍开发工作。

● 压力测试——想想所有可能出错的事情,或者是用户报错,或者是意外的系统响应。常见的例子有:

- 用户数据输入不完整、不正确或跳过。
- 数据损坏。
- 突然失去连接或突然切换到"脱机"模式（在手机上）。
- 不安全或遭受 DOS 攻击（黑客乐于对你的应用程序进行压力测试，因此你最好在他们之前发现漏洞）。

表 7.1 说明了 Centsible "链接信用卡" 特性的 4 种验收标准，每种标准都相应地有 4 个例子。

表 7.1 Centsible "链接信用卡" 特性的验收标准

信用卡："作为一个刚毕业的大学生，我想把我的信用卡和我的账户关联起来，这样我就可以收到消费支出报告了。"

标准的类型	描述	验收标准示例
功能	特性适用于所有商定用例	• 使用 Visa、MasterCard 和 AMEX 等信用卡进行测试 • 使用借记卡进行测试（失败） • 测试过去的购买是否正确 • 测试"确认、取消或添加其他卡片"
设计	产品符合视觉交互设计上的支持平台	• 根据设计测试用户流程 • 根据设计对页面进行视觉测试 • 测试是否支持 iOS 和 Android • 测试 CVV 是否被（***）遮挡
性能	安装应用程序后，可以安全、稳定地运行	• 在 5 秒内测试 90%的卡片链接 • 每秒测试 100 张链接的卡片 • 使用 PCI DSS 传输测试数据 • 在数据库中获取测试数据
压力测试	应用程序完整地处理极端用例、边缘用例和错误用例	• 测试一张没有购买记录的信用卡 • 测试系统中是否已经有重复的卡 • 测试无效和过期的信用卡 • 测试 DOS 攻击

产品待办列表

产品待办列表是一个灵活的主列表，包含了产品项目中的所有需求。它是一个按优先级顺序排列的需求列表，按照你希望它们实现的顺序进行排序。它是更小的、详细的、高优先级的需求（那些你将很快实现的需求）和更具体的、模糊的、低优先级的需求（描述未来的功能）的混合体，如图 7.3 所示。

当你了解了更多产品信息和客户需求时，就可以细化和更改产品待办列表。把细节放在待办列表的最顶端。优先处理处于顶端的需求，而不是那些较低的需求，所以你应该专注于添加细节并进行准确的估算，仔细对最重要的需求进行优先级排序。对需要马上处理的优先事项，必须将故事分解，并确保在访谈中有足够的细节来进行下一步开发。团队需要在接下来的几次迭代中考虑清楚所有事情，实在无法弄准确，大致接近也可。

小、详细、具体
可以马上实施

优先级

大、粗略、模糊
不会很快实施
（也许永远不会实施）

图 7.3　产品待办列表

产品待办列表和工具类型

你的产品待办列表包含了与当前优先级和选定项目相关的需求——无论是活跃的需求还是即将活跃的需求。

此外还有创意待办列表和"冰箱（icebox）"。在创意待办列表中，可以放置潜在的未来计划，包含你从相关方那里收集到的任何创意，你最终想要完成的项目，以及（到目前为止）你在路线图中期望做但尚未提交的项目。

在"冰箱"中，你可以放置过时或低优先级事项（你近期不太会做的事项）。这样就不会被随机事项影响你的产品待办列表。

你和团队要决定是将这些产品待办列表合并到一个工具中的某一区域，还是将它们分割开来。对于创意待办列表，你可以使用简单的电子表，其中包括对每个创意的简短描述，并对它们进行优先级排序（见第 4 章）。

或者，你可以将产品待办列表、创意待办列表和冰箱待办列表合并到一起，以简化管理，消除重复内容，并避免与相关方就某个创意何时将"提升"到产品待办列表中产生争论。将不同的产品待办列表清楚地标记为不同的表，以避免混淆。开发团队通常会被分配到产品待办列表中的单个项目上工作，而产品经理则会开展探索或排序创意优先级。

在 www.influentialpm.com，你可以找到产品路线图和产品待办列表工具。

即使要同时开展多个项目，你也要为团队提供一个产品待办列表。因为你需要可见性，所以必须为团队分配相关的工作。你需要了解哪些用户故事属于哪个史诗或项目，大多数工具都有标记功能，可以帮你简化这些工作。

1. 构建你的产品待办列表

有些产品经理倾向于在开发开始的几天内就能获得所有细节，然后才将需求添加到待办列表中。遗憾的是，这么做只能让团队对未来工作一片茫然，大家也无法知道项目将在何时交付。相反，应该尽早为所有新产品计划建立一个待办列表——即使产品发现还在定义范围阶段。从一开始就应获取并分解需求。可以先创建卡片，然后在了解更多信息之后再添加、重写或删除卡片。

以下是提前建立产品待办列表的益处：

● 可以鸟瞰已知的范围，从而更容易识别项目的全部范围。一旦你对已知的范围有了一定的了解，就更容易做出早期优先级和需要紧急处理的决策，重新审视进度表或其他看似不合理的目标。

● 你可以与团队和相关方就日期（上市时间）和资源进行更有成效、基于事实的访谈。

● 你要有一个供相关方响应的计划，他们可以标记遗漏的范围并提供其他输入。

● 在为每个新的开发迭代做准备时，你可以采取增量的方式去做（分解故事、填充细节、梳理产品待办事项），而不是必须创建全新的故事。

2. 对产品待办列表进行优先级排序

确定需求优先级是一门艺术，而不仅是一门科学。对你而言，产品、公司、团队和运营优先级，以及你对客户需求的了解程度都是灵活的。

幸运的是，产品待办列表简化了优先级排序，允许你在（几乎）任何时候都可以调整。当产品成形时，你可以了解更多客户和运营需求的信息，将需求优先级向上或向下移动，这样就可以规避失误。

把需求从最重要到最不重要进行排序。不是只给每组需求定个标签就万事大吉了（例如，高、中、低；分值为1~5；必须有、应该有、最好有），相反，应该对产品待办列表顶端的优先处理事项进行更详细、具体的安排，然后简要安排剩余事项即可。

> **启动产品待办列表**
>
> - 制定高层次需求，并为每个需求写一张卡片或标签。
>   - 将每个需求作为单独的条目添加到产品待办列表工具中；
>   - 不要填写太多的细节（访谈或确认）。
> - 对需求进行优先级的大致排序。
> - 使用前面"缩小大型用户场景"中概述的方法分解基本需求（位于产品待办列表的顶部）。在早期阶段，画出客户体验地图或概念线框图尤其有用。列出用户希望在每一步做什么，这将帮助你生成特性级别的需求。
> - 和团队一起针对一个用户故事进行头脑风暴。依次处理每个高层级需求，确定较小的增量，并添加缺失的需求。
>   - 当需求小到可以在一次迭代中完成，或者你没有足够的信息来进一步分解它们时，停止头脑风暴。
>   - 不要讨论细节或优先级（广度优先于深度），因为随着时间的推移，你可以逐步完善细节和改变优先级。
>   - 确保每个新增的用户故事都与你最初目标相关。
> - 运用工具或报告，与选定的相关方进行访谈，以呈现内部需求。关注客户的需求，在做承诺时要谨慎。
> - 运用"T 恤尺寸"法来对每件事情进行优先级排序和粗略估算（参见本章后面的"估算你的产品待办列表"）。
>
> 第一次完成和所有的优先事项有助于构建上市路径和制订初步行动计划。
>
> 请记住，在这个早期阶段的任何事情都只是一个假设，而不是完善的项目计划。

然而，一旦团队开始实施，就不应该重新排序需求优先级，没有充分的理由时更不能这么做。此外，你的优先级排序可能与实际得到处理的顺序不一致。例如，工程优先级会经常改变以适应技术需求，并对资源配置进行优化，或者等到需求有足够的细节时才开始工作。

要将需求进行优先级排序，可以运用以下实践方法，遵照以下步骤（从最高优先级到最低优先级）。

步骤 1：以最高的学习程度或复杂程度来确定需求优先级。某些需求可能对其他需求的范围和优先级产生重大影响，甚至对整个项目产生重大影响。把这些需求放在待办列表顶端并优先交付，这样，在开发后期就不会出现主要依赖关系、长前置期事项或关键信息等问题。表 7.2 展示了在待办列表中排名靠前的用户故事类型。

步骤 2：识别关键客户和运营目标，将相关用户故事提到更高位置。通过对步骤 1 中低于最高优先级的用户故事进行排序，与关键项目目标或"热键"进行对比来显示进度。例如，如果你的项目将包括添加新的创造收入特性，并且是一个关键的项目目标，就在完成非创收事项之前交付这些特性。或者如果有相关方特别感兴趣的一个特性或工具，那么通过展示该特性或工具的进展来建立信心，获得支持和动力。相关方对关键领域的进展更感兴趣，而不是零散的组成部分。学会这个方法，你就可以向相关方展示你在早期交付了能给运营价值做出更大贡献的增量。

步骤 3：将相关需求组合在一起。确定剩余范围的优先级，将相关需求组合在一起。这么做除了能使排序变得更容易（你可以查看、添加和移动它们），还可以让团队将精力更多、更完整地集中在同一个领域，无须进行太多的工作切换。

对来自同一高层级需求（用户故事）、服务于同一用户类型或属于同一流程的需求进行分组。

例如，对于我们假设的应用程序 Centsible，最好在一到两次迭代中完成所有"链接我的信用卡"故事并将它们一起交付，而不是将一个故事用于登录，一个特性用于信用卡，另一个故事用于观看视频。

表 7.2 需在早期完成的最高优先级故事

需求类型	描述	寻求
风险	需求的结果会极大地改变项目的方向。在开发周期的早期消除这些风险至关重要	● 先进的新用户功能创新 ● 没有被用户价值证明的创新 ● 用发明和概念证明新技术
长前置期	一组相互依赖的需求将花费最长的时间来完成（称为"长杆 long pole"——它们提示了你最早需要部署的时间）	● 新的平台级技术基础设施 ● 与旧系统的集成 ● 协商和外部伙伴关系的实现 ● 收集基准数据来通知决策
发现	这些活动可能让你确定额外的范围或发现新的教训，从而改变你的方向	任何可以帮助你对真实用户进行早期测试的东西： ● 研究或"刺探" ● 原型 ● 设计探索
差异化	通常，那些在你的产品中具有独特性的需求，是竞争对手无法提供的，也伴随着许多假设和陡峭的学习曲线	任何支持你的核心价值主张的特性，特别是你的差异化因素或独特卖点（USP 理论，独特的销售主张）
依赖关系	这些需求可能降低开发的速度，或者限制你在开发之前处理其他需求的能力	● 基础工程（如架构或数据库工作） ● 包含技术或设计组件、可被其他故事重用的需求 ● 任何需要在其他需求开始之前完成的需求

3. 估算你的产品待办列表

无论是否会很快实施，都需要对产品待办列表中的每项需求进行初步估算。这种估算有 3 个主要优点：

- 鼓励将访谈做得更深入更详细——估算开启了探索过程，有助于你了解如何处理每个需求。向团队询问对投入量的估算不仅仅是一个粗略的讨论，还能促使他们提出明确的问题，讨论设计和工程备选方案，并识别最高的风险。
- 进一步细分故事——如果故事估算值太高，团队意见差异较大，或者团队根本无法对其进行估算，则需要列出有待进一步研究的故事，这表明你需要进一步细分故事或有太多的未知。或者，你认为它没有想象中那么重要，因为在这种情况下，它看起来太昂贵或难以实现，因此将其放入"冰箱"中。
- 确定项目规模和进度表——估算产品待办列表将有助于确定整个项目规模，并提供一系列的完成日期，促使你将范围缩小到绝对必要的程度。与其要求开发团队根据高层级项目描述提供交付日期，不如通过估算每个需求并将其与过去类似规模和范围的项目的累计工作量进行比较，自下而上地构建产品待办列表。

一旦一个具体需求即将得到满足，团队会完成初步设计和技术规格，理解并分解足够多的任务，以提供准确的估算。

然而，在获得这些细节之前，期望团队做出高水平的估算之外的任何事情都是不明智的。

你可以采用"T 恤尺寸"法来实现平衡。为产品待办列表中的每个需求分配一个从 S 到 XXL 的相对大小（或者一个数字，如 1～5）。与团队合作完成这项工作，让他们能够澄清范围，通过集体投票决定分配规模。在需求描述上清楚地做出估算（例如，在卡片上或票上贴一个易于查看的标签）。这样，你将始终能够看到投入量，这将帮助你和团队快速确定优先级，并识别需要进一步工作的需求。

较大的故事会跨越几个开发周期，与开发方法不同步（因为要过好几周才能看到结果。）因此可将故事进一步分解，尤其是在产品待办列表顶端的故事（因为你将更早处理它们）。

表 7.3　假想团队的历史吞吐量示例

型号	历史吞吐量
S	每周 10 个*
M	每周 4 个*
L	每周 2 个*
XL	2～3 周进一步分解
XXL	3+周进一步分解

注：*是混合体，例如，该团队每周可以完成 5 个 S 故事和 2 个 M 故事

尽管每个估算的可信度可能较低，但总的来说，它们通常能很好地显示完成已知范围的时间。根据你的经验和团队的意见，你现在可以大致估算完成所有已知范围所需的时间（见表 7.3 中的示例）。如果你有数据，那么可以通过计算所有的 S、M、L 和其他，并将它们乘以历史吞吐量的平均值来实现。如果你没有足够的历史数据，那么你正好可以看到你正在以多快的速度完成产品待办列表。

要意识到（如第 9 章所述）你会时刻发现新的过程需求，当你向现有需求添加细节时，估算总是会增加。

最后，请注意，"T 恤尺寸"法适合对产品待办事项的粗略估算。但是，一旦你添加了详细的范围和访谈，并且团队选择开始处理它，你就需要重新评估需求。例如，如果你使用的是 Scrum 法，那么你可以用故事点替换"T 恤尺寸"法进行估算。

4．定期梳理你的产品待办列表

待办工作是刻不容缓的。你要基于运营、市场和客户信息的需求不断地添加、删除、移动和更新优先级。你从客户那里学到了新东西，随着产品的形成，你会发现新的范围或替代解决方案，要做到灵活应变。

即使高层级需求显而易见，大多数细节也只有在开发系统时才清晰。从正确的细节层次开始，以"准时制"的方式进行规划，在进行规划时充实细节。根据新信息调整、删除、添加或重新排序。只有在你有足够的信息做出自信的选择后，才能在相关的时刻做出决策。高优先级、详细的故事使我们能够专注于现在重要的事情并提供最好的信息。低优先级、高层次的故事会提醒你未来的工作，而不需要你在必要时再去增加细节。虽然团队的任何成员或任何相关方都可以确定新的需求或建议对产品待办列表中的现有需求进行更改，但是你有责任持有产品待办列表并经常对其进行梳理。在梳理的过程中你可以执行以下操作（见图7.4）。

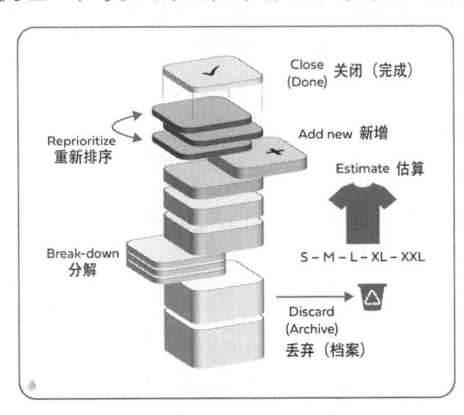

图 7.4 梳理产品待办列表的操作

- 一旦需求通过验收标准，就关闭已完成的需求并存档，但不要完全删除它们。（以防你在以后还需要重新访问它们）。你可以删除旧记录和无用的信息。
- 增加额外需求。根据新学到的信息增加需求，将他们按优先级顺序插入相应位置。

任何已完成的需求，如果已经通过了验收标准，而你收到了反馈或更改请求，或者你后来确定需要其他验收标准，也仍需要关闭。如果你只是将这些内容添加到现有需求中，则可能造成范围蔓延，使团队和相关方无法看到进度并中断对团队吞吐量的任何跟踪。相反，你应该添加一个新的需求或任务（作为一个新的卡片）来获取新的功能或验收标准。

- 分解高层级需求——任何较大的项目最终都需要分解。早在它成为发展的优先事项之前就要进行分解。确保较小的需求在总体上完全替代较大的需求，并且可以独立地确定优先级。

当你分解一个更大的需求时，不要忘记原来的需求。例如，如果你使用的是基于卡片的需求管理工具，则有助于交叉引用来自新需求的原始卡片。你可以通过向新卡片添加链接或标记新卡片，或者将新卡片设置为原始卡片的"子项"来执行此操作。

- 添加详细信息——任何更接近优先级列表顶端的需求必须在开始工作之前就通过访谈和验收标准加以充实。
- 重新排序——可以在任何时候对产品待办列表重新排序，除非团队已经开始进行工作。一定要确保下一个最重要的工作在最上面，这样你就可以把精力集中在讨论和添加最重要的细节上。
- 预估新的或变更的故事——预估所有新的故事、分解的故事或具有实质性范围增加的故事。不要浪费时间重新评估现有的故事，除非它们已经发生了实质性的变化。

留出一个固定的时间来完成梳理。在要求开发团队开始工作之前，你必须完成梳理。例如，在 Scrum 中，你必须在冲刺计划之前梳理产品待办列表，以便准备好使用下一组优先级和文档化详细信息的准确清单。

第8章 与工程师合作

——与主要相关方建立信任及合作关系以顺利推进工作

本章学习要点

1. 在开发流程中产品经理和工程师相互支持的角色和责任。
2. 与工程师建立和维持良好关系,共同克服挑战的方法。
3. 有效参与工程设计并在实施阶段推进和促成产品的方法。

产品经理和工程师共同合作

作为产品经理,你的工作并不只是督促开发团队执行制订好的产品计划。你要做的是与他们共同合作。你们应该为团队设立互补目标从而进行高效合作,相互协作并在彼此的职责范围内相互影响,最终共同交付最佳结果。

作为合作伙伴,开展以下工作将对双方非常有益:

● 就总体目标和愿景进行沟通——帮助团队理解并激发出实现产品目标的动力。提供所需的运营和客户背景,说明事情为什么重要。

● 提高团队主人翁意识——鼓励团队成员提出创意、解决方案或可行的权衡分析。让开发团队承担责任,做出承诺,而你应该在质量和流程改进方面增加投入,并提供产品方向所需的条件。

● 定义、明确需求内容并确定需求优先级——确保团队内部"畅通无阻",都能了解最关键需求,同时拥有完成必要工作所需的全部信息。

● 保持与相关方的反馈和沟通——提供快速援助,及时发现情况变化和可能发生的意外并为之做好准备。专注在解决问题上,同时不要因为你的个人原因造成需求不断变化。

实现这些成果需要团队协作,包括工程管理、敏捷教练、项目经理及经验丰富的首席工程师等。你需要了解开发团队架构和产品开发流程,在授权给开发团队后,要知道自己在什么节点上扮演什么角色。

本章不讨论现代软件企业所采用的不同开发流程的详细定义。只介绍敏捷或 Scrum 中的基本原则。这些方法之所以引人注目，不仅由于它们在现代技术型企业中很流行，更因为它们赋予了任何优秀团队取得成功所必需的协作、开放和灵活等价值观。此外，通常情况下它们能用于几乎所有环境中。

想要进一步了解常见开发模型，如瀑布式或迭代开发方法，请参阅 www.influentialpm.com 上的在线资料。

了解角色和责任

确定并理解你所负责的工作和你的开发团队需要承担的责任是至关重要的。同时，你必须清楚开发团队有哪些地方要依靠你，以及有哪些决策需要你参与协商，其中哪些是仅仅需要你知道的，哪些是你应尽量减少参与的。

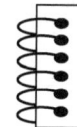

> 产品经理负责提出问题（"为什么"和"做什么"），工程师负责提出解决方案（"怎么做"和"何时做"）。只有通过合作，双方才能共同开发并构建最佳方案。

产品经理无法清晰地了解自身的职责会导致以下两种不良状况：

● 过度地参与技术决策，在对背景缺乏了解的情况下制定规格，干预执行细节或设置过于紧迫的期限，使团队感到困扰。

● 开发团队无法得到他们希望从你那里获取的信息（如背景、有关数据、规格、相关方认同及需要快速权衡的决策）。

工程组织有诸多配置和专职人员。你听过的工作或职位名称可能包括前端工程师、网络开发员、全栈（full-stack）工程师、质量保证员、数据科学家或分析师及项目经理。鉴于行业间存在差异，尝试去定义每个角色会很困难。因此在这里我只说明两个较为普遍的职位、角色及其主要职责：

● 项目经理——有时也称为敏捷教练、执行主管或项目集经理。通常这是一个独立的角色，但在项目执行的过程中，有时会由经验丰富的资深工程领导者（而不是产品经理）来管理。

● 开发团队——用技术专业知识来解决各种难题，以及迎接客户和商业需求上的挑战。

表 8.1 为产品管理中的 3 个角色及其各自的职责示例。在不同的企业环境与文化中，这些职责会有所不同。当你逐个审视每个责任时，会注意到团队成员间是相互依存的，每个人对于彼此的成功都至关重要。

表 8.1 产品管理中的 3 个角色及其各自的职责

产品经理	项目经理（敏捷教练）	开发团队
负责制定产品目标和愿景	通过流程促进项目顺利实施	按照优先级开发解决方案并交付成果
负责说明项目背景和预期回报（"为什么"）	负责协商并合理配置资源（"谁来做"）	负责将工作范围划分为若干工程任务和实施计划（"怎么做"）
负责定义项目和需求并确定其优先级（"做什么"）	负责跟踪进度并管理项目进度表（"何时做"）	承诺并按要求交付产品（"何时交付"）
清晰并详细地说明工作范围	管理范围及技术相关性	理解并澄清范围
寻求客户和相关方验证	清除团队合作障碍，提高生产力	评估可行性和技术可行性
更新相关方并支持团队	管理团队计划、执行和评审论坛	一开始提供高层级估算，然后提供详细估算
鼓励团队朝着目标前进并认可团队取得的成绩	教练和激励团队向目标迈进	实施计划——不断提供更新
提供反馈，而不会经常改变范围	提供进度更新和跨团队沟通	提出建议，快速升级问题和关注点
纠正错误，对范围与时间之间的权衡做出决策	进行资源谈判，权衡范围与时间	建议在保持质量的同时加快进度
在团队完成有效的、详细的、高优先级的需求之前就提前做好下一步安排	召开回顾会议并进行流程改进	确保稳健性测试、高质量和可扩展性

产品经理不得兼任项目经理，主要有两个原因：

● 利益冲突——产品经理的目的在于创造最大的商业价值。他们鼓励团队成员积极地承担任务，并对如何实现产品特性有成熟的见解。这样做本质上没有错，但与之相对的是，项目经理和工程负责人需要保护团队免受一位过于独断专行的产品经理所带来的负面影响。若产品经理尝试兼任以上二者的角色，可能迫使团队成员同意一个他们并不认同的方案，这会使他们失去动力和热情。毕竟谁也无法做到自己和自己协商。

● 战略与执行——产品经理要负责的工作，包括对新客户需求的理解、识别和范围的界定，以及对产品待办列表的优先级划分。因此产品经理必须先于团队其他成员进行思考并计划、准备和检验未来的工作。如果忙于日常琐碎工作，产品经理将没有足够的时间用在客户或相关方身上，也难以足够严密地为未来做准备。当下一个计划来临时，产品经理可以率先为团队制订足够的工作计划去完成，哪怕是提供经过深思熟虑后的大致要求。

总之，在对工程和产品管理进行职责分配时，你需要有意地在其间建立一种健康的紧张关系。产品经理负责识别、定义和促进新的运营机会。他们必然希望更多、更快地发现这样的机会。工程师既需要建立新的系统，也需要在现实的技术约束下维护现有的系统，他们希望能用一种高质、高效的方式实现这一目标。

这种方式最初可能减慢交付速度，但从长远来看将提供更大的灵活性和延展性。毕竟工程师讨厌做重复工作。

产品经理无法消除这些不同角色和出发点之间固有的紧张关系。但是，可以站在一个共同理解、相互信任和尊重的立场上来缓解这个紧张局面。

如何和开发团队建立牢固的关系

你与开发团队的牢固关系对你的项目成功至关重要。在第 2 章中，我介绍了通过影响力上司团队的方法。应用这些方法可以成为一名有价值的团队成员。和你一样，开发团队通常也熟知产品、运营和客户需求，且在产品方向、优先级和解决方案方面有发言权。

工程师是非常理性、聪明和成果导向的。他们希望能有效地利用他们的时间和才能，希望对运营产生影响，也希望你提供数据来证明你的建议是正确的，并客观地度量项目是否成功。

如果一个项目因缺乏客户验证和内部协作而无法完成或导致失败，你就相当于在浪费他们的时间，这会使你失去信誉。但是，如果你让他们参与该方案的全过程，他们将帮助你设计更好的低风险解决方案，即使有些项目会失败，他们也会成为你的拥护者。

你可以通过采用以下方法，与你的开发团队建立牢固的关系并赢得他们的尊重。

1. 牢牢把握 5 个核心团队价值观

作为产品经理，将自己和开发团队视为"一个团队"是至关重要的。在该团队中，你应该经常与设计和开发团队合作。一支团队作战可以打破分割，并产生一种共同的责任感，从而降低事情进展不理想时相互指责的可能性。不仅要提供需求，还要一套设计、计划和时间节点安排。这就是所谓的"翻墙"，这也是团队希望你做的事情。

为了使跨职能团队正常运转，你需要具备 5 个核心团队价值观。虽然这些价值观是 Scrum 的一部分，但我认为它们在任何环境中都适用。你要展示这些价值观并以身作则。

- 勇气。团队共同应对挑战，朝着正确的目标努力。在平衡客户需求、难度、时间、资源和工程制约因素的同时，建设性冲突对找到最佳折中方案和最佳结果至关重要。你必须接受意见分歧，并进行客观辩论。保持以事实和理论为基础的讨论，不要以自我为中心。

- 专注。一次只朝一个（或有限个）目标努力，出色完成工作并更快地实现产品价值。频繁切换目标会降低生产力，挫败团队斗志，甚至导致承诺无法实现。

对于工程师来说尤其如此，因为在解决复杂的技术问题时，需要高度集中精力。

● 承诺。全体成员自觉自主、万众一心地为实现项目目标和时间节点安排而努力奋斗。做到这一点很难，因为即便是对于很好理解的内容，也总会有无法预见的干扰。即使工作会因此变多、变难，也要努力实现目标。

● 尊重。对团队成员有信心且相互信任，了解团队成员的技术能力和良好的工作意图。对其不应该过分责备，不应夹杂政治因素，不应有不公正的评判，更不应破坏氛围。团队成员与他们信任并乐于相互帮助的人一起工作时，他们会更加努力。即便你不是他们最好的朋友，也要对他人的贡献给予尊重。

● 开放。每个团队成员的工作进展、工作质量需对彼此之间及相关方保持公开透明。没有人会愿意让你失望，及早沟通只会增加你获得帮助的机会。同样，当事情进展顺利时，你要为彼此的成果真诚喝彩。

当有人需要帮助时，鼓励坦诚交流

我曾受命担任一个开发团队的产品经理，负责为新客户设计入职报到工具。

我注意到工程待办列表中的任务完成率未达到以往的水平，因此我开始担心无法按时交付成果，而团队当时对一位关键客户做出了承诺。

在每日例会上，大家都说没有遇到问题，因此我没有多说什么，相信我的团队已经在全速前进了。

然而过了几天后，一位工程师承认他几天来一直试图解决内容导入失败的问题，解决这个问题的工作量远远超出了在冲刺计划中估算的工作量。每次他都以为自己解决了这个问题，但总会有新的意外发生。他陷了进去，一心想要克服难题，以至于在告诉团队这件事的时候，已经在这上花费了3天时间。

另一位工程师确切地知道问题所在。不到几个小时，两位工程师就共同解决了问题。

如果这名工程师早点报告，就能够更早为他提供帮助。但是现在耽误这么久，就意味着我们无法按期实现目标。

你的核心团队价值观

勇气

☐ 能够有不同意见并坦然承认错误

☐ 在你说了你的观点之后，即使不认同最终计划，也要按计划行事（不要相互推诿）

☐ 通过不断学习，不断超越自我，不断完善自我，来帮助团队完成任务

☐ 在没有你想要的所有细节或确定性的情况下，也能做出承诺，在允许的时间内完成任务

- ☐ 公正客观地传达坏消息。避免沟通过程中绕弯子，或有意跳过某些细节，或从解释或借口开始

专注
- ☐ 团队中的任何人都可以随时报告当前目标，并说明他们的工作对商业价值有何提升
- ☐ 仅从预定义的待办事项中增加工作量。仅允许增加预先安排的任务，如按计划召开的公司会议、电子邮件和高优先级的紧急事项
- ☐ 如果你的经理或其他人给你安排其他工作（即使被定义成紧急的），适当地把新任务往后推并提醒团队，要求团队成员也这样做
- ☐ 不要因为觉得自己的任务有挑战性或不顺手，或者因为你发现其他更吸引你的事情要做，就允许自己拖延。相反，你应该尝试尽快完成，甚至在最后期限前提前完成
- ☐ 要经常总结如何提高工作效率，减少浪费。定期回顾总结，对工作流程进行评估和改进

承诺
- ☐ 鼓励团队勇于接受挑战，做出真实可信的范围评估，要逼迫自己跳出舒适圈
- ☐ 相信目标能够实现，既要仰望星空，又要脚踏实地
- ☐ 如果发现目标难以完成，就要通过更加努力地合作来完成（带着紧迫感和适度压力）
- ☐ 如果你没有达到目标或完成范围内的承诺，就坦诚直言并自我改进
- ☐ 要满足质量、测试、文档和工作功能的所有标准

尊重
- ☐ 互相倾听并提供帮助，做到有求必应
- ☐ 说出你的建议之后，要接受负责人的决策。（例如，优先级方面应由产品经理决定，技术方面应由工程师决定）
- ☐ 不论资历高低，都要平等工作（不要凌驾于他人之上行使职权或权力）
- ☐ 放下自负和个人英雄主义（无论成功还是失败都是对团队而言，不考虑个人贡献）
- ☐ 不要遮遮掩掩，也不要将事情处理得个人化和情绪化

开放
- ☐ 及时强调那些阻碍你的挑战或困难（不要害怕寻求帮助）
- ☐ 解释为什么这样做，同时接受对工作产品的批评和反馈
- ☐ 愿意公开实时动态，如团队进度和实现目标的进度
- ☐ 邀请和欢迎团队中较为沉默的成员加入访谈，鼓励他们畅所欲言
- ☐ 分享流程中有效的和需要改进的观点，并寻求和采纳反馈意见

2. 正确开始，共同协作

当团队首次组建时（或当新的团队成员加入时），要明确地讨论协作方式。涉及的主题包括以下内容：

- 角色和职责——（表 8.1 总结了产品经理、项目经理和开发团队的基本职责。）明确地讨论、调整和采用这些框架，建立既允许补充完善，又明确定义了责任方的柔性边界。如果没有问责制，某些活动可能被遗漏，或者你们可能干扰了别人，结果导致困惑、不信任和推卸责任。

在 www.influentialpm.com 网站，你可以获得一个详细的责任分配矩阵（RACI），该工具可以用于移动应用程序团队开展的现实项目中。你可以用它来分配你团队的角色和职责。

- 管理干扰和中断——工程师需要有大量不被干扰的时间来处理具有挑战性的问题，并避免频繁切换工作的环境。找出他们自己觉得工作效率最高的时间段，并尽量减少在这些时间段内打扰他们，这样才能集中精力。大家对什么是必要的干扰和什么是不必要的干扰达成一致。处理高优先级紧急情况要比处理不紧急情况要重要。

- 会议——必要的会议是可以理解的，但工程师们讨厌低效的会议，特别是当他们被安排参会却没有收到通知，或者为此干扰了一个富有成效的问题解决讨论会的时候。不要试图用会议来解决所有问题或深入了解团队成员的最新进展。相反，只要求他们参加几个重要的定期会议（每天或每周同一时间）来赢得他们的信任。计划好会议，并有效地运用会议做出有意义和明确的决策。

- 沟通偏好——一般来说，由于工程师大部分时间都在使用电脑，他们可能更喜欢使用电子邮件、即时消息或群组消息（如 Slack）、论坛和工单管理系统（如 JIRA）来提出问题并从你那里得到答案。

为团队成员之间的询问商定最慢处置时间。最好在 24 小时内就回复，即使问题需要更长的时间来解决，也要告知收件人你正在处理他的邮件。除了用电子邮件进行沟通，面对面的交流对于解决更复杂的问题、避免反复和建立更深层次的人际关系也是至关重要的。

- 反馈——讨论如何给对方反馈（你可以在网上找到很多方法）。一定要先问对方是否愿意接受你的反馈（"我可以给你一些反馈吗？"），之后的做法就是"对事不对人"。强调反馈的行为本身就是允许公开地给予和（更重要的是）接收反馈。

当冲突变得激烈时，给对方一些时间，但同时要尝试适度沟通。

- 一对一——每周安排一些时间与关键的工程上司和工程经理进行一对一的讨论。讨论工作，但不要只谈工作或当前动态，还要与每个团队的贡献者时不时地拉近关系，如共进午餐等。不管他们是不是上司，要搞得非正式一些。

> 在第 2 章中，我提出了在第一次与相关方见面时问他们的一些问题，这些问题同样也适用于工程师。

当你第一次与团队成员面对面时，和他们唠唠家常，询问他们的背景、家庭、职业历史，是什么让他们来到公司，以及个人兴趣。然后分享一些关于你自己的事情。虽然不是所有人都愿意讲述自己的故事（所以不必追问），但是对他人的话题表现出兴趣是建立信任的有效方法。

● 劳逸结合——如果可能的话，将产品、设计和工程环节都与非正式交流进行结合。非正式交流对建立信任至关重要。虽然通过工单、文档和电子邮件和常规会议交流也可以完成工作，但是它会减慢消息传达的速度并失去建立信任的机会。如果你不与团队进行日常的紧密合作，就会导致团队成员用猜测代替明确的交流。一旦团队之间互以"恶意"揣测对方，就会发生冲突。

花时间与人建立信任

以下是我尝试过的一些有意义的做法，这些做法促成了经常在一起工作的技术团队成员之间的紧密联系。大多数公司都非常乐意花一些预算开展这些活动：

● 游戏、智力竞赛或卡拉 OK。
● 体育、读书或电影俱乐部。
● 自己动手 DIY（如寿司、自制啤酒或绘画）。
● 在节日期间送礼物，或在慈善机构或清理环境活动中做一天志愿者。
● "产品夏令营"——让孩子们从学校来到办公室，学习更多关于产品管理、设计和编码的知识。
● 创意交流——能够有效地引出他们希望在产品中看到的创意和标准的解决方案，或者是有助于提高团队效率的方法。
● 茶话会——讨论最新的技术趋势（不限于手头的工作）或解决一个有趣的话题（如"海盗的历史"）。
● 每季度到公司外面举行一次的头脑风暴会议，让产品和开发团队的上司参与制定产品的战略方向。

防止形成"我们"与"他们"的对立心态。团队成员如果没参与最近讨论，就会缺少对当前面临的挑战及其自身角色的认知。

然而，在当今的技术环境下，集体办公往往是不现实的。通常，现在团队的一部分包含了一些远程成员或第三方软件开发商。有些公司完全是远程或在家办公。在一个地方招聘大量的工程师可能既难招到也难留住；在竞争激烈的市场中招聘人才，成本可能过高，因此能够发掘大量技能、文化、行业背景和问题解决方法的公司才有显著的优势。

时区、语言、工作方式、解决矛盾的方式等方面的差异，以及缺乏面对面的机会（需要帮助建立信任）都会削弱团队效率。作为应对，你需要有更灵活的结构，并将更多的精力投入到沟通中。

3. 尽早让开发团队参与，适可而止

在与工程师协同工作和分头工作之间找到平衡点。你可以直接要求他们"为你做你要求的工作"，也可以让他们尽早全面参与到工作中来了解优先事项以提供解决方案，这两种方式的效果差别巨大。如果让工程师过晚地参与其中，你可能只会得到一份不尽人意的解决方案，工程师执行该方案也会很难。

你的职责是创造一个环境，使身处其中的团队开始解决一个得到充分认识的问题。从本质上讲，你必须做到以下几点：

- 建立共同目标——建立推动客户和运营成果的目标。如果没有这些目标，团队将毫无方向感（甚至会有抵触情绪），并且会怀疑他们的工作是否具有价值。
- 设置环境——完成必要的数据分析、规格和客户验证，以便你了解所有需要知道的信息，以及此时解决此问题的目的。
- 确定工作优先级——对工作需求进行分解，在必要处适度对细节做详细说明，并确定执行顺序（最好是有一个整理好的、强制排序的产品待办列表，详见第 7 章）。
- 协调相关方——确保你的项目得到广泛支持，并解决相关方的疑惑以避免在日后造成干扰。

与远程团队一起工作

与远程团队一起工作绝不容易，但有利于降低成本和增加效能。

曾经与我合作的一个客户有好几个开发团队，成员分别在美国、阿根廷和印度。虽然有些工作可以独立分配，但项目通常需要不同地区的成员相互协作。

那么我们做了什么来支持异地协作呢？

我们建立了虚拟聊天室，并在各个地区之间建立了全天候的视频连接，鼓励面对面会议和虚拟交流。

我们将远程和本地的开发团队配对，因此每个远程开发团队都专门有一个本地开发人员负责问题的快速响应。

产品经理根据项目背景、数据和需求的定义开发了更具体和详细的文档。

最初，将更具可预测性，以及对期限要求不高的任务分配给远程团队，直到他们很顺利地解决问题。

> 为了克服文化障碍和潜在冲突，我们明确要求每个团队成员在发言期间汇报最新进展，然后我们再深入研究，而不是等待他们自愿提供信息。
>
> 完成任务分配后，要求负责人发送一封详细的电子邮件，使责任明确和信息透明，并确保达成共识。
>
> 为避免工作时间不统一，我们将印度员工的工作安排改为每天下午和傍晚。
>
> 虽然这些策略并不完美，但在鼓励协作、目标聚焦和团队统一方面的效果足以缩小沟通差距和节省管理费用。

在大量占用工程师的时间之前，你必须先做到以下方面。永远不要等到最后一刻才去做。

- 尽早、多次地公开讨论运营和客户目标。讨论项目的高层级运营指标，以及你和团队将负责的指标。
- 分享假设、数据、规格、概念设计和潜在解决方案的初稿，内容越详细越好。
- 邀请工程师参加客户访谈，分享你发现的问题总结，以便他们能够直观地了解问题。
- 在定期联合举办的头脑风暴会上一起提出创意，你可以支持他们分享技术上的问题和局限性。
- 鼓励审查初始设计和要求。你应该尽早进行权衡以利于开发，保持高质量的用户体验。

在产品生命周期的各个阶段都，当开发团队质疑你时，你要开诚布公。公开你的数据、假设、计划、战略、详细需求的内容和优先级的有效性。不要仅仅因为你已经有了一些方法或已经执行了某个计划很长一段时间就否定他们的想法。

让工程师参与产品发现

工程人才稀缺且供不应求。在许多公司，写代码时三心二意会被认为是浪费时间和低效的行为。

也许你们团队的工程师很少接触客户，也不愿意去拜访和交谈。可惜的是，让工程师只做编码，虽然可以"有效利用时间"，却无益于为客户和运营提供价值。原因如下：

- 了解客户并亲身体验其经历的工程师更有动力提出创造性的解决方案，也许这些解决方案是你做梦也想不到的。他们对哪些事项优先级较高，哪些难度较大但其实没有必要的工作有更为独到的见解。
- 工程师了解技术局限性，可以权衡取舍，这可以使方案实施得更快、更容易。如果没有他们在开发流程中的早期参与，很可能导致问题——虽然产品通过了客户验证，但该开发项目并不可行。

● 与大多数产品经理不同，工程师拥有构建高保真原型所需的技能，即最有效的测试样品和逼真的产品原型。没有它们，你可能无法为客户找到最佳解决方案。

永远不要将基于自己创意制订的、过于刚性和详细的产品设计方案直接交给工程师去实现。你应该主动寻求他们的参与，听取并记录他们的意见，展现出你有意采纳他们的建议的态度。如果没有遇到问题，不要以为就没有任何问题，你可能需要劳烦工程师参与做更多工作。随着对目标和支撑数据的牢牢把握，工程师们会对构思和解决方案特别感兴趣。除了有全新的创意，他们还可以利用现有技术来发现提供有用功能的机会，从而减少工程工作量。

他们可以研究并找到可以集成到技术方案中的新技术，不仅可以解决具体问题，还可以添加新的功能。

工程师们还需要提前开始考虑解决方案的可行性。通常情况下，他们被要求设计出能够突破堆栈极限或者提供全新的核心功能的特性。工程师善于从用户界面和高层级需求中提炼所需的基础系统，发现提高效率的模式和重新使用已有代码的机会，甚至可以完全省掉一些步骤。

尽早公布设计规划和新增需求，以便工程师们能及早着手思考上述应对措施。鼓励他们提出更可行的新方法来解决问题，这不仅能缩短产品上市时间，而且能使系统更易于维护，同时也能缓解设计团队的消极情绪。

双方判断可交付成果足够充实之后再开始开发工作。规格书、产品待办列表、用户故事（尤其是验收标准）和分析等在完整性和深度上缺乏一致性是开发团队和产品经理之间经常发生的争论点。如果你之后再进行细化和添加细节，工程师会把这视为范围蔓延。

最后注意，千万不要试图通过过分夸大预期结果来激发他们的积极性。如果承诺的收益没有兑现，你将很快失去信誉。相反，你要与他们讨论工作的目标，向他们展示数据并坦诚地谈论风险。

工程师的本职就是解决问题，他们乐于接受挑战。

4．开发团队不是为你而工作的

导致非生产性冲突的最大也是完全可以避免的原因之一是你对开发团队这个角色的态度（无论是否是有意的）。如果你将他们视为必须严格按照你制订的计划执行的服务组织或"接单人"，你很快就会受到他们的排斥。

知晓项目背景对于任何人都非常重要。作为产品经理，你需要公开分享你的分析和逻辑过程与结果。工程师希望了解当前项目优先级安排的原因，以及这将如何促进运营和客户目标的完成。他们有权知道自己花费时间和精力做的事情是为了什么。有时候，出于正当商业原因，项目范围或交期是没有商量余地、高度固定或十分紧急的。即使在这种情况下，也必须让工程师们了解原因，并允许他们表达自己的看法。

> 在第 4 章和第 7 章中，我提到了进行预算和与相关方（包括开发团队）合作以确定优先项目的替代方法。

开展项目预算管理是一个十分敏感的问题。仅仅设置截止日期，会让开发团队为难，尤其是在不明确范围的情况下。而且很快他们会期望在开始考虑预算之前你就能提供非常详细的"锁定"的规格。

在项目早期，坚持使用高层级"T 恤尺寸"法或相对估计法。但是，一旦项目开始实施并且范围明确时，就要对工程任务进行严格定义并制定预算。但要知道，这些任务可能由于不可控的原因而发生变化，这时要了解变更的根本原因，并尽力支持团队修改预算。如果这些预算公开度较高，则可以针对这些变更进行更广泛的沟通。

了解你的技术系统结构。让团队规划总体架构，尤其是在更具挑战性的工程领域。通过增加对产品原理的了解，你会对你所提要求实现的难易程度做到心中有数。你要具备同理心，并在实施过程中更好地权衡利弊。当工程师告诉你一些要求无法完成时，对原理的了解能帮助你坚持自己的原则，并了解他们受到的局限所在，同时也可以点评他们的方法并提出解决方案。

但是，最好完全根据你认为开发产品的难度来确定优先级。先做最有价值的事通常会为团队带来更多收益，而不仅仅是因为更容易实现，就关注更小的边际效益，这是确定优先级时要考虑的因素。工程师喜欢挑战，他们希望自己的努力能产生作用！

对于产品经理来说，事无巨细令人厌烦，如反复催促任务（"他们什么时候准备好？"）或询问太多具体实施的细节（"它们是如何构建的？"）。

推行责任制和理性预判非常关键，但更重要的是拥有一个强力的项目或工程主管来管理和跟踪任务的执行情况。这样你就可以将时间花费在"外部事务"上——如确保相关方参与，协调权衡措施并思考下一步工作，而不是花费在团队日常运行的"内部事务"上。

当你需要他们达到前所未有的紧急截止日期时，或者当团队一再达不到目标时，你可能需要督促工程师。如果你前期已经打下良好的人际关系基础，就更容易在最后期限前完成工程。但是在督促之前要了解任务的复杂程度，如果已经出现了明显问题，就没必要指望他们完成不可能的任务。但如果在能力范围内，就应该稍加督促，促使团队完成目标。

5. 相互负责并承认自己的错误

意外情况时有发生，如需求变更、性能不达标或漏掉了工作环节。你的客户和运营需求必须被放在首位，需要快速跟进、重做或放弃一个项目。更改需求对你来说似乎很简单，但可能需要开发团队进行全面检查。无论出于什么意愿，如果你不承认自己的错误，不管变更是否超出你的控制范围，都会让团队感到沮丧，也会很快失去他们的尊重。你需要真诚地道歉，不要责怪别人或找借口。

要有决断力，否则，工程将无法取得进展，最终工程师只能做出低效的技术选择。通常做出决策就要继续前进，但要承认存在的风险，后期如果发现问题也要承认失误。

工程师喜欢与执行力强的人一起工作。懒散、不能贯彻始终（说了要做什么、何时做，却没有完成）、给出不完整或前后不一致的规格、未经验证的假设或玩弄政治手腕，这些都是大多数开发团队讨厌之处。

为自己的工作制定高标准可以使你有权在工程师的工作质量达不到预期水平时向他们提出质疑。当团队成员出现态度问题或没有实现承诺（可能是拒绝履行承诺）时，与技术主管进行反馈。主管会做出回应，或者要求当事者完成工作，或者设置具体的约束规则。随着时间的推移，当你有了足够牢固的关系时，就可以直接提供（和接收）反馈。

当执行中出现问题时，要鼓励团队开展定期回顾或使用"5 问法"不断地从错误中吸取教训。逾期、质量问题、实际和预期效果不一致等都是常见的问题，这也是学习和成长最好的机会。你可以在 www.Influentialpm.com 上找到"5 问法"的模板和例子。

在关键执行阶段如何使这些目标逐步取得成功

无论你的具体开发流程如何，任何项目都将经过以下 4 个主要步骤（如图 8.1 所示）。

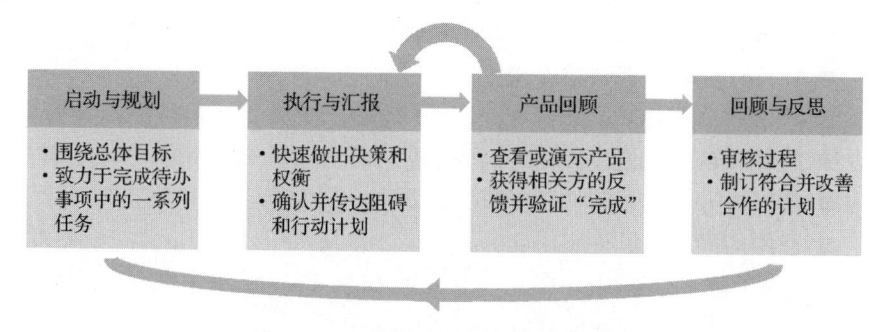

图 8.1 关键执行阶段的 4 个主要步骤

- 启动与规划——创建背景、支持数据和目标，介绍范围、需求和已知问题，决定工程计划、资源、进度和下一步该做什么。
- 执行与汇报——此阶段非常耗时。项目会在这个阶段初步成形，而你将面临一些挑战。团队成员需要经常检查进度、消除障碍并共享信息。否则会导致项目停滞或朝着与期望相反的方向发展。
- 产品回顾——需要你有能力展示产品的部分或全部工作特性，并检查其是否完全符合规格。同时你可以检验它是否满足目标市场的需求，并为相关方提供反馈的机会。
- 回顾与反思——在每个周期中，能够确定团队在哪些方面进展顺利，又在哪些方面可以获得改善的机会。定期回顾你的工作流程，找到提高工作效率的方法，避免可能引起争议的问题。你可以使用迭代开发的方式，并持续循环这些步骤（在 Scrum 中，为期 2 周的迭代周期并不少见）。很多传统项目可能需要几个月才能完成，并且在流程中包含正式的节点或里程碑，但方法不变。

1. 启动与规划

作为一名产品经理，以下是你的工作职责：

- 准备与分享——在项目正式启动之前，你必须做好充分的客户调查、数据收集和分析、优先级排序及阐释其原因的工作，并获得相关方的认同。你需要有一个详细的、充实的规格和经过仔细整理的日志，否则便很难期望得到更多。鼓励工程师积极审查即将出台的规格和设计草图，并提出相应的问题。然后与关键开发者一对一启动流程，预览计划并提前发现他们的顾虑。
- 召开启动会——令整个团队共同围绕一个新方案进行合作，可以极大地激发他们的活力。通过启动会能让你与团队之间对项目安排的原因达成一定的共识——实现良好的开端，并及时发现问题和不同的意见。你的目标是确保每个人的意见一致，认同当前提出的计划是正确可行的。

准备一个简易的项目启动文件需要包含以下几点：
- 全新的产品愿景、路线图和关键指标。
- 项目目标和预期结果设想。
- 有数量和有质量的数据支撑，特别是源于客户需求的数据。
- 解释项目将如何反馈到公司的优先级和关键绩效指标中。
- 解释本方案优于其他可能方案的原因。
- 已知的问题、风险和限制。
- 你做的产品规划中的研究亮点（第 5 章）。需要你解决新出现的评论和问题，并鼓励更多的建议。

启动方案模板的具体案例见 www.influentialpm.com。

不要只是单方面向团队提供信息促进谈话，而是倾听并允许他们提出问题。"集中讨论"是确保你的启动过程保持正轨的一个很好的技巧，它相当于你承诺稍后返回并解决的项目列表。在项目启动结束后，制订一个行动计划并立即了解目前的障碍，同时保持良好发展势头。

● 支持工程规划过程——无论是使用 Scrum 将用户故事分解为各项目标用于粗略估计，还是对技术规格和进度表进行正式分析，都必须让团队有一种归属感，同时对他们的承诺有所保证。

你的职责是快速地回答问题并找到答案。你需要去了解技术上的难题，并鼓励团队不断提出能够节省时间、提高质量或更为简洁的备选方案。

你在规划过程中需要分享很多信息。在产品待办列表、产品规格书及团队讨论等环节，通过汇总、做出决策和提出待解决问题等方法获得细节。如果你观察到团队成员做了笔记，请让他们将笔记整理发送给你，并添加到纪要中。（有关管理需求定义中的"访谈"等更多方法，请参见第 7 章）

产品经理不应该随意指挥工程师

我曾经与某初级产品经理共同参与过一次项目规划会议。他主持了会议，在设定目标时他忽略了背景，而是直接开始展示用户数据。在每个问题上他都只是稍作停顿，没有给他人评论或提问的机会。最后，他让与会者对过程进行评估，每次他们提出一个预算，他都会强迫他们去选择最低的那个。最后房间里除了他自己全都陷入了沉默。

过了一会儿，他意识到发言并没有带来改变，与会成员兴致大减并无动于衷，不管实际的情况如何复杂，他们对每个用户故事的评价都是一样的。

这名产品经理觉察到情况的异样，感到很沮丧，同时说："听着，我也不喜欢这样，但 CEO 要我们这样做。"会议结束，所有人都心情沉重地走出了房间。

这名产品经理有错误吗？当然，有很多！他没有将团队成员作为一个独立自主的、积极能动的个人，而是在使唤团队，并将其推入了困境。此时，团队成员们显然感到力不从心。他们没有被告知工作的原因和方式的背后的内容。同时产品经理犯下了一个致命的错误，即利用 CEO 的权力迫使成员服从。

幸运的是，他最终学会了改变。

规划过程中的一个常见问题是低估了进行完整的测试和验证的工作量，未能确保团队有足够的时间编写单元测试、验证和调试代码。

● 产品经理目前处境艰难，他们需要尊重并履行承诺。负责将有价值的产品交付给客户的同时，他们要依靠开发团队研发的产品。然而，如果将产品开发难度提高较多，会导致团队受挫，进而失去归属感。你会发现这样做只能适得其反。

因此你应该鼓励团队在舒适区之外工作，锻炼他们的勇气并努力让他们知道如何开发出更多的东西（甚至不管能否交付）。在一个高效团队中，每个人都知道实现更多目标意味着承担更大的风险。因此他们会努力工作，只有在竭尽全力也没能完成时才适当延期交付。

2. 实施与检验

一旦项目开始实施，开发团队将打头阵。当问题出现时，需要你保证问题一出现，你就能迅速做出回应，解决问题，使项目运行在正轨上。

- 过度沟通——你希望不只是在最后检验时才了解到实施情况。成熟的组织具备文档化的开发流程和正式的会议，在这些会议中进行信息共享并审查进度（如进度表和资源）。你应当积极参加现有的论坛，通过非正式的渠道广泛讨论并处理一些问题。

在另一种极端情况下，如果团队规模较小且相对平等，同时你已经获得了广泛的信任，那么你可以多次采用非正式的方式分享信息。这会是解决问题最为普遍和快速的方法，但光靠这一点是不够的，因为相关方往往没有参与决策。

在上述两种情况下，过度沟通会带来问题。

- 对于在非正式互动中所做的决策，将其记录下来并放入待办列表、工单或团队论坛中。如果有必要可以以电子邮件的方式发给更多相关方。
- 主动关注公休节日、假期、病假以及其他可能影响团队工作进度和项目进度安排的其他缺勤情况（如培训、会议和场外活动）。尤其要关注一些共享资源，因为这些资源的负责人需要在多个不同的任务上花费时间。通用的日历可能有所帮助。当然意外情况也很容易出现，导致项目的实施受到限制，进度也受到影响。这些是经常被忽视的地方！
- 协商好进度表、清理待办列表、精简图表和其他项目管理事项的访问。你要定期检查并留意你能够解决的问题（如亟待解决或停滞不前的问题）。但要注意不能持续跟进过多细节。
- 你需要在项目相关卡片上进行标记，以便及时将状态更新和评论推送到你的收件箱中。如果有需要鼓励之类的标记，就要迅速回应。
- 需要你通过工程主管和项目经理得到团队其他成员反馈的问题和信息。
- 如果找不到坐下来一起解决问题的机会，建议你安排一个"开放时段"，以便彼此互相帮助。主动承担起为相关方跟进进度和清除障碍的职责。如果你明确同意将这一点作为你工作的一部分，那么你将有充分的理由定期（但不要太频繁）从团队收集信息，保持自己的消息灵通，并与相关方保持密切联系，为团队提供安全保障。（详见第 2 章）

- 进行轻量化检查——工程项目本质上是一项复杂的活动，需要集中大量精力。项目背景切换、频繁停顿及电子邮件急件会严重干扰工作。尽管如此，识别问题、解决问题和更新状态是很重要的。

为了平衡这些相互竞争的需求，你需要定期召开例会。例会是从 Scrum 中借用的概念，是一个分享近期成果、确认未来目标，以及安排、提出新问题的方式。根据团队进度和问题出现的速度，可能需要每天、隔天或每周召开一次。间隔越长，未解决问题引起的风险就越高。

不要在方案启动后拖太久才举行第一次例会，否则你将错过使团队变得更为强大和更有凝聚力的机会。

在理想的情况下，尽量在同一地点举行例会，从而养成良好的习惯。避免在过于舒适的会议室里开会，那样会浪费时间在闲聊上、准备工作及等待其他人就位上。15 分钟的简单发言就足够了，无须准备额外的文件——坚持使用已有的文件。理想情况下，不是由产品经理，而是由工程主管或项目经理（或 Scrum 教练）主持会议。

所有团队成员必须准时到场（除非位置距离太远，这种情况可通过视频会议而非电话的形式加入）。如果团队中有很多成员是远程的，那么需要你来全程主持整个会议，每位成员在各自位置加入即可。

例会形式也很简单——每个团队成员只需依次回答以下 3 个问题：
- 自上次例会以来，我完成了哪些工作？
- 接下来我将完成什么工作？
- 我遇到了哪些困难？

团队成员之间应保持公开，互相分享有利或不利的消息。如果出于某种原因，团队中某个成员无法完成其承诺执行的任务，或陷入了困境，他应主动提供信息。如果某个团队成员由于某种原因无法参加会议，那么他要委托其他人替自己提出并回答这 3 个问题。

例会并非用来解决这 3 个问题，也不需要提出或回答这 3 个问题之外的其他问题。如果出现了困难，团队成员需要就后续工作的责任归属达成共识。通常，团队中的一小部分人会遇到困难，如果困难较为严重，例会结束后需立即解决该问题。

除了提供最新的情况，产品经理在例会中的主要职责是观察并找出常见的问题。然后将这些问题分离出来，以便与项目经理或开发团队进一步探讨。以下是一些较好的问题：
- 我能否清晰掌握项目的进展？
- 团队成员是否将工作标记为"完成""代码完成"，但仍然出现错误或未经测试的情况？
- 团队是否按照他们在上一次例会中的承诺开展了工作？
- 团队接下来的工作安排是否与优先级保持一致？
- 是否听到相同的任务重复出现？这是否意味着出现了停滞不前的问题？

- 有哪些阻碍使需求变得不明确？我该如何提供协助？下次应该怎样才能做得更好？
- 能否在 1 天左右的时间内消除上述障碍？（若下次例会中仍需讨论，则该问题可能较为严重。）
- 潜在的问题是否没有被提出？（注意参会者的肢体语言，以及表现安静的成员）
- 我自己是否有紧迫感和参与感？我该怎么做才能鼓励和激励他人？

● 准备好权衡措施。你的心态要切合实际。随着进展，详细信息会浮出水面，你要更好地理解项目实施中的复杂性。请详细听取需求后面的技术说明，通过集体讨论的形式寻求解决方法或权变措施。你无须立即达成共识，只需要负责收集数据并制订对客户和运营有价值的备选方案，然后尽快给出答案即可。

如果你遵循了第 6 章中的原则，就不太会出现较大的权衡，然而在特性和设计细节上的权衡较为普遍。如第 9 章所述，范围、进度和质量三者之间往往难以同步。工程对质量负责，因此不能轻易降低质量，否则你将很快自毁声誉。

开发团队不是为你而工作的

产品经理通常看起来责权利不对等。资源可用性、开发流程及交付速度往往超出你直接控制的范围。但在产品进展的速度相对不够快时，却要求你来负责。

在这种情况下，以下这些做法是非常糟糕的：
- 责问团队成员（由于交付不及时而责怪他们或项目经理）。
- 尝试对工程师进行深入管理（单独为他们制定具体目标，每天多次检查进度）。
- 设定严格的期限，以期产生紧迫感。

相反，你应采取更好的策略：
- 将工作范围进行划分，直到可以不断定期交付成果（即使很小）。随着成员信心的建立，你可以增加复杂性。
- 鼓励对一些根本问题进行调查，如缺少开发工具、测试流程不成熟或资源水平低下，然后提出建议并支持改进。
- 追踪并专注于问题的源头和在开发任务之外浪费的时间（这会减少团队的工作量）。

如果你每次都需要权衡取舍，就会给项目增加风险，并给自己带来要求不合理的恶名。但是，你也不应同意所有的折中方案。走捷径未尝不可，但当它们严重影响用户体验或价值实现时就不行了。

● 拦网。为团队提供更好的工作环境是你的职责，即使这意味着更多的麻烦和工作。你希望他们专注于解决棘手的技术问题，从而为你的客户和运营带来价值。如果相关方直接找到开发团队提出需求、反馈或其他事情，就会干扰团队，或者让团队转到其他项目而放弃你的项目。而且你会被认为是一个管理工作做得不足且容易被分散精力的人。

尤其当你是公司中资历较浅的管理者时，试图重新安排一个资深的相关者改变方向会让你伤透脑筋。你要保持一如既往，然后采取客观而灵活的方法：

- 首先，寻求理解与主动了解。提出开放性问题：这次干扰的根本原因或背景是什么？（请尝试第 4 章中介绍的"5 问法"）
- 重申你的项目如何使企业受益，以及为什么将其放在首位。公开项目背景和数据。解释本干扰会如何增加风险或延长进度。有时，新来的项目更重要，足以进行优先级调整。在这种情况下，才需要权衡。你要将影响告知董事会，接受变更，并将其传达给团队。
- 如果干扰正在发生，就要找到备选方案来满足造成干扰的需求（如果可以找到的话）。稍后将备选方案带来（你无须马上提供解决方案）。
- 通过询问项目负责人新方案是否会再次出现问题，告诉他们要么采取权变措施，要么提供折中方案，同时评估影响，并让团队专注于已达成共识的目标。

如有必要，寻求工程负责人和项目经理的帮助。

如果问题是普遍存在的，就要跟踪其累积影响，以便将其升级，并就团队完成时间和资源进行磋商。如果团队在受到干扰的情况下仍需坚持之前的承诺，他们会很沮丧。你要帮助他们避免这种情况的发生。

● 激励团队。让团队保持热情是提高工作效率的重要方法。强调目标和背景，将"为什么"作为首要考虑。分享来自客户验证或相关方的任何好消息。带上纸杯蛋糕或品尝一轮啤酒营造欢乐氛围，让公司购置设计得有意义的统一 T 恤，庆祝团队取得的成绩，并衷心感谢他们。当每个人都情绪低落的时候，你可以通过这些方法激励他们。（更多建议参见第 2 章）

3．产品评审

定期和相关方评审团队取得的成果，使他们了解项目进展情况并保持一致。尽早展示可以实现部分功能的样品，提前沟通以发现问题和误解。如果等到产品具备全功能才展示，一旦产品没有达到预期，就会很麻烦。定期进行评审（或演示）（可以每 2 周进行一次）可确保相关方在了解项目进度上不会有很长的时间间隔，也提供了强调项目重要性和验证进度的绝佳机会。

让工程师向大家展示他的工作成果，这是一个很好的工作方式，它可以使团队成员更有归属感和责任感。虽然不是每个团队成员都是出色的演讲者,但这么做比一个人独占聚光灯更有价值。

当项目实施达到关键的里程碑时,评审就会很频繁(例如,Scrum 中的每个冲刺末尾都要进行评审,尤其在实现里程碑时需要召开)。让该会议高效务实,邀请工程、设计、产品贡献者及对产品感兴趣的相关方参加。充分准备,以便为成功打下基础。

扔球而不是拦网

我在与客户服务主管的讨论中了解到,我们经验最丰富的工程师连续 3 天投入到水冷器的工作中。他忙于解决客户电子邮件中报告的一些错误,却没有将精力投入主要工作。后来我发现工程师纠正这些错误仅让极少数的客户受益,而他原本应将时间花在有望给明年带来 30%增量收入的关键项目上。

我大吃一惊,之后问开发团队是如何安排工作优先级的。他满脸通红,告诉我客户服务部向他发送了客户反馈的电子邮件,他因处理这些问题而耽误项目进度深感抱歉。

我又找了客户服务负责人。我并没有生气和沮丧,只是心平气和地和他沟通。他告诉我,他并不想干扰其他优先级更高的事项。但上一次出现这样的问题时,他将客户反馈转发给了产品团队,却一无所获。因此这一次,他直接与开发团队联系希望能够解决问题。

如果我这次把客户满意作为最高优先级的话,肯定会影响正在开发的项目进度。那么,我将无法排除干扰。

我从中学到的另一个教训是,客户服务主管与开发团队建立了非正式关系,从而干扰了开发团队的主要工作。客户服务主管如何与开发团队建立了如此非正式但强大的关系,以至于开发团队很乐意抛开正在做的工作去帮助他!这件事使我印象深刻。

- **确保认同**。某些与会者往往会偏离进度或提出不相关的问题(如重新考虑优先级或运营目标)。你也可能知道产品演示不会像相关方所期望的那样完美无缺。无论哪种情况,都要提前寻求认同。提醒参会者审查的目的,给他们预先介绍并要求他们现在(而不是稍后,这样做会减轻团队负担)直接向你提出问题。

如果有帮助的话,在你进行的审查期间邀请相关方及时反馈产品需求。如果团队需要听取你之外其他人的意见(例如,当团队缺乏紧迫感时),此方法特别管用。

安排相关方到项目中来强调团队所做工作的重要性,以及对客户和运营的影响,让他们说出团队成员的名字和具体成就。知道资深相关方重视自己的工作,会极大地鼓舞团队士气。

- 安排并演示。与工程负责人一同协作，为演示的每个部分安排演讲人，并要求他们准备演讲稿。将所有内容包括进行公开讨论的时间压缩在1个小时以内，建议对所有新手进行提前演练。避免不必要的烦琐工作，确保没有模棱两可的东西，只保留有效的产品。演示的内容不一定是引人注目的功能。工程演示只显示少量工作，如运行脚本或功能，数据服务接口输入或输出，基本用户界面或数据处理，也可以演示基础架构的工作（例如，"如何展示存储升级已经成功？"）。
- 组织和指导演示。提醒所有人演示目的，对项目的期望，以及你需要相关方如何参与。确保审查不会变成状态讨论。加强团队对项目阶段性目标的认识（因为他们看到的内容会不完整）。

退后一步，让团队成员轮流带你浏览他们的部分。尤其在开发早期，演示未经润色是允许的。让他们讨论粗略设计、原型，或者代码是做什么的，这样相关方就可以跟进了。

如果团队成员在演示过程中跳过了重要情节，并且相关方也发现了，就要向演示者提问，并引导他澄清，例如，"当你点击提交时，数据去了哪里，接下来会如何？"如果演示时出现了问题，要明确问题并记录，然后继续。

通过向相关方提问并请演示者回答。不要辩解或掩饰自己的无知。相关方有时可能过于挑剔。让他们共享底层运营背景比仅仅对特性做出反应更有价值。这有助于每个人在未来做出更好的决策。如果出现了一些无关的问题，请耐心听完并确认你的怀疑，然后回答"很好的问题，我们可以暂时不讨论这个问题吗"（后面再跟进该问题）。

别忘了内部相关方不是客户。

现在我来回答怎么做。具体而言，你可以提出以下问题：
- 相关方的总体印象如何？他们会肯定什么？有什么顾虑？
- 你是否正在寻找恰当的发布时机？
- 你想到了其他运营内容和优先事项吗？
- 团队是否有给相关方提出的"要求"？（包括所需支持、资源或信息）
- 你下一步要做什么？（承诺后续行动）

向参加演示的所有人发送纪要，进行跟进。汇总你所听到的内容，并列出所有未共享的重要问题。在大型会议中，尤其是当各种资历的人都参会时，并非所有问题都会引起关注，这是很常见的。

- 自行开展质量保证工作。即使有质量保证团队支持你，也不要完全依赖他们。通常，质量保证是在查找技术问题，并确认产品能否按照所写的规格运行。除非你自己进行质量保证，否则往往无法解决以下两个常见问题：
    - 交互和可视化的改进。如果你的产品具有面向用户的界面，一旦用户界面或用户体验较为复杂，就会忽略直观和友好的可视化改进。虽然这并不是说工程师不在乎这些改进，但是在设计中通常很难具体说明和表达怎么改进。在你亲身体验之前，很难知道什么对用户而言是有用的。
- 隐藏的需求。即使是最好的产品经理，也无法在第一时间抓住一切。你可能意识到忽略了一些边缘情况。使用产品后，通常会发现一些特性不尽如人意，或不是以你想象中的方式运行。

邀请设计师和工程师来帮助你进行审查。非常适合与潜在客户一起演示，一起进行更强大的适用性测试。

当然，现在还不是更改已完成的用户故事的时候，那是未来的迭代和新的估算要满足的新需求。

4．回顾或事后反思

回顾经常被忽略的工具。回顾让你有机会检查、学习和调整你的流程和工作方法。回顾为团队提供一个安全的空间，让他们在记忆犹新的时候分享最近的经验。

回顾的目标是找到可实施和建设性的改进。通常，你希望了解以下内容：
- 哪些是对的，哪些是错的。
- 问题的根本原因。
- 如何找到避免未来出现类似问题的方法。

仔细策划回顾会议。参与者应客观公正和实事求是。有时候团队需要走出办公室，去一些好玩的地方，通过活跃气氛打破沟通障碍。

你可以通过回顾上一次反思的结果来进行反思。做了什么改变，哪些有效果，哪些没有效果？

如果团队做得更好并且养成了新的好习惯，就值得表扬。如果没有，请讨论原因并决定再次解决问题。（如果上次流程改进是最高优先级事项，那么这次它很可能还是。）

讨论刚刚完成的冲刺中进展顺利和不顺利的地方。记录在白板上或共享文档中。稍后再讨论主题。

以下是 2 种常用的方法：
- 方法 1：有效或无效。
  - 绿色便利贴：有效的工作（继续做）。
  - 橙色便利贴：无效的工作（停止做）。

（如果愿意，可以添加第 3 个类别"开始"来创建"开始—停止—继续"清单。）
- 方法 2："4L"法。
  - 喜欢（Liked）：团队喜欢什么？哪些流程、决策、协作或活动是正确的？（强调积极的一面）
  - 习得（Learned）：团队学到了什么新东西？也许这是你想要再做一次的令人惊奇的事情。

- 缺乏（Lacked）：哪些事情是可以做得更好的？也许做出了一个决策，但为时已晚或结果是错误的。
- 渴望（Longed for）：团队渴望得到哪些缺失的东西？也许是缺少一些活动、流程、工具或是一些数据。

简单的 4 步将确保所有参与者的平等参与最大化。使用便利贴和白板，或者可以在线编辑的共享文档。

- 头脑风暴。尽可能多地写下创意。尝试在不同类别中分配相等的数量（不要都写成坏创意）。
- 圆桌会议。轮流简要地提出 1～3 个创意（一次提出 3 个可以加快进程）。
- 对相似的创意进行分组。查找涌现出来的任何主题或相关问题。
- 投票和承诺。决定改进几个方面（不超过 3 个），并承诺去改变。

回顾式头脑风暴

如果团队陷入困境或需要鼓励他们，坦率地指出问题所在，使用这个简单的清单来激发他们的创意。
- ☐ 阐明愿景
- ☐ 角色和责任
- ☐ 项目背景和支撑数据
- ☐ 范围和规格
- ☐ 设计和用户验证
- ☐ 假设和风险
- ☐ 规划
- ☐ 进度表、吞吐量和效率
- ☐ 质量和测试
- ☐ 工具和文档
- ☐ 协作与沟通
- ☐ 专注（干扰）和优先事项
- ☐ 决策
- ☐ 会议
- ☐ 资源配置

除非团队的工作效率很高，否则每次只需要解决几个可实施、影响大的问题就能达到目的。可以通过分享对问题的反馈来加强沟通和提高认知。对下一步工作的承诺让团队聚焦在大家同意解决的问题上。选择一个领头人来推动改进，将它们放到后续项目中，直到新习惯养成为止。

第9章　做出充满挑战的权衡

——权衡范围、时间、质量和资源之间的关系，快速并持续地创造价值

> **本章学习要点**
>
> 1. 在开发技术类产品时，理解产品范围、上市时间、质量和资源之间的权衡。
>
> 2. 掌握以下技术，包括管理相关方对项目范围和交付日期的期望，与相关方进行权衡决策的有效沟通。
>
> 3. 当你长时间无法解决技术难题时，避免对产品和工程团队士气产生潜在影响的方法。

权衡是平衡的艺术

当资源有限时（成本和人力），产品经理必须要平衡3个参数：范围、时间和质量。这三者是动态平衡的，放宽或收紧其中的任何一个都会引起对另外一到两个参数的收紧或放宽。

范围包括为用户提供的产品特性和功能，以及企业运用产品所需的工具、报告和系统。你可以将范围理解为成功交付产品所需的、经过验证的功能和技术列表。

人们往往期望产品有更丰富的功能，这些功能可以提升客户满意度并产生更大的商业价值。范围太小，你的产品可能无法满足客户期望，或者令你无法预估并处理边缘情况，不能让用户满意。然而，范围太大却会延误交付，增加技术和实用上的复杂性，使团队因失去工作重心而倍感沮丧（尤其是在开发后期增加范围更是如此）。

时间即产品上市时间，代表你交付满足既定的运营目标和客户所需产品的速度。它只通过总时长来度量而不考虑资源分配情况（如人一天工作量）。

通常认为上市时间越早越好，这样你针对客户问题所提交的解决方案的时间

也能更短（产生直接的商业价值）。反过来，这样也可以腾出资源用于其他项目（避免机会成本）。然而在某种程度上，加速上市会影响产品的特性——如牺牲产品的功能、使用性、质量以及团队士气。

质量关系到产品基础技术和系统的健康性（包括它们的操作互动性、稳健性、可靠性、可扩展性、可复原性、可维护性、可重复性和可学习性）。我们可将满足用户体验（使用性）设计标准视为另一个质量考虑因素。

毫无疑问，质量是产品的生命线。如果用户对你的产品稳定性或性能失望的话，你就别想有机会再为他们提供新功能。你也不会希望让你的开发团队浪费大量时间来处理各种错误或重构现有代码，因为他们原本可以利用这些时间有效地创造更多的商业价值。当然，你也不应该从一开始就对质量过于苛求，这会导致过度投资或"镀金"。最好先将产品交到用户手中，以便你可以了解真正的问题所在，并随着时间的推移逐步提高产品质量。

图 9.1 是一个简单的框架，可以将这 3 个概念之间的关系视为一个三角形结构，三角形的面积等于在给定资源的情况下可以完成的工作总量。增加资源就可以（至少理论上可以）增加三角形的面积，即增加生产量。但是，如果三角形的面积在给定的资源量下必须保持恒定，则范围、质量或时间的任何一项发生变化都将对另外 1 个或 2 个参数带来约束。

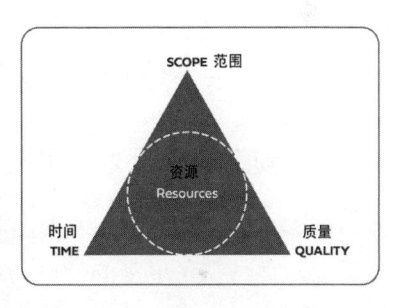

图 9.1

这一框架的许多版本已在行业中使用，有些将资源、成本、时间用作三角形的 3 个角，质量保持不变，而另一些则使用 4 点框架，如资源、范围、速度和质量。这些框架具有共性，即无法同时对所有（哪怕是大部分）参数进行优化。作为产品经理，做出权衡是不可避免的，你有责任预先处理可能出现的问题，做出选择，并在需要时采取折中方案解决问题。

虽然概念简单，但权衡是你将要面对的最复杂的职责之一，因为每种情况都会引出一系列独特且细微的制约因素和挑战。本章将介绍一些权衡的原理和技术，以增加你做出正确决策的可能性，同时帮助你保持对未来的预见性。

什么是范围蔓延，你需要如何应对

扩大范围并追求更多功能会降低产品质量，还会延长上市时间。

如图 9.2 所示，虽然交付"更多"看上去是以客户为中心的，但如果产品变得更难使用，或者让客户等待更长时间才能获得某些功能，结果就会适得其反。专注于较少的功能可以使你更快地完成目标，有更好的技术质量和更高的可用性。

范围蔓延是指定义和启动项目后添加新的范围的过程。并非所有的范围蔓延都是有害的。有时，你真的发现了项目开始时尚未确定或无法确定的需求。关键是在规划范围时要保证客观和协同，尽量减少不必要的或后期的范围蔓延。

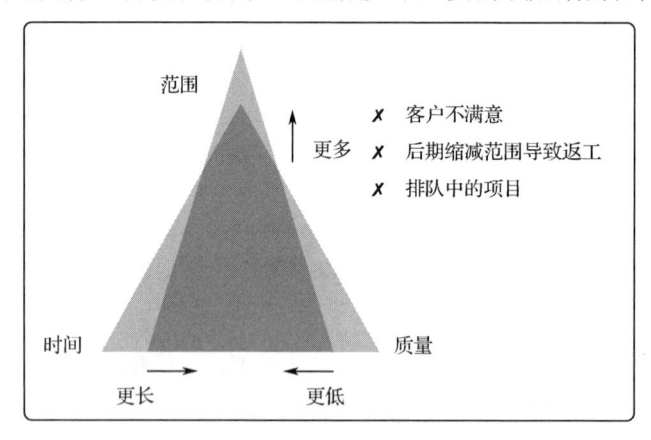

图 9.2 范围蔓延的结果

让我们来看看范围蔓延是如何发生的，以及如何解决：

1. 项目前期过度规划产品范围，后期不得不缩小

许多产品经理经常会列出一长串需求清单，希望在项目期间尽可能满足更多的需求。尝试交付更多的特性和功能似乎更好，但这很可能是一个陷阱。你的日程安排会变得紧凑，给团队带来更多压力，同时你对能交付的成果会做出过度承诺。在开发流程中，显然只有大幅度地缩小范围才能赶上交付期限。

产品范围越大越好吗？很显然不是，少即多。

- 用户体验过于复杂。不管你删除了什么，还是添加了什么，都是为了使产品简洁且易于使用。太多的次要特性使得用户很难实现他们的主要需求目标。额外的特性会成为干扰项，用户需要更长的时间来学习使用这个产品，才能发现所需的功能，他们可能不得不采取更多的步骤，做出更多不必要的决定来完成目标。此外，当产品特性过多时，用户验证反馈就会变得更加困难。因为你不知道用户体验差是因为功能过多造成的，还是产品功能本身就有问题。

- 技术更复杂。对于软件来说，范围越大，代码越复杂，出错的概率也越大。这意味着错误数量增加、性能滞后、不同功能间相互影响，而且很难找出问题发生的确切位置。添加的每个功能都需要验证和维护。这意味着你要花费更多资源来支持那些可能不会提供很多价值的特性，这会影响你开展其他更有价值的项目。

- 更长的客户等待时间。先交付一部分通常比将所有东西一起晚交付要好。范围过大的项目往往会为了完整交付而不惜推迟时间，以期让客户满意。但大多数客户其实更希望你能尽快解决他们的首要需求，延迟交付其他功能也能接受。如果交付时间拖得过长，你将在重压下被迫赶工，常常在最后一刻舍弃部分完成

或无效的特性，这会让相关方和客户感到失望。

- 浪费团队精力并导致返工。增加在范围细化和协商会议上花费的时间。团队完成的设计、验证和技术基础架构很可能是用于支持那些实际上并不需要的特性，或者由于时间限制而不会开发的特性。之后再缩小范围并不意味着只是删除特性，而是通常意味着用户体验团队需要重新设计用户界面，工程师也要考虑被删除的特性从而重新搭建架构。

- 机会成本。对当前项目中每个被优先考虑的产品范围来说，都有一个未来的项目在队列中等待可用资源。当你向当前项目添加价值较小的特性和功能时，就不能满足你未来项目的重要需求。未来项目无法开始的时间越长，紧迫性就越强。此外，新的错误、问题和创意将被添加到队列中，那么延迟会越来越长。你的企业将付出所谓的机会成本，也就是不解决问题的成本，这会导致客户流失和运营损失。

如何避免范围蔓延和后期缩小

- 使用技术原型和用户测试来验证范围。尽可能多地消除或减少特性并对其进行验证（第5章）。
- 使用"自上而下"定义规格的方法从一开始就严格约束范围。剔除"应该有"或"最好有"的需求，只保留"必须有"的需求。保留1份已经达成共识的范围清单，以便之后产生新创意时供参考（第6章）。
- 尽早创建产品待办列表，并经常对其进行梳理，以提高已知范围的可见度。集思广益，找出会随着范围蔓延而出现的需求。然后仔细地对目标进行评估和排序（第7章）。
- 分步发布。以较小的增量交付新范围，以不断产生价值。简单来讲，用符合客户需要的节奏交付较小的增量（第10章）。
- 将简单化作为产品原则在组织中推广。努力优化你的产品界面，避免杂乱。重新审视现有特性，确保有足够多的客户有理由继续使用它们。

2. 相关方和客户与目标不一致的新需求

相关方和客户在产品成形时会提供反馈。如果这些反馈可以改进结果，那么其中的大部分应该被采纳。有时候，反馈与最初的项目目标并不一致，而是包含了新的创意和特性需求。即便需求和目标是一致的，但与团队已经决定要开发的特性相比，其性价比不高。越是在交付后期出现这种情况，它带来的破坏性就越大。

遗憾的是，新需求常常很容易被证明是正确的，并且很容易被添加到正在进行的项目中。资深相关方或有影响力的客户可能将你的项目视为能够包含他们所渴望内容的平台，而且你很难拒绝他们。这样一来，他们的需求就规避了本应在项目开始时采取的严格审查。相反，新需求应该与刚开始时考虑的任何需求一样有着相同的标准。进一步了解并明确目标：需要在哪里赢得客户或实现愿景。这样，你就更容易对收到的需求和新创意说"不"，否则会导致以下问题：

● 发布延迟。每个添加到产品待办列表中的新事项都要你重新协商交付日期。虽然单个新范围事项影响很小（在这里或那里增加几天），但积少成多，太多新增项会大幅延迟上市时间。有时，潜在影响和权衡在一开始并不确定，一旦变得清晰后，相关方就会极力催促，并要求团队既不影响进度又满足所有要求。

● 分析失效。即使提出的新范围被拒绝，相关方也会要求产品经理在最终决策之前完成"少量"分析（如高层级需求、潜在的进度和资源影响）。这听起来似乎很合理，但事实并非如此。定义、规划、验证和评估是有成本的，正确地完成它们需要占用资源，使团队无法完成当前的首要任务。改变战略的行为本身就意味着团队失去了重心和方向。

● 较低的投资回报率（ROI）。当给一个项目设定目标时，决策者通常认为它是一项不错的投资，在这种情况下，运营收益大大超过了项目成本。在做出筛选决定之后添加新范围会绕过公司固有的管理机制，增加项目成本，并延迟实现盈利。它降低了投资回报率，使得项目的吸引力大大降低，甚至达不到公司的筛选标准。

通过缩小范围来去除未使用的特性

曾有一个客户打算从头开始构建其核心的移动产品，将相同的特性集中转移到一个全新的技术平台上。计划是重新构建当前服务中的所有特性，这次重构将花费8个月的时间。

不幸的是，旧的技术平台很难支持这些特性。此外，快速增长的用户数量正让它承受越来越大的压力。

我们运行了一个程序来"缩小范围"，查看各个特征的实际使用数据并进行用户调查。数据显示，由于用户使用某些现有特性的数量或频率很低，他们可以安全地去掉30%的现有特性，而不必重新构建现有的所有特性。

这项工作为客户节省了几个月的开发时间。不仅如此，还简化了用户体验（降低了技术和测试复杂性，产品对最终用户而言更直观）。这也使得产品路线图上的下一步（新的盈利机会）可以更快开展。

> **如何处理相关方和客户的需求**
>
> - 礼貌地说"不"。在产品待办列表中列出稍后需要考虑的事项（以表明你已经听进去了），然后重申你的目标和当前的重点（参见第2章）。
> - 默认不采用。首先假设这个需求是不需要的，并设置一个高的标准来证明是否有必要包含它。考虑其优先级时要严格客观地使用与之前相同的标准（参见第4章）。
> - 明确每个新的请求的影响，包括发布时间或先前商定的待办列表中的需求。通常，一旦相关方预见后果，他们就会改变主意。
> - 偏离实际的要求很常见。永远以审视和确认项目目标为出发点，并以此作为筛选和权衡新需求的机制，即问"这与我们的目标有什么关系"（参见第8章）。
> - 确保你自己不要成为变更请求的来源。尽管你的职位很有影响力，但产品经理必须纪律严明而专注。
> - 将你的创意添加到待办事项中供以后考虑，而不要在项目进行中途将它们添加进来。

3. 新发现的必要范围，项目开始时并不明显，但在项目进行中需要添加进去

在项目的初期，我们虽然能够很好地理解一些范围，却很容易低估一些隐藏的范围。不幸的是，大多数团队对产品范围的认知程度和预测开发速度时都过于乐观。

后期才发现范围的常见例子有：

- 经过客户和相关方测试及演示才能使产品成形，这时会出现一些改进和新需求。
- 一些重要但不太明显的用例、异常、错误和边缘情况，在产品内部测试或通过用户反馈时才出现。
- 具有高度不确定性的新技术，需要被"发明"并进行概念验证后才能用来确定范围和工作量。
- 看似简单明确的需求，在细节未被理解之前，没有人完全理解其复杂性。
- 来自业务和技术支持团队的内部需求，在演示新产品时才能显现。
- 与工具和后端系统（特别是遗留技术）的必要集成，这在项目初期并不明显。
- 对其他团队或技术的依赖关系，这些关系无法预测，也在团队掌控之外。
- 随时间推移出现的错误。

如果不妥善处理这类必须考虑的范围，就会导致以下问题：

● 持续的进度延误。如果你基于已知所有需求的最佳情况制订了计划，那么接下来每个新需求都将导致一次延期。

● 对项目范围缺乏清晰度的厌烦情绪。期望产品经理、设计师或工程师在项目开始时就能100%了解所有范围是不现实的。把识别新的必要范围称为"范围蔓延"也是不恰当的，然而这可能正是大家的看法。这就意味着产品经理应该在一开始就更好地定义需求。否则就会影响产品经理的声誉，并引起一些工程师的不满，他们对项目中发生的变更比较敏感。

但要注意，对于那些因未能遵循正确流程而导致的问题，如未能严格地设定项目优先级、定期完成用户检测或建立完整的产品待办列表，我们只能将其归咎于懒惰。如果你中途更改优先级，或者团队发现了本可以很容易提前预见的需求，到后来你才仓促增加进来，那就不要责怪他们对你失去尊重并产生厌烦情绪。

添加必要的新范围

● 尽早得到相关方认可，以确保你从他们的角度考虑问题。否则，非功能性的内部需求可能到后面才明显（参见第2章）。

● 在项目早期阶段专注于产品开发和客户验证，不要急于发布产品（参见第5章）。

● 从项目开始就自上而下搭建规格框架，沟通目标和高层级范围，基于新市场、客户或运营信息考虑附加需求。运营信息在项目开始时并不清楚，但需要与你的既定目标保持一致（参见第6章）。

● 尽早设定团队期望，让大家理解会通过验证识别新的必要范围，在执行期间也会通过协作调整范围。将此作为团队规则并加以强化。有一点要明确，范围的变更意味着你需要重新协商当前承诺的交付。

● 创建一个有据可依的"增加范围标准"，根据目标、当前优先级和计划对新的需求进行处理。将此作为增加新范围的唯一方式（并要求团队不要处理任何未经此方式筛选的内容）。

● 定期回顾，寻找能够提高早期范围检测水平的方法（参见第8章）。

早期相关方的认同对于避免范围蔓延至关重要

一名产品经理正在开发一个帮助用户构建自定义视频播放列表的功能。这个创意是为了帮助他们发现教育内容并安排顺序和时间，有助于他们实现学习目标。该项目的运营目标是增加依赖性和参与度，进而提高用户留存率。

离产品发布还有 2 周时间，产品经理进行了发布前评估。整个公司的一大批相关方出席了会议，但许多人都是第一次听说并看到了功能演示。

市场营销和客户服务团队的反应非但没有兴奋，反而充满了惊讶和担忧。会议变成了一个关于推迟发布的讨论，相关方们建议将产品发布时间推迟到他们有足够的时间考虑所有的影响之后。他们开始计划新的特性，以更容易得到客户支持。

因为产品经理没有花足够的时间获取广泛的支持，并确保所有人知晓，所以这个项目现在看起来像是要在最后一刻被新的需求搞砸了。

一些高级管理人员不得不介入并解决这些问题——事实证明，几乎没有什么必要的新需求，但是说服其他团队实施解决方案却需要很多时间。所有这些最后一刻的混乱本可以通过更全面地获得支持、发现潜在的需求并获得认同来避免。

如何承诺交付时间

企业有充足的理由来设定截止日期，具体如下：
- 按照客户要求在某一日期前交付，在交付期前要完成复杂的实施或发布。
- 运营周期率，例如，电子商务服务行业或对企业的用户，销售往往会有周期性波动。
- 有机会向全世界展示产品的营销活动或大型展销会。

设定截止日期的益处和必要性：
- 可以帮助团队规划其他长周期活动，如将产品推向市场、广告宣传、与客户沟通并进行推广。
- 更准确地预测工程和设计团队何时才能开始进入下一个优先事项。
- 可以确保定期更新。
- 增强公司管理团队和技术团队之间的联系。
- 可以让团队成员产生责任感和紧迫感。

然而，一些产品经理和相关方为了激励团队更加努力地工作，会武断地设置紧迫的截止日期。这种做法在技术行业中非常普遍。然而，如图 9.3 所示，如果你设置一个紧迫的固定交付日期，且与产品的预期范围、可用资源或质量标准不相容，可能无意中导致团队为了完成任务而产生以下失误：
- 削减很多产品特性，甚至是对用户来说至关重要的特性，从而导致客户不满意。
- 跳过与客户确认产品的时间，导致可用性和特性不完整的问题。
- 在确保产品无缺陷和更低的技术债上投入不足。
- 失去对工作的自豪感，失去动力，感觉得不到肯定——认为反正交付之后还需要他们回来处理问题。

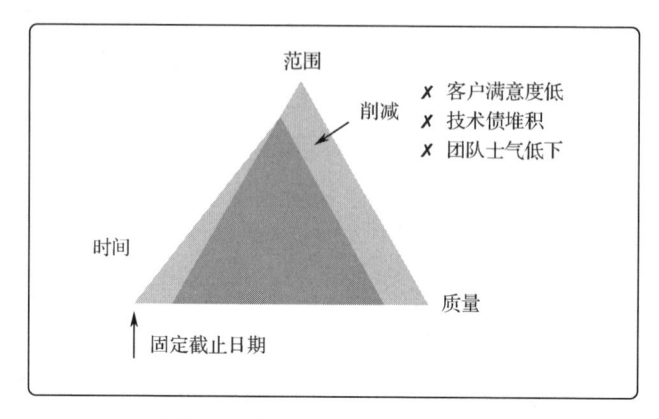

图 9.3　武断设置截止日期的结果

"少承诺，多兑现"是行不通的

"少承诺，多兑现"听起来像是一句表示你尽责的口头禅。你做出的范围估算和进度安排十分保守，因为你希望自己和团队能以最佳状态完成计划。

不幸的是，这种方法实际上会导致以下问题：

- 玩政治：这种方法有操控空间，因为它符合你的利益，但不符合客户或企业的利益。
- 推迟其他优先事项：即使你提前完成，其他团队可能还没准备好。
- 扰乱其他团队：他们必须围绕你公布的进度表来相应制订他们的计划。

长此以往，团队会无视你的时间安排，而且会打折扣，心想："别看他说 6 周，其实 4 周就会完成"。

估算一定要公开并且易懂（包括应急事件和置信度），也要基于你可以公布的分析和事实。

你的组织需要适应不确定性，要更关注价值导向结果，而不是交付日期。虽然应该做出时间承诺，但你必须知道为什么、如何及何时做出承诺。

1. 通过协商完成充分的产品调查，以增加日后确定截止日期时的信心

在项目早期，你通常会发现你没有想到的事情，范围（和突出的问题）将会不断增加。通常情况下，运营和产品开发团队之间关系紧张，前者希望尽早确定交付日期，而后者则希望在自己对时间安排有百分之百的把握之前不轻易做出承诺。

关键是找到一个平衡点。通过协商将承诺日期延后到足以进行充分的探索和验证之后再定，这样你就可以了解向市场交付高质量产品所需的范围和工作。充

分的探索和验证，包括：
- 进行客户验证（原型和测试）。
- 建立健全规格和需求。
- 进行技术探索（消除关键技术风险、规划架构和新技术的概念验证）。
- 完成已知范围的高层级工作估算。
- 制订一个资源配置计划来成功交付你的解决方案。

> **与相关方协商完成探索所需的时间**
>
> - 在与相关方的讨论中，定义并强调价值导向成果的度量标准，而不是将交付日期作为度量成功与否的主要标准。你需要在设定最后期限之前验证未经证实的范围假设。
> - 为截止日期设置一个"期限"。与相关方达成一致，在一段时间内不断探索，最终告诉他们一个可能实现的截止日期。
> - 在项目开始时，将所有可能的范围放入你的产品待办列表中，无论是清晰的、可理解的，还是为尚未研讨的部分"占位"。对每个待办事项进行初步估算，这样你就知道有多少潜在的工作要做（参见第 7 章 "设置一个产品待办列表"）。
> - 在项目启动时，要明确说明你处在产品探索模式中。识别那些能最大限度地促进学习、减轻风险和开展客户验证的任务，如建立技术原型和开展技术研究。
> - 设定阶段性里程碑，而不只是一个日期，以逐步实现更大的目标。在每个里程碑节点处你都可以访问查看与相关方的约定。

通过以下方法可以让你确定已经从"探索"模式转变为"交付"模式：
- 当你发现新需求增速变慢，远远低于你完成工作的速度。也就是说，你交付的需求比你发现要添加的新需求要多。
- 团队的吞吐量（如果使用 Scrum 就为速度）已经稳定。你可以根据经验和剩余范围进行估算，从而较好地确定日期。

2. 设置保守的项目计划以防意外事件

不要期望开发团队在"所有"范围都没有明确表述的情况下就愿意对截止日期做出承诺。然而，你也不会希望在一开始就被要求有一个定死的、详细的需求文档，这样就失去了与团队协作和客户验证的机会。

即使你在完成了最初的产品研究之后，也只发现了大概六七成的可能范围。

此外，人们一般对自己能在多长时间内实现这一目标都很乐观。

在为项目确定交付日期时，有两件事需要考虑：日期（或者更准确地说，日期区间），以及你对该日期的信心。当你必须与相关方讨论进度表时，可以通过以下方式进行：

● 计划中考虑应急方案——制定应对意外事件及已知风险的预算。让相关方同意这一点的最好方法是收集以前项目的数据，过去行为是对未来行为进行预测时的最佳参考（时刻铭记如果前一个项目绩效很差的话，就会是一个敏感话题）。通过查看初始计划交付日期与实际交付日期，可以得到一个应急预算的百分比估计值。如果你没有数据，那么可以在计划进度表中留出20%的额外时间。

● 提供日期区间——提供平均、最乐观和最悲观的日期，而不是某个日期。或者，你也可以告诉他们，这个月的任何时候都可以交货，而不是在当月设定一个具体日期。

针对逾期的沟通

虽然没有人会喜欢逾期，但相关方通常能够理解开发产品是一个复杂的过程。例如，他们希望通过消除组织障碍或管理客户期望来提供力所能及的帮助。要记住3件最重要的事情：

● 提前发布消息，不要抱着希望问题能自行解决的心态一再拖延。拖延只会使公司更难接受。

● 直截了当地传达信息，不要找借口或责怪别人。做到尊重事实，对事不对人。

● 如果可能的话，提供下一步方向（或几个备选方案）。即使某些影响不可避免，也要提供一个解决方案或行动计划。通常，相关方会很快加入进来，并相信你会尽最大努力解决问题。

● 包含置信度。任何时候，当你分享进度表或交付日期时，要包含开发团队支持的置信度（或警告）。根据经验，可以在50%以上和80%以上的置信度设置几个日期（但这将取决于公司文化和听众）。你可能偶尔会听到相关方在乐观时只提到你较低的日期范围，而完全忽略了较高的时间范围和置信度。如果发生了这种情况就委婉地提醒他们。

在项目开始阶段，你的期限很充裕，但是信心不足，随着你了解和执行得更多，情况就会得到改善。随着项目推进，需要密切监视团队处理产品待办列表的速度，以提高日期估算的准确度。达到一定阶段，你就会对自己能够在指定时间内完成工作充满信心。承诺得太早，失望的概率会很大；承诺得太晚，公司就没

第9章 做出充满挑战的权衡——权衡范围、时间、质量和资源之间的关系，快速并持续地创造价值 · 173 ·

有时间去规划活动（营销、客户和其他依赖关系的管理）。

3. 利用环境来建立紧迫感，而不是设定相当激进的截止日期，积极处理好相关方的期望。

作为一名产品经理，你在一个两难的处境中。相关方会给你施加压力，让你加快项目交付进程，同时你还要扮演一个重要角色，保护团队不受干扰和不产生焦虑情绪。在这种情况下，产品经理往往有3种表现：

● 做一个放大器。这些善意的产品经理对他们的产品充满热情又非常负责，并迫切希望取悦相关方和客户。可惜的是，他们会把最小的担忧变成团队的危机。他们会设定激进的最后期限或安排一些临时交付，也会经常检查团队的任务完成状态。没有人喜欢和这样的监工一起工作。

> **两位 CEO 的故事**
>
> 一个社区产品（UGC）的 CEO 对他的团队感到非常失望，因为他们在交付工具和自动功能方面拖延了很长时间，自动功能是从平台清除发送垃圾消息（删除假账户或机器生成的营销信息）。团队感到压力是可以理解的，这是一个复杂的系统，有许多活动部分（复杂的数据分析、高速数据库交互和边缘情况）。他们被这些艰巨的任务困住了。然而，在问题变得更糟糕的情况下，这个 CEO 做了一个令人为难的进度承诺。
>
> 最关键的解决方案是什么？选择一个具体的、高度紧急的用例来定义、构建解决方案并发布。不仅只花 6 个星期就完成了，而且概念验证还提供了对范围和技术需求的宝贵见解，让团队对他们的方法建立了信心，CEO 因此脱颖而出。
>
> 与软件公司的 CEO 相比。他们的团队花了几个月时间构建一个系统来管理汽车的在线定制和销售。该团队对预估过于自信，结果遇到了复杂的情况，错过了截止日期，却找了个借口糊弄过去。这对以不耐心著称的 CEO 是个考验。由于团队无法确定他们可以承诺的最后期限，CEO 要求在他给定的日期发布。虽说他们准时交付了，但这是一个质量低劣的产品，然后团队加班加点来解决自己造成的问题。如果团队追求进步和紧迫感，做出深思熟虑又进行保守估算的话，就可以满足 CEO 的期望，也就能够避免这些问题。

平衡相关方期望和团队动力

● 运用一些方法营造环境来激励团队的紧迫感。帮助他们理解"为什么"，使他们了解他们工作的价值及其对客户的影响（参见第 2 章）。

- 如果进展落后了，就指出问题。但要确保你不会成为一个经常检查任务完成情况的监工，尤其是在冲刺中期。
- 避免在会议、相关方访谈中，尤其是在客户面前，做出考虑不周的日期承诺。唯一比面对面对答更糟糕的是，虽然你给出了一个具有挑战性的、"大家都满意的"日期，但是之后你会为此而后悔。所以，预先想好你的回答很重要。
- 当提到日期时，将其称为目标日期或计划日期，而不是发布日期、交付日期或公布日期。
- 尤其注意什么日期是可以对外公布的日期。避免说出具体范围和日期（每月或每季度）。

- 做一个传声筒。这些产品经理仅仅是没有过滤功能的团队传声筒。在需要他们进行高效沟通的情景下，他们几乎无法顾及团队。由于他们自己无法承担来自相关方的挑战，迫使团队暴露在太多的干扰之中，他们的沟通也产生不了任何价值。
- 做一个减震器。这些产品经理向相关方展示团队工作，保护团队免受过多相关方的直接干扰。他们相信，只要他们得到所需的时间和资源，团队就能够迎接挑战。他们仔细选择相关方关心的问题，以便与团队进行沟通并选择沟通方式。像"减震器"一样的产品经理是最有效率的，不仅能为团队提供快速支援，还能不被日期所束缚。多数情况下，团队都能以最好的状态解决问题，带着紧迫感朝着最终交付结果努力（且没有过度工作）。

你应该总是一个"减震器"吗？在极少数情况下，你应该有所不同。当一切都失败时，一场小规模（但不是不可控）的危机会促使人们采取行动。不要过度保护团队，当消息必须清楚传达到的时候，就要完整而不加过滤地传达。

然而，通常情况下，不要强迫团队承诺一个勉为其难的范围或日期，而是要要求他们提供经常性的状态更新，以保持紧迫感。提醒他们所做的事情是非常重要的，以及这么做的理由，重申你相信并依靠他们。

另一方面，你要设定或重新设定相关方期望。经常向他们提供状态更新，并重申先前做出的承诺。如果有什么事情看起来可能发生，要尽早告知相关方，以便他们调整计划或为你提供帮助。向他们提出建议，永远不要掩盖坏消息。

质量管理和技术债的挑战

质量问题通常出现在4个关键领域：
- 客户无法轻松使用解决方案。这可能是因为你在创建和验证用户交互时投机取巧，试图让工程师设计得更快。
- 工程师没有足够的时间来设计和开发代码，因此也没有使软件易于编写和维护或足够灵活地进行更新。这使得未来的开发比预期的更昂贵，也更耗时。

● 没有足够的测试来确保软件达到预期的效果，一旦应用就会产生过多的意外问题。

● 没有充分考虑发布后可能发生的问题。这些问题可能包括性能不佳或未在解决方案中建立太多的跟踪（使得问题诊断变得困难）。

质量问题很难预测，也容易被忽视，而且往往在产品生命周期的后期（通常是在产品发布后很久）才会显现出来。由于质量问题的影响不易量化且非立竿见影，因此也很容易被忽视。

在权衡范围和上市时间与支持产品的基础技术和系统固有质量方面，最大挑战是技术质量只有在以下情况下才真正显现出来：

● 在开发流程的最后阶段，在执行过程中和系统范围的测试，这时会发现过多的错误并延长计划测试周期（互操作性）。

● 在产品生命周期的早期，当客户发现没有预料到的边缘情况和缺陷时（稳健性）。

● 在应用中，由于产品在启用后会变慢或意外失效，或者在发布后，尤其是在"峰值"负载下（可扩展性）会使用过多的系统资源（稳定性）。

● 发生故障后，测试你重新恢复服务的速度（可复原性）。

● 当你开发产品时，你要付出巨大的努力修复错误（可维护性），抑或由于重构（可重用性）的原因，在现有特性上构建新特性所需的时间比预期的要长得多。

● 当工程师对其他不熟悉该系统的工程师进行交叉培训时，要花大量时间来提高学习速度（可学习性）。几乎所有涉及技术领域的项目都必须让一些在相关领域有深厚专业知识的高级工程师时，缺乏文档和文档质量低劣很可能是罪魁祸首。

技术债是你过去做出的所有权衡和技术选择的总积累，所有这些都会影响质量。顾名思义，当技术成熟时，你仍继续在开发时走捷径，如果不加以解决，它们就会累积为"债务"。

如图 9.4 所示，许多技术公司对质量的关注度太低，高估新特性开发的同时低估了质量差的隐患。质量差下不仅会影响产品性能，也会降低团队士气，使团队不得不在充满挑战、难以维护、易被淘汰的传统技术环境中工作。团队会因此感到过度劳累，他们对自己的结果缺乏自豪感，最终导致团队成员离开项目。

在另一个极端，如图 9.5 所示，始终确保最高质量也会不利。你可能投资过度，从而延缓了运营价值的实现，缺少必要的客户反馈也无法给产品的未来规划提供指南。

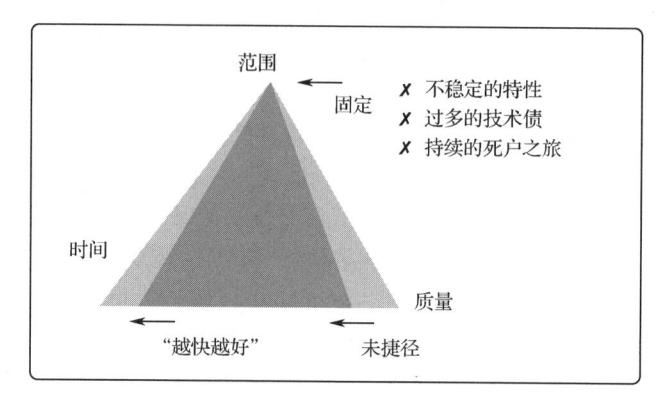

图 9.4　长期忽略质量的结果

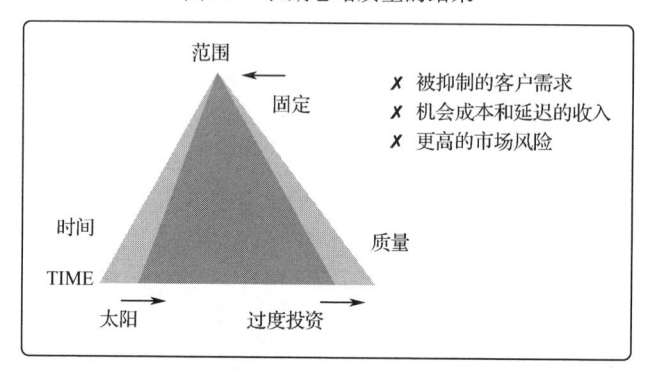

图 9.5　在产品质量上过度投资的结果

如何提高预防质量问题的能力：

1. 在项目计划考虑规划、设计、代码审查和全面测试所需的时间

作为惯例，工程部门负责质量、产品管理，通过重视必要的质量活动并提供足够的时间和关注来提供支持，以便工程部门可以实现以下目标：
- 系统架构的工作方式——考虑过去、当前和未来可能的需求。
- 学习新技术并了解当前系统的工作原理——可能需要完成概念验证才能确定最佳方法。
- 设计技术、算法和服务（如应用程序接口）。
- 彼此进行设计和代码审查。
- 交叉培训并与其他团队合作以共享知识。
- 重写或扩展新特性所需的旧核心组件。
- 扩展开发团队的工具和脚本，以进行可重复的代码集成、测试和部署。
- 构建日志和自动测试，并验证代码是否通过了这些测试。
- 完成性能、依赖关系和安全性测试。

- 修复错误。

为这些工作准备预算。粗略估计，测试和调试要花费首次开发产品或代码所需时间的 30%~50%（团队可以为你提供具体估算）。鼓励团队将技术任务添加到产品待办事项中，以提高可见度，并明确地确定这些需求的优先级。

根据产品的生命周期和客户期望，在质量和规模上进行适当投资。总的来说，工程团队讨厌重新设计组件，宁愿"第一次就做好"。最初的产品发布应该达到或超过质量预期，特别是你的增长速度超出预期。在急于推向市场的过程中，缺少必要的技术权衡，会导致性能不稳定。

不过，在发布新产品或测试版产品时，要注意不要过早地对一个全面性的解决方案进行过度投资，因为这些产品可能不需要像更成熟的产品那样复杂。在此阶段你还不知道是否正在开发一个有价值的产品。尤其是产品在最初发布之后出了问题，或者向一个明显不同的方向演变的时候，过分强调质量和规模可能导致极大的浪费（推迟上市时间和消耗资源）。

2. 尽早让支持团队参与进来，以定义内部"非功能性"需求

除了让你的开发团队参与，还要尽早让技术运营、质量评估、运营管理和客户服务等团队参与进来。这将帮助你实现以下目标：

- 发现那些不会立即显现的非面向客户的和性能方面的需求。
- 团队可能发现一些意料之外的问题，他们能够解决这些问题，从而避免最后关头的延期。
- 有助于把握质量——令每位成员在把握尺度、规模和所需的支持上达成共识。

举例如下：
- 你需要多大的产品规模？（期望的客户数量、数据库交易、复杂性、硬件密集型功能和可用性方面的预期增长。）
- 在开发过程中如何对软件进行监测？
- 内部团队使用了哪些工具、指标跟踪和报告系统，用来支持产品或通过测试排除可能导致软件无法使用的问题？

这些团队加入的时间通常太晚，以致对即将发布的产品版本、支持工具、文档、监测、硬件或自动化测试缺乏足够的了解。

3. 逐步消除技术债

技术债过多最终会减缓开发速度，甚至使简单的功能都无法实现。不幸的是，调试、重构（完善现有的代码）、文档和重写（替换现有的代码）等都是没有直接、显著商业收益的工程任务，因此很容易被低估、忽视和延误。

技术债示例：
- 报告中的错误未得到解决。
- 自动测试代码的覆盖率不足。
- 重复写代码（例如，有或多或少执行类似操作的应用程序界面存在，或者选择写新代码而非利用现有代码）。
- 旧的，为了某个目的而开发的未使用过的代码。
- 快速推出产品的捷径（如果您要求提前交付产品，您会听到工程师的一句俏皮话："您想要快速完成还是正确完成？"）
- 旧式代码语言和实践，无法与最佳现代方法匹敌的语言。
- 当许多编码人员参与其中时所发生的自然变化，无论是资历浅的还是资历深的（每个人都有一个稍微不同的方法来解决手头问题，有些公司，也许很多公司并不提供相关培训）。
- 低效的数据库处理、内存泄漏和 CPU 使用率，所有这些都占用了资源。
- 文档不充分或缺失，如代码中的注释、发行说明和部署或支持说明。
- 系统之间未预料到的依赖关系或挑战（缺乏模块化和灵活性）。
- 已被取代的旧系统，甚至可能是当时被视为同类最佳的系统（可能是最难解决的技术债问题之一，因为替换深度集成的旧系统类似于进行心脏移植手术）。

在产品生命周期的所有阶段中管理技术债

首次开发产品的一个特性时，重点是将其快速投放市场。由于当务之急在于为客户提供成果，并从中有所收获，因此需要对产品质量进行权衡。如果某项特性失败了，就不要浪费精力尝试去扩展其规模或增强其灵活性。

在产品开发流程中，工程师应在对运营更有利的领域中寻找捷径，同时保证问题发生后可以得到修复。然而，许多产品经理既不重视技术债，也不为之后的清查修复工作做预算，结果损害了商业信誉。

请使用以下技术展现你是一个好的合作伙伴：
- 在每个版本发行之后都要进行清查，尤其注意要在产品发布后立即进行清查，因为这时更容易出现问题（参见第10章）。
- 将技术重点或"功能强化"只作为临时项目来安排。一些企业会创建主题冲刺来达到一些目的，如专门的"功能冲刺""客户需求冲刺""技术冲刺"等。
- 不仅要解决伴随新功能出现的问题，也要定期解决一些已经存在于应用环境中的功能错误和可用性问题。然而，实际上应先解决那些重要的问题，而那些影响不大的问题可以先搁置。

- 要求工程部门提供产品的质量指标，以便将其展示给相关方。这样有助于你提出质量问题，从而有理由进一步投资以完善基础技术。质量指标的实例包括自动测试代码覆盖率、产品性能、运行时间和错误数量。

一定程度的技术债是可控的甚至有益的。积累一定的问题意味着你正在让你的工作加速，然后获取承诺对其进行重大投资。在之后的阶段，如果你不给工程部门"还清债务"的机会，就会出现问题。

要认识到技术债就是定时炸弹。你需要与工程团队合作，为清除技术债投入足够的资金。你预计会为此花费多少时间？一个好的经验法则是，将开发团队 20% 的时间投入到解决技术难题上，具体时间会因你所积累的问题数量及处理问题的进度而异。

增加资源并非最便捷的解决方案

从理论上讲，你可以通过提高资源和预算来放宽项目在范围、时间或质量上的限制，实际上往往是通过增加开发团队来完成的。如图 9.6 所示，额外的资源能够令"范围—时间—质量"三角更大、更灵活，以满足每个参数的要求。如果团队需要在规定的时间内交付高质量产品，而无法放松前 3 个限制中的任意 1 个，则可以通过加大资源投入来实现此目标。

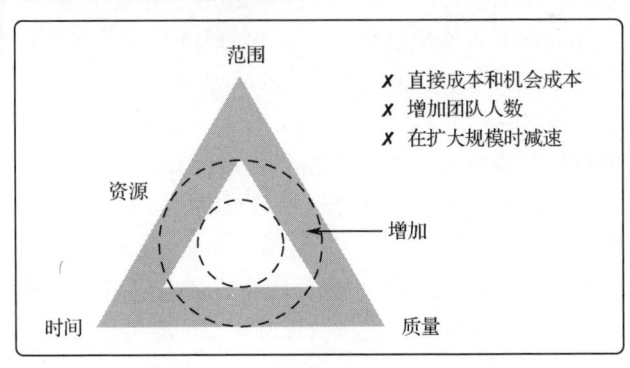

图 9.6 向延误项目投入资源的效果

然而，3 个关键因素表明，单纯加大资源投入很难成为可行的折中方案：

- 增加直接成本——投入资源会大大增加项目预算。由于要聘用最富经验的人才或引入价格较高的供应商，在项目后期进行投入往往会给你带来更高的直接成本。
- 机会成本——从公司整体的角度看，为其中一个项目增加资源可能影响其他同等重要的项目。资源分配是一场博弈——一些新分配到你的项目里的资源正是其他项目或运营部门失去的。计算其带来的影响是复杂的，可能意味着放弃未来的增长，或是推迟去处理最终仍需解决的问题（如将维护工作延后）。需要资深人员来重新确定资源分配，也需要公司内部重新安排所有项目的优先级。

- 布鲁克定律——也称为"人月神话"（摘自弗雷德·布鲁克 1975 年的同名书籍），布鲁克定律包含这样一种思想，即向忙碌且项目进度已经落后的团队提供资源，可能导致其进展速度变得更慢，而不会为你带来收益。因为你带来的新成员，其培训、入职、背景切换和增加的沟通成本将分散团队在项目上的工作重心。

如果你必须将资源添加到一个项目中，在此之前应慎重选择并考虑以下事项：

- 将新资源集中在重点的、独立的组件上——例如，让它们运行尚未启动的特性，检查和测试已完成的代码，或者完成已经延误的自动化测试。
- 尽早做出改变——在项目中更早投入资源将使成本回收期更长。
- 聘请经验丰富的团队成员——尤其是在代码库方面实践丰富的人，以便降低成本。
- 考虑结对编程——让新人与现有的团队成员紧密合作，这样他们可以边学边做，不至于被落下太多。

体验资源再分配的效果

有一个开发移动电话的委托方希望加快进度，改善用户参与的特性，进而增加运营收入。作为一家上市公司，需要在假设这些特性已经能够使用的情况下，完成市场收入预测。延迟交付产品会对股价产生不利影响。

由于数百万用户都在用这项服务，因此牺牲服务质量是不可取的。用客户的满意度来冒险只会导致在未来产生更大的收入压力。

时间、质量和范围都无法更改。唯一的选择是积极投入资源以尽快完成项目。高级管理层非常理解并尽力支持这项工作，因为他们知道会出现以下连锁效应：

- 当研发成本对于一家上市公司来说已经过高时，冗余人员将使研发总成本进一步提高 15%。
- 高级管理层必须从整个组织中把经验丰富的人才从其他项目中抽调过来（用新工程师和低级别工程师填补被抽调的项目）。这些项目对于增加收入和实现长期战略而言也至关重要。

最终，虽然该项目得到了更多人员，但对于整体战略的实施而言，其影响将是巨大的。因此，即使这些特性的推出远晚于预定计划，也比采取其他方案要好。

共同的组织挑战使权衡变得更加困难

在某些特殊情况下，你会发现自己在借助一些高层级策略来进行权衡时，反而让问题变得更难解决。因此你要认识到，有些情况确实是无解的，这时你要做的只能是尽力而为。

1. 回应一次性的客户需求

在以交易或销售为驱动力时，通常会提前制定好产品范围和期限（特别是有法律承诺的情况下），并且它们取决于客户的要求或时间安排。你可能面临来自高级别客户或潜在客户通过销售或运营开发团队所传达的具体定制化要求，而这些则可能是赢得交易所必须考虑的。

应对策略： 在这种情况下，尽量提早并更多参与有助于团队承诺的讨论。如果有可能，要求亲自参与制定有关交易的条款或合同，保留级别较高的范围（而非具体规定性的），并留出较宽裕的时间安排。确保相关方了解所需的资源，以及对其他优先事项的影响。

为了确保项目长期的可维护性，每次为单个客户端构建任何解决方案时，都要将提炼出范围并将其作为产品的核心特性，保证该特性可以为更大的客户群体提供服务，而不只是"一次性"的功能。客户定制通常快但质量较差，这种情况下，平台的未来开发要么打破了整体市场解决方案的核心部分，要么需要不断维护。

2. 基于短期目标进行优化

有些企业强调实现可观的季度性运营目标，只对收到的客户要求做出回应，这样做其实是在损害产品质量和企业"大局"——那些一旦成功将产生大幅度的收益的项目。由于长期投资不能带来短期收益，因此这些企业会优先开展那些可以快速获得收益的项目，即使这样的运营并不持久。

应对策略： 提升具有长期价值驱动的指标，并要求你的工程团队确认并报告质量参数，以此突出其重要性并公平竞争。

3. 追求巨大成功

新成立的企业，在每轮重大融资前，通常希望大干一场取得"巨大成功"，或是赢得一个新客户，或是交付一项出色的产品特性。大型公司在进行会议或营销活动中发布重要的新产品或功能时，也会面临类似的挑战。

应对策略： 从问题本身入手来解决——管理者需要向潜在投资者或外部相关方展示足够多的信息，但也并非需要一个功能齐全、马上可以上市的产品。你需要与相关方讨论能够满足其需求的最基本需求，也许只需一个高保真的原型。

4. 与缺乏经验或规避风险的团队合作

不成熟团队通常对权衡所固有的不确定性感到头疼。他们可能缺少详尽的前期需求和时间安排，并将其归咎于懒惰、目标责任感不足或不确定性过多。他们不喜欢在产品质量上走捷径，即使在开发成功性未知的产品时，他们也将其视为一种浪费。

尤其对于那些害怕失败的组织而言，特别是在探索阶段早期，需要通过试验正式确定产品范围，而时间安排又不清晰时，他们更容易纠结。也许是因为团队成员担心自己的声誉，或是无法保证在截止日期前完成。

应对策略： 建立并发布一系列有关产品的原则，强调你希望的工作方式。其中包括通过提出假设和进行实验来了解并发现"正确的产品范围"，这样就不需要预先确定所有范围，可以灵活安排日期，并使得团队成员更愿意承担计划内的质量风险（承诺为成功的产品逐步清理技术债）。

5. 在命令和控制的环境中运行

一个强大的 CEO、创始人或领导者喜欢将决策集中在高层，根据自己的远见和信念，自信地指导产品工作。尽管他（她）的直觉通常很出色，有助于提升团队的专注力，但随着公司规模不断壮大，结构愈加复杂，可能导致沟通受阻。仅凭个人力量很难理解所有的细微差别和影响，并做出明智的权衡和决策。

应对策略： 面对这种情况，你不应忽视他们的指导，而应一视同仁。评估其在范围优先级中适合的位置，并说明其对时间安排和产品质量的影响。如果他们规定了非常具体的范围和时间要求，请运用"5 问法"（在第 4 章中介绍过）对潜在的需求进行理解。接下来，你可以提出其他受限更小的备选方法。即使是高层领导者的要求，也不要只看其表面就全盘接受。

如果有疑问，就早交付，常交付

如果你对产品的范围、质量、时间安排或资源的权衡感到制约因素过多，请关注产品经理的"第一法则"：交付产品！即使它们有瑕疵（但不能是灾难性的那种），也要将工作产品交付到客户和相关方手中（包括代码、特性或有效的"早期版本"）。

交付产品可以建立团队的动力和信心，并提升相关方满意度，同时提供了客户测试的素材，又能突出当前急需解决的质量问题。多批次交付少量的新代码将使你明白哪些范围是必要的，从而提高估算项目其余部分所需时间的能力。

第10章 为产品发布造势

——让客户和相关方对你的解决方案感到兴奋，从而顺利地将产品推向市场

本章学习要点

1. 如何与技术团队密切协作，确保顺利地向用户提供新功能。
2. 如何与公司有效合作，成功管理一次有影响力和令人兴奋的市场发布。
3. 在发布前减轻风险，并在发布后解决问题，最大限度地提高客户满意度并达到运营期望。

通过产品发布让客户和相关方满意

在组织中，发布新产品和功能是非常复杂的流程，原因如下：

- 它涉及对组织中许多技术和非技术相关方的协作，他们按顺序做自己那部分工作。
- 发布产品或优化后，大家的眼睛都会盯着这件事，因此与相关方的无缝衔接和沟通至关重要。
- 当产品正被大规模采用时，很可能出现质量问题。此时你需要立即实施应急预案。

一般来说，技术组织运用各自的流程对产品发布和上市进行协同，管理成熟度和风险也不尽相同。在产品发布阶段，不同组织的产品经理也会有截然不同的角色，例如，从一个不怎么参与的相关方到直接监督产品发布的监工。

不管怎样，你的长期成功取决于产品在市场上的表现。尽管你无法直接控制把产品交到客户手中过程的方方面面，你也必须了解与产品发布相关的所有活动环节，发挥产品经理的作用，减轻风险，大力宣传产品的优化并及时、快速地解决出现的问题。

如图 10.1 所示，梳理产品发布的 3 个组成部分对产品经理来说是非常有帮助的。

技术部署	将新产品、功能或修复应用到开发环境中，对最终用户而言可能是可见的也可能是不可见的
β 发布	对新产品或现有产品新版本的试用，只向有限用户公开
上市发布	对总体可用的新产品或功能进行正式公布

图 10.1　产品发布的 3 个部分

1. 技术部署

产品环境是客户及最终用户与产品交互的外部系统。大多数软件在发布前会经历几个只有内部用户才能访问的环境，包括端到端测试阶段。

你必须自始至终非常小心地遵循严格的流程。你的工程和技术运营团队需要按流程工作。但在出现问题时，你必须随时提供支持，做出关键决策，并将结果传达给相关方。

技术部署可以是以下 3 种模式中的一个，也可以是 3 种模式的混合：
- 引入新的或优化的面向用户的功能。
- 对当前产品的修复（如解决缺陷）。
- 对最终用户而言不明显的更新，如重构代码、新的应用程序界面、升级跟踪系统或数据系统。

主要版本有一个代码名或序列号（如 1.0，2.0，3.0 版本）。小版本可以称为"圆点""点"版本，如 1.1 或 2.5 版本。补丁通常更小，用于解决具体问题，并迅速迭代。

在部署新技术时，你可以通过减少复杂性（特性和功能级别）和最终用户数量来减轻风险。你甚至可以部署新代码，同时通过"特性标志"（feature flag，即用于打开或关闭某个特性的配置组件，也称为"标志翻转 flag flip"），对用户完全隐藏新功能。

这使你能够安全发布特性和验证新技术，然后再将新特性或产品开放给更多的受众。

要注意的是，即便你只进行后端发布或隐藏新功能发布，你仍会在无意中从其他地方引入对用户体验或产品可用性产生不利影响的缺陷。

2. β 发布

β 版本允许外部访问产品，但开发环境受控，只允许选定的用户访问产品并和产品进行交互。你可以控制对 β 版本产品的访问时间，以确保稳定性、提高质量（有时称为强化），并验证对运营指标是否有不利影响。用户也可以提供反馈，你也可以在发布产品总体可用性之前进行调整。

许多组织不使用 β 发布，或者只将其用于少数几个产品。另外一些组织则会将产品长期放置在 β 发布中。一旦消费者失去兴趣，就不进行 β 发布。这样做就会使公司减少损失，避免花费昂贵的上市和营销费用。

3. 上市发布

上市发布是在市场上发布总体可用的产品，往往涉及产品营销活动。由于你将为客户提供大规模的服务，意外的问题或投诉可能很快产生严重的、高可见性的后果。不幸的是，在新产品生命周期的早期，在发布前的测试中没有解决的问题最有可能浮出水面。

撇开客户审查不谈，管理层、合作伙伴和投资者都会密切关注你的产品，他们监控对公司声誉或运营指标的任何负面影响。整个组织中的许多人都需要参与发布的准备工作，而不仅仅是工程部门。在这一点上，你的内部沟通和协调就变得尤为重要了，你需要保持所有活动的一致性并确保每个人都职责明确。

产品营销可以简单到用电子邮件向客户发送一个公告，也可以包括新闻发布会、客户路演、销售培训和在线营销，这些活动都可以提高产品知名度和采用率。你也必须参与发布后的阶段以确保产品成功。遗憾的是，许多产品经理往往忽略了营销环节。产品成功是在上市之后的成功，而不是发布后就算成功。

并不是所有（甚至不是大多数）的发布都包含这 3 个部分。例如，对于低风险的改进类项目而言，没有（或不能）运行 β 测试，或者直接跳过 β 测试是很常见的。针对现有产品的小的增强或纯粹的后端更新等情况，通常会直接发布，而不进行市场公告。

> **更小的迭代式发布和大规模发布（Big-Bang Launches）**
>
> 包含了大量变化并快速引入了多个新特性的产品发布往往是混乱的和难以预测的。大规模发布往往需要更多前置条件，需要更多的时间进行集成和测试，需要更多的上市和发布后支持。
>
> 它们通常被视为一种最大限度地推动市场营销的方法，或是通过一套令人印象深刻的增强功能来取悦客户。当企业要求产品上市（达到预定交付日期）的压力超过风险增量时，就会发生这种情况。
>
> 考虑到所有的不确定性，客户可能需要重新学习才能使用你的产品。当无法实现许多承诺的特性（由于最后 1 分钟的范围缩减）或产品有缺陷且难以使用时，客户更可能失望。
>
> 如果产品发布与一个实质性的营销活动紧密相连，你不仅需要在一个高风险的最后期限内完成，而且必须在第一时间把一切都做好，避免给团队带来不

良的压力。

一般来说，较小的迭代发布是可行的。通过更频繁的引入更少的新特性来简化问题。你不仅可以显著减轻风险，还可以充分准备发布流程，从而让流程更平稳，并持续改进。

较小的发布也有助于打破恶性循环。向发布版本中添加的范围越多，交付它所需的时间就越长。反过来，这又延长了发布之间的时间间隔，让用户等待重要提升改进的时间就会更长。较小的版本意味着你可以更早、更频繁地交付增量。当然，你也需要掌握中庸之道，避免客户因过于频繁的更新而感到疲倦。

对技术进行成功部署的方法

技术部署本质上是聚焦于内部的。你通常扮演支持角色，协助工程、质量保证、技术运营和项目管理部门。你必须了解具体的政策和问题解决流程，并确保所有相关方都在密切协作并遵循流程。

1. 安排时间进行充分的测试并提供相应支持

在整个实施阶段，质量保证和工程部门主导测试。当产品组件开始集成在一起并相互作用时，将不可避免地出现一些缺陷。有些缺陷令人困惑，而且很难找到它们产生的根本原因。

在之后的实施中，工程部将进行系统化测试。他们将希望确保效率和稳定性，检查诸如中央处理器使用率、数据库完整性、响应时间和内存泄漏等。在发布之前，需要进行全面的测试和监控，包括负载测试、数据和日志记录，并观察对其他组件（包括外部供应商）的影响。

作为一名产品经理，当质量保证和工程部门对质量负责时，你主要负责提供以下3方面的支持：

● 在项目进度表中为测试安排充足的时间。即使工程部门已经在整个产品开发周期中进行了彻底的单元测试，你也要预留30%的系统级质量保证和调试时间（剩下的70%用于核心开发）。

● 与开发团队和业务部门磋商，最后由你负责决定在发布之前必须修复哪些特性缺陷，以及哪些特性缺陷可以等到以后再修复。你可以对严重性进行简单分类，P0级为最不严重缺陷，P4级为最严重缺陷。如果临近发布日期时仍然存在严重缺陷，则要推迟发布。

● 你可以在 www.influentialpm.com 上找到1个用于缺陷优先级划分的分类框架示例，你可以对其进行自定义，例如，从P0级缺陷到P4级缺陷。

● 测试你自己的产品，不要把测试只留给质量保证部门。测试产品的每个部分并报告错误。因为你最接近客户，最有能力发现可用性或客户面临的问题。不过现在并不是提出变更或提出新要求的最好时机。

你应该对你的工程和质量保证部门的要求做出非常积极的回应。你可以考虑将会议室改造成为大型、复杂产品发布的集中办公作战室。这样做可以减少沟通成本，提升缺陷测试和修复方面的协作能力，并鼓舞士气。

> ### "缺陷（bug）"一词的由来
>
> 据说，海军少将 Grace Hopper 在 1947 年发明了这个词，当时他发现一只飞蛾卡在军用设备中的网格中不能动弹。"bug"的实际起源可能更平凡，但你可以把这个有趣的轶事讲给团队听。
>
> 1878 年，托马斯·爱迪生用"bugs"表示发明中的小缺陷，这些小缺陷需要几个月的密集研究和处理才能弥补。这个词后来又出现在 1931 年的广告中，号称机械弹球游戏没有"bug"（小故障）。在 1944 年，Isaac Asimov 在他的书中写到，从他想象中的机器人中去除"bug"。
>
> "bug"源自英文单词"bugge""bugaboo""bugbear"（意为恐惧、恼怒和厌恶），是同一词根，或源自德语单词"bögge"，是小妖精和小精灵的意思。

2．了解并遵循部署策略和计划

部署计划包括成功发布产品的每个步骤。应该将计划书面化，确定谁将执行哪些任务，并强调所需的任何具体技术步骤和内容，这样做可以避免漏掉步骤。

> ### 找缺陷活动（Bug-outs）
>
> 我在一家公司担任产品负责人，团队即将完成一个重大的网站重新设计项目。我们决定通过找缺陷活动来识别明显的缺陷，并为这次活动建立了内部激励制度。
>
> 我们尽可能在组织中招募人，招募到的人员遍及所有部门。我们在一个临时服务器上为他们提供了 24 小时的产品使用，为他们开通了错误报告系统的账户，并给他们提供了如何报告错误的指导。我们要求他们提供重现错误和步骤的截图。按照奖励政策，对发现 P0～P3 级别缺陷最多的人进行奖励。
>
> 每个人都在努力地应用产品，试图发现并报告错误。我们没有把它当作一项漫长而费力的任务，而是把寻找缺陷变成了一个有趣的游戏。最后根据找到的缺陷列出了长长的清单。总的来说，通过这个活动，我们看到了一些未发现的主要问题，增强了我们对产品的信心。

> 一些相关方在最后一刻要求变更新特性和设计。我们把这些变更请求标记为"之后再考虑"。

许多公司都用流程和技术来确保部署顺利进行。它们可以进行连续部署，允许连续发布小的代码增量。如果某个关键运营指标或用户受到影响，系统将自动还原。随着对产品稳定性的信心增强，更多的用户会逐步转向新版本。

避免在工程和技术运营资源不足时进行部署，防止出现重大问题时无法做出响应。如果开发团队较小，或者测试和监控不太成熟的组织要避免在傍晚、周五或公共假期前部署。打破这个规则会很有诱惑力，因为按下发布按钮就会感觉在本周已经实现了一个里程碑。但是，你不希望系统在周末出现故障，因为团队的响应时间会变慢，你会中断与工程师的沟通计划，而且团队的关键成员可能没有时间加班。

大型企业倾向于在部署时尽可能减少对客户的影响，选择他们知道客户不会积极使用其产品的时间进行部署。因此，他们更喜欢把深夜和周末作为部署窗口。

大型节假日可能导致几周甚至几个月的停工。举个例子，一家美国电子商务公司从"黑色星期五"（西方感恩节后紧接着的星期五，译者注）前1周一直到新年前都不发布任何重要产品，以保护其第4季度假期的销量（占全年销售总额的40%）。

虽然主要产品发布处于暂停状态，通常仍允许进行小的更新和修复。但预计相关方会非常保守地处理一些例外情况，而且通常需要管理层批准，他们希望确保产品发布带来巨大的商业利益和非常低的风险。

3．定义你的角色——发布后监控、问题升级和还原计划

产品一旦发布，你对问题的快速和周到的反应就成为至关重要的因素了，因为产品开始服务客户了。你应通过服务水平协议（SLA）对如何处理问题进行描述。服务水平协议定义了紧急、重大、重要问题，并确定了合理的响应时间、沟通计划和升级程序。它是技术运营、工程、产品和客户服务团队及其他团队之间的内部"合同"。www.influentialpm.com 上提供了一个服务水平协议的示例。

你的技术运营团队将监控系统的宕机时间、延迟和其他问题，也会报告正常运行时间、响应时间、其他性能和运营指标。他们还将发现并解决性能瓶颈，例如，数据库密集型应用程序问题和高负载下出现的边缘情况。

无论如何，要确保每个产品特性和功能都能够按预期实现。有时整个系统看上去不错，但也不排除其中的一个关键特性出现故障。如果忽略了监视重要和具体的特性，就会导致直到用户抱怨才发现问题的情况出现。

设想你有一个简单的网站，允许注册用户在文章上发表评论。你不仅需要在整个网站服务器和后端系统上实现自动化测试和监控，还需要在登录、密码恢复、注册、发表评论和编辑评论功能上实现自动化测试和监控。如果没做到这一点，就会带来问题，你的网站就会看上去运行良好，但实际上根本无法正常运行。

要减轻风险，就要和你的团队在特性级别添加足够（但不过量）的自动化测试和产品监控手段：

- 讨论可用于自动化测试和特性级别监控的内部和第三方工具。
- 对产品的主要组件和流程进行走查以寻找改进措施。
- 确定哪些特性具有更高级别，以及出现问题需要响应的速度。
- 要求客户服务部监控用户投诉并根据需要进行必要的提醒。
- 每当未能发现客户问题时，都要进行事后分析或"5问"分析。这将帮助你不断地解决问题，缩小差距。

最后，有可能的话，建立一个还原计划，允许你从已证明有问题的部署中还原。该计划让你有时间解决问题，减少紧迫性和对客户和运营造成的影响。

> 第4章介绍了"5问"方法。在第8章，你可以学到更多进行事后检验的方法。

基本上，在问题足够严重、解决方案未知或处理时间过长的情况下会发生还原事件。它将你的开发环境恢复到部署前的状态，在你解决问题时，业务可以照常进行。

通常，大家都希望避免还原。因为还原会很复杂，会让用户感到困惑，并被突然还原到旧体验所干扰。另外，还原还会导致少量数据丢失。

但是，与问题复杂化、客户和相关方越来越沮丧、团队几乎陷入恐慌、不知道原因或解决方案不断延期相比，还原似乎更可取。当你需要快速解决一个严重的问题时，团队可能冒险，例如，将未经测试的代码打补丁到已上市的产品中，这会让问题变得更糟。

还原允许你评估、查找根本原因、正确编码和测试修复，并以更大的信心部署它。当你不负责创建还原计划时，就要求制订计划者给你一个概述，要求测试运行以确保产品能够正常工作。

忽略特征标志和还原过程造成的影响

一家消费者公司将其非常受欢迎的一款产品开放了免费试用版，以提高未付费用户的转化率。其目的是吸引试用用户，这些用户在试用期内对产品有了良好的体验后，更可能在试用期结束时成为付费客户。

> 该小组花了几个月热情地准备实施为期1个月的试运行。他们致力于新的主页设计、允许访问新试用用户层的后端更改、支付和取消流程的更新,以及发送新的营销电子邮件和广告。该服务完成后,就向所有用户发布了。
>
> 一开始时势头不错,成千上万的用户进行了免费试用,看上去很成功。然而,在第1个月之后,就出现了一些问题,从免费用户到付费用户的转换率远低于预期,运营收入正在迅速流失。问题在于:许多以前只为1个月的服务付费的用户现在选择了免费试用。虽然免费试用推动了付费用户的增长,但这不足以抵消该月收入的损失。
>
> 高管们决定撤回并取消试用产品。但是,他们对该项目充满热情,没有人预料到可能需要进行还原。没有还原计划,也就没有办法为任何访问者关闭该特性。相反,必须启动一个新项目来进行所有的更改。
>
> 新版本的改进持续了几个月,在这期间,收入持续下降,压力也越来越大,该事件影响了其他项目。

技术部署核对清单

- ☐ 项目进度表中的系统或集成测试
- ☐ 针对缺陷的优先级分类框架
- ☐ 测试自己的产品
- ☐ 用于大型复杂产品的作战室
- ☐ 对部署计划进行书面化呈现
- ☐ 对部署策略达成一致
- ☐ 服务水平协议(包括产品经理职责)
- ☐ 产品特性级监控(每次检测材料断裂)
- ☐ 还原计划

β 版本的好处和测试方法

β 测试允许向有限的用户完全或部分发布产品,即使产品特性仍不完整或还有缺陷。客户会容忍问题和对特性的更改,甚至删除特性。他们也愿意提供反馈,并同意收集关于他们的更多数据。然而,运行 β 测试通常需要更复杂的应用环境,这样新的和现有的产品就可以同时运行。β 测试还要求组织在运行时要有耐心,能容忍变更,甚至失败。

1. 通过先向特定用户群体发布版本来控制风险

测试的目的是减轻风险。你在收集定量和定性用户数据和运营指标的同时限制了运营曝光率，这些数据和指标允许你调整产品，更自信地为市场发布做好准备。

选择哪些客户成为 β 测试用户取决于你的运营和能力，但你如何做出选择也可能影响返回数据的质量。以下 4 种策略可以帮助你找到和选择 β 测试用户：

- 选择性 β 测试。用户可以用一个切块开关来接收新版本，如果他们改变主意，就可以切换回旧版本。通常，在这个阶段收集的数据只适用于那些对尝试新产品更感兴趣的早期采用者或忠诚用户。无论如何，这种策略在招募最宽容和最支持你的用户方面是有利的。他们更宽容，更愿意提供反馈。

- 随机分配。用此方案时，可以指定一定比例的用户进行新版本评估。用户被随机选择并分配到测试单元中，因此行为、忠诚度或兴趣就不会影响结果。通过对用户的随机分配，在此阶段收集的数据将准确地描述产品将如何向所有用户发布。

- 限制型 β 测试。限制新用户数量，通常只采取邀请方式。你可以限制曝光率，慢慢扩大规模，以便更全面地测试产品，并争取时间来应对意外问题。随着时间的推移，你可以逐渐增加访问权限。新的初创公司也采用了这种技术，希望通过限制产品可用性来为产品制造轰动效应。

- 内部 β 测试。也称为内部测试，这是一种特殊的限制型 β 测试，仅针对具体的相关方。访问通常在认证过程之后进行密码保护或批准，目的是在客户参与之前，先由内部相关方提供反馈。

2. 部署新版本与现有产品并行

如果你的产品是对现有版本的升级，则测试版要求你将新版本与当前产品同时部署。同时运行两个版本在概念上很简单，但会给应用环境增加大量复杂性：

- 你需要单独的实体或虚拟服务器，一个用于旧代码，另一个用于新代码。两个版本不能相互干扰对方的性能和稳定性。

- 一旦你分配了 β 和非 β 用户，就必须确保他们始终使用正确的版本，这样他们就不会有混淆或脱节的体验。用户在会话开始时没有进行身份验证，这一点尤其具有挑战性。如果他们稍后回来，你可能不知道他们以前访问过，很可能给错版本。

- 你必须确保两个版本之间的数据完整性（它们必须共享公共基础结构或使用同样的数据）。必须确保以前的版本向后兼容，或者和多个数据库同步。

设计、构建和测试开发、准备和部署环境（包括 β 平台）是工程部门（而不是产品管理部门）的责任。但是，你必须了解这些复杂性，贡献需求，并确保在这些需求上投入足够的时间和资源。幸运的是，近年来，帮助管理 β 测试和 A/B 测试的第三方平台已经上市，一旦集成到你的平台中，就可以大大简化过程。

当运行与发布版本并行的 β 版本时，将 β 版本迁移到一般可用性是很容易的。你只需切换到新版本（之前是 β 版），就可以让它成为每个人的默认体验。可以分阶段逐步完成（10%、20%、40%、100%）。如果可能的话，将旧版本保留给那些希望在一段时间内使用它的用户。

3. 收集并应用用户反馈，在总体可用之前验证关键运营和用户行为指标

大多数用户知道他们在使用 β 测试版，将对遇到的问题、未经公布的优化和较差的特性更加宽容。如果你要让一个用户使用测试版，那么考虑清楚地传达这些可能性。确保网站、发给他们的电子邮件和其他客户消息说明他们处于 β 测试阶段，而且产品可能发生变化。如果他们愿意的话，通过额外的预防措施可以让他们回到以前的版本。

给用户一个电子邮件地址来报告问题、错误和创意，向他们发送调查或采访。因为 β 版的用户数量有限，所以你可以管理反馈量并专注于你最需要获得的内容，而不会带来重大的客户风险。

β 测试对在较小受众中验证核心运营和用户行为指标非常有用，同时也可以确保在统计相关水平上进行验证。你可以在问题产生强烈的负面影响之前发现并消除它们，或者树立对预期积极结果的信心（相对于你所陈述的关键绩效指标而言）。尤其是当你在 β 测试中随机分配用户时，可以将他们的行为与使用当前产品的用户（你的控制组）进行比较，以了解 β 测试的相对影响。

使用规格（第 6 章）中列出的主要指标、次要指标和反向指标来制定一个简短的指标清单，并特别留意那些会意外下降的领先指标。这些指标要么是产品导致用户行为发生不期望变化的迹象，要么是存在未被注意到的技术问题。

以下是一些典型的意外结果和领先指标：
- 收入下降（交易减少，转化率或更新率降低）。
- 用户激活减少（下载、访客"弹出率"、注册）。
- 用户参与度较低（花费的时间、页面浏览量、重复使用）。
- 弃用（退出——完成目标前就离开的用户百分比）。
- 特性使用减少（当你更改用户界面时，会无意中降低某些特性及其使用频率）。
- 对一个平台有影响而对其他平台影响并不明显（在和设备类型、浏览器或频道相关的指标或问题上更为明显）。

成功上市发布的技巧

上市发布本来就是以外部为重点的。产品经理参与（并经常上司）一系列活动，以完成将产品成功地交到客户手中所需的非技术性步骤。根据产品发布的规

模和概况，这些步骤可能相对简单，而复杂的发布却需要数月的规划。

1. 建立一个上市发布团队，从每个部门抽调人员

发布需要协调和计划，囊括许多跨功能的参与者。保持每个人的一致性和高效地朝着发布目标努力对团队而言是巨大的挑战。无论如何，不要仅仅因为你想保持团队的小型化和高效率而错过任何一个关键人员的意见。

组建一个产品上市团队或发布团队是可行的解决方案。该团队包括每个内部关键职能部门的一名负责人，负责支持（或受其影响）产品发布。每个成员的角色是：

- 参加发布计划会议（如每周举行）。
- 主动反馈本部门的需求。
- 监督并完成（或委派并确保完成）其部门上市任务。
- 将产品发布状态和进度反馈给其他人。
- 在职能部门向他人宣传和支持产品。

需要提前几周甚至几个月开始组建发布团队。

首先，招募产品发布团队成员并讨论他们的任何顾虑或需求。如果部门里有几个代表，设法确定谁最有可能产生积极影响，并做出必要的承诺。

外部团队成员不必是他们部门中最资深的（尽管对于重要的发布，很可能是最资深者）。只需能够代表他们部门的需求，负责与你协调，并与他们的团队进行沟通即可。

图 10.2 为你的发布团队确定了典型的理想候选人。

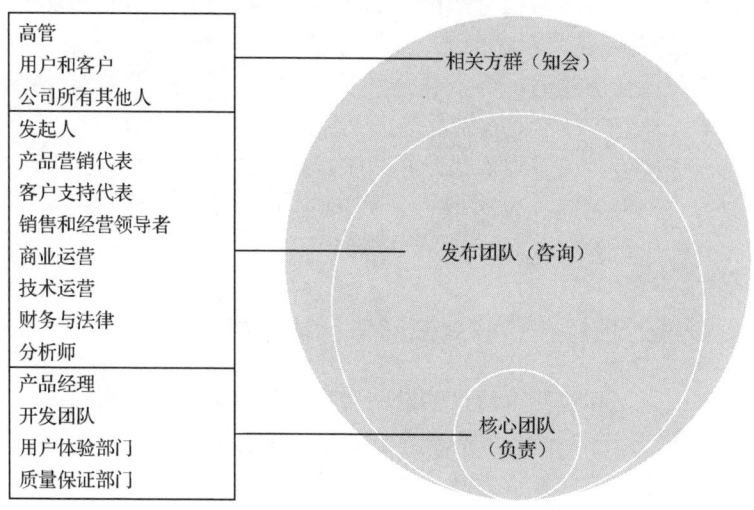

图 10.2　发布团队成员和职责分配矩阵（RACI）

根据不同的组织，这个通用框架可能适用，也可能不适用，你可以调整它以适应你的组织结构和决策流程。

- 发起人具有独特的作用。
  - 他（她）的资历足以消除整个组织的瓶颈。
  - 为其他高管提供项目信息，重申产品对运营至关重要的原因。
  - 通过公开认可贡献者和传达产品发布对运营的重要性来保持团队士气。
- 产品营销代表开展营销活动（包括公关、用户沟通和客户接洽）。该代表通常还负责产品传播和创造性资产。
- 客户支持代表是确保客户能够成功实施和使用产品的一线人员。根据所在的组织，该团队负责从回答客户询问到客户推广和最终成交的所有工作。需要开发培训材料，给他们时间并帮助他们成为使用新产品的专家。
- 销售和运营领导者需要了解产品用途、销售产品的方法并处理客户提出的异议。他们需要确信解决方案对客户而言具有高质量和高价值，否则他们就不愿意卖了。
- 其他运营团队（商业运营、技术运营等）也需要支持或运营产品。例如，他们可能需要制作内容、宣传产品、培训其他团队人员或管理供应商。他们需要调整运营流程，也需要时间来实施流程并培训员工。
- 财务和法律部门需要了解发布对收入的影响，处理未决的预算请求并签署所有监管或法律文件（如更新服务条款）。
- 分析师需要确保获取数据并将其反映在更新的报告中。他们还需考虑产品发布对其数据系统产生的影响，并做好相应准备。例如，他们需要知道一项新服务是否会影响一些关键运营度量指标（这样他们就不会将变更错误地归因于其他一些活动），或者是否需要跟踪变更。

定期开会以保持驱动力。为了获得更多的关注，确保提前发布而不是推迟发布，团队每个人都要为产品发布做准备。

当发布日期接近时，召集你的发布团队进行正式的准备状态评审，以解决遗留问题。签署一份发布通过或不通过的文件，重申每个人都是发布能够获得通过的相关方。一旦你知道可能推迟发布，就通知团队，一起把影响降到最低。

2. 建立关键绩效指标，这样就知道怎样才算成功

在发布之前定义和设置可测量的运营目标。如果关键绩效指标没有事先达成一致，会发生什么情况？什么才是测量成功发布的关键绩效指标？

- 目标不一致。有些人认为产品是成功的，而另一些人则有不同意见。例如，你可能已经发布了产品的改进版本，以提升客户满意度，但你的一些同事认为产品的预期重点是产生直接收入。当客户满意度上升时，你宣布发布成功，但如果

他们没有看到收入的立即改善,他们仍会认为是失败。

- 设定追溯性目标。也被称为"事后偏见",你可以在发布后回顾各种指标,并强调那些看起来有希望的指标,并宣布发布成功。这么做就失去了客观性,因为这些看上去的"收获"未能产生足够的收益来确保投资成功。
- 把发布误认为是成功的标志。产品发布后,每个人都去做别的事情了。几个月后,有人发现这个产品并不好用,而此时团队却早已撤出,也放下了他们正在努力修复的地方。

就指标和目标达成一致有助于你决定什么是重要的,以及什么时候你才能真正宣布你的产品发布成功。

正如本章在 β 测试部分中所强调的,它也可能有助于声明反向度量指标。这些不一定会随着产品的发布上市而得到改善,但如果它们下降,就会出现问题。例如,产品发布的目的可能是提高网站访问者向付费用户的转换率。然而,如果用户满意度(如净推荐值)或客户留存率急剧下降,那么产品就是不成功的。

在发布前对指标进行基准测试,并考虑提前就哪些差异是可接受的达成一致意见,例如,如果一个反向指标的下降率低于5%,你可能已经同意这个问题不会被认为严重到需要还原(甚至不值得解决)。

产品发布很少能做到完美。有了关键绩效指标,将有助于明确期望,并接受上市后的绩效度量。如果缺少关键绩效指标,就返回并找出原因,然后进行必要的更新。

> 第11章介绍了可以作为度量产品发布的关键绩效指标。第6章涵盖了产品规格,其中包括了主要、次要和反向度量。

3. 与客户和合作伙伴沟通

在发布之前,如果关键供应商、合作伙伴和客户会受到影响,就要与他们及时联系,不要给他们一个突然袭击。如果变更是必需的,哪怕变更对他们有好处,也要进行积极的沟通。一旦有很多客户使用你的产品,任何变更都会是一件大事。如果可能的话,给你的客户时间逐步切换,并让他们参与到过程当中。

以下是让客户和合作伙伴参与的实用方法:

- 提前通知变更。发出电子邮件、信件或其他通知告知变更。对软件即服务(SaaS)产品而言,强烈建议提前通知客户(特别是在你完成升级时预计会出现宕机,或者需要重新培训客户才能继续使用你的解决方案时)。对消费者应用程序来说,除非你要进行重大更新,否则提前通知并不是必需的,但用户会很乐意听到有价值的新特性,这时发布就可以成为让用户重新体验产品的机会了。
- 让客户或用户社区参与并支持。与客户合作开发一个简单的外展活动。把你的工作告诉他们，问他们是否愿意提供意见。即使你无法获得他们的反馈，征求意见的过程也有助于平复烦躁的情绪。当你能接触到有核心影响力的人，如知名品牌、大客户或社区论坛的积极参与者时，该策略特别有用。将他们变成支持者，就能通过他们帮助其他人接受变化。

● 制订滚动式计划。如果你在一家企业管理产品，与市场和营销部门合作，为现有客户制订分阶段滚动式计划，你就可以选择一次升级一个产品或一个市场。或者，产品更新周期可能和销售周期保持一致，即在客户续约后（有时在未来一年或更长时间）才升级。新版本产品往往成为更新换代的关键卖点。因此，需要支持产品的 2 个（或 3 个）版本更新并不罕见。图 10.3 给出了一个通用的新产品推出四阶段的示例。

推广阶段	时间	目标客户
早期采用者	0～2月	● 潜在客户（可能已经在使用你的 β 版了） ● 要求新特性的客户
低风险账号	2+月	● 新登录客户 ● 小型客户（强制升级）
周期性更新	更新中	● 当客户到达续约日期时 ● 具有独特集成或具体特性需求的客户
后期采用者	12+月	● 非常保守，反对改变的客户 ● 迫于监管要求的客户，但还没有完全信任产品 ● 使用快淘汰平台的客户，如浏览器、操作系统或第三方系统将不再支持新版本

图 10.3　通用的新产品推出四阶段

● 仔细倾听产品发布后的反馈。识别客户可以通过哪些渠道表达其积极或消极的感受：

■ 客户服务电话、电子邮件、聊天记录和反馈表。
■ 销售线索。
■ 实施人员（入职、整合、销售运营）。
■ 社交媒体、第三方博客、移动应用程序商店和用户社区。

嵌入产品的功能介绍

　　指导用户了解产品功能的现场教程、演示和介绍性弹出窗口似乎没有你想象中那么有效。大多数用户都会不用它们。这是因为他们不想重新学习你的产品，或者是因为他们想做点什么，而你却挡了路。因此，要让你的产品更加直观易用。

主动监控反馈并做出相应的回应。如果一个关键客户有话要说,提醒销售人员主动与他们通话。如果有会引起关注的问题,将发现的问题与行动计划一起告知相关方。别等他们来找你。诚实地回应,不要做出你不能兑现的承诺。

与市场部门合作

产品营销部门是产品经理实现产品发布成功的最大盟友之一。当然,并非所有的产品发布都包含营销预算和资源。然而,如果你有幸参与一个大型市场推广,一定要充分利用它。

一般来说,产品管理负责特性的定义和优先级排序,同时也负责交付约定的价值主张和差异化。市场部门负责信息传递:如何向客户宣传产品的好处。市场部门还可以帮助你开展一系列活动,包括客户获取、文案、信息传递、公关和销售培训。

使用以下技巧可以增加与市场部门合作成功的机会:

● 尽早邀请产品营销部门参与。在项目一启动时就邀请产品营销部门参与,或者在发现阶段刚结束,执行阶段还没开始时就邀请他们参与。大型产品营销活动是很复杂的。市场营销部门通常会记录所有的促销主题和活动,查看是否可以充分利用其他会议、事件或营销活动,或者会对产品发布设置一个截止日期。公司通常希望把公众的注意力集中在一些关键的事情上,而你也希望避免你的产品被更重要的事情淹没。同时了解是否有推动客户购买的广告预算,仔细管理日期承诺,并确保你的发布日期不会因营销活动而改变。

● 发布简报。用"同一种语言"沟通,从客户和市场的角度对你的产品做一个简短的概述。差异化因素对产品的新闻价值而言至关重要,市场营销需要吸引有影响力的人、媒体和客户。关注优点而不是特性,讨论特性或技术时要围绕如何支持价值交付上。将已知的风险和差距告诉营销人员,如果你知道"问题"(缺陷、不具备的特性、竞争对手的优势),也要确保市场营销人员知道,这样他们就可以绕过它们。

如图 10.4 所示,你可以在网站 www.influentialpm.com 上找到产品营销的简要模板和示例。

● 用户推荐和推荐信——在正式上市前,邀请 β 测试用户或当前用户撰写推荐信,也邀请其管理团队进行推荐,并撰写案例。理想的情况是,允许在公共场合提到他们已经开始使用该产品(特别是当他们以折扣获得预览版时)。寻求来自行业支持者、供应商或产品开发合作伙伴、标准组织或官方行业协会的支持。

注意不要过度依赖新闻发布会或引人注目的发布活动。公共关系是一项建立品牌和声誉的长期工作。它会给团队提供一臂之力并造成用户对产品兴趣的短暂提升,但从长远来看,它不能取代对用户的服务。

内部定位说明	● 产品愿景 ● 目标客户（参见第 3 章） ● 问题陈述或痛点（参见第 3 章） ● 定价（如果已知） ● 关键绩效指标和规格（参见第 6 章）
前 3 项客户利益	● 价值主张和差异化或独特卖点（参见第 3 章） ● 支持每个特性的优先级清单 ● 包括模型、设计、截屏或照片
益处或最优特性对比表	● 与前 2~3 名竞争对手的比较 ● 与以前型号或版本的比较 ● 在另一个平台上的现有产品（如电脑端版本与移动端版本）的比较
差距和风险（仅供内部使用）	● 缺少客户需要的特性或功能 ● 已知的问题和缺陷 ● 相对于你的产品，竞争对手的优势 ● 营销部门应防范的其他方面
可用性	● 系统需求和平台与以前版本的兼容性 ● 提供的区域、细分市场或市场 ● 合作伙伴或分销渠道 ● 日期范围或发布计划

图 10.4　产品营销简要模板

同样，要非常小心，不要在外部或内部进行太多的炒作或设置过高的期望。早期采用者可能是你最好的拥护者，也可能是最具攻击性的批评者。如果不达预期，你很容易失去投资者、潜在投资者和管理层的信任。因此，你要确保你只承诺你能实现的。

发布活动核对清单

☐ 产品发布团队组建

☐ 产品发布团队定期会议安排

☐ 定义关键绩效指标，设定基准并达成一致意见

☐ 向高端客户分发通知和公告

☐ 完成客户和社区推广

☐ 发布上市计划确定和共享

☐ 发布后反馈渠道监控和应对

☐ 产品营销简报撰写和分发

☐ 招募推荐客户，征集推荐信

管理发布后阶段

不要把你的产品发布看作是成功的标志。发布只是个开始,在产品稳定运行并达到规定的关键绩效指标之前都不应宣布成功。

如图 10.5(浴盆曲线)所示,产品在早期失效期中(当问题第一次变得明显时)或在耗损失效期中(当累积的技术债和较旧的技术变得难以支持时)出现故障的可能性更大。

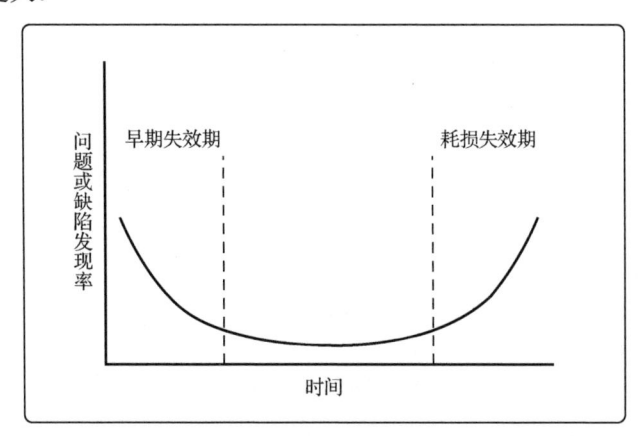

图 10.5 浴盆曲线

在发布之后,问题总是会出现,只有当用户达到一定规模对产品进行压力测试时才能检测到这些问题。让团队中那些构建产品的人组成一个随时准备好的响应团队,并让他们以一种有纪律的、积极主动的方式测试性能和解决问题。就像"第一反应者"一样,他们可以很快被派往事故现场,仔细评估情况,然后采取果断并经过深思熟虑的行动解决问题。

1. 建议不要在发布后马上重新分配开发团队

特别是当项目延迟时,管理者会倾向于立即重新安排稀缺的工程资源。他们可能将团队成员分配到计划在你发布后马上开始的新项目中,尤其是在下一个新项目已经定了截止日期并且一直在等待你释放资源的情况下。

与此同时,刚刚发布上市的产品直到问题变得足够严重才被发现会让每个人都感到惊讶。由于没有人留下来解决这些问题,在项目中工作的开发团队必须被拽回来,以便在处理新项目的同时尽可能地解决之前项目中的问题。

因此,如果可能的话,在发布后几个星期,保留部分或全部开发成员参与后期工作,随着信心的上升,才慢慢释放人员。保障系统的每个部分都能由至少一名专家工程师支持(不要离开团队)。在不紧急期间,团队可以清理、移除技术债并解决缺陷。

2. 主动审查运营指标和绩效

尽管你会深入进行发布后问题清理和运营工作，也要对客户反馈和关键绩效指标进行监控，确保产品成功地达到目标。去主动发现问题！不要等到突然来个问题报告，或者某个相关方质疑为什么运营指标突然下降时才采取行动。

- 度量绩效并进行沟通。监控你在发布前制定的成功标准。趋势稳定可能需要几天、几周甚至几个月的时间。如果你注意到消极、不确定或不一致的趋势，告知你的观察结果并制订行动计划。同时，根据你定义的反向度量指标，确定产品是否有任何非预期的效果。即使你已经进行了测试，你也必须在发布后的很长一段时间内继续对产品进行监控。
- 和客户进行闭环沟通。在允许客户在短时间内学习和熟悉产品后，与客户建立联系，进行一系列访谈，确保他们采用产品并帮助他们实现目标。收集反馈以规划未来的改进。
- 通过技术运营跟进技术性能。如果出现问题，技术运营部门通常会找上门来。让他们和你分享数据并不伤人。询问他们何为稳定的产品，以及你的产品是否符合他们的标准。同样，监控并报告新发生错误的比率。一段时间后，问题出现的速度应该会下降到远远低于解决问题的速度（接近稳定）。

3. 行动前遵循严格的流程确定问题的根本原因

你感到有压力，因为需要尽快解决问题，这很容易理解。然而，现比以往任何时候都更重要的是要遵守纪律，即遵循既定流程来解决问题。许多大大小小的组织都有发布后问题解决的成熟流程，旨在确保有效解决问题。在解决问题之前，先问自己两个问题：

- 这个问题有多重要？
- 我们真的知道根本原因吗？

发布后不仅仅是维护

在更传统的流程中，发布后会有一个"维护"阶段。这种做法是假设交付的产品是正确的，现在只需要维护。实际上，高达30%的开发资源要用于解决问题和优化已经发布的产品。

在我工作过的一家公司，产品上市后不久，我们就计划重新分配团队，开始一个新的项目。这意味着工程师必须对之前项目中出现的意外问题做出响应，同时还要努力推进下一个（已经延迟的）项目。

为了解决这个问题，我们需要在整个组织中提供支持，并将错误修复工作分配给所有空闲的工程师。然而，通常只有原来参与的编码人员对系统有足够的了解，能足够快地解决意外问题。这就造成了单点故障，因为一些工程师拥有专业知识，比其他工程师能够更快、更好地解决新问题。

最终，我们找到了更好的方案：

为发布后问题清理和支持做出时间安排，在下一个项目上逐步增加资源投放。

保持团队仍然在一起工作而不是解散他们。为他们提供类似项目，以便开发团队能够更长时间地对他们开发的系统负责（以及修复缺陷）。

使用结对编程、轮岗和跨团队代码评审来强化知识共享。

授权产品经理优化运营目标而不是进度表。当优化或增强现有产品对运营目标的贡献更大时，就允许他们推迟启动新项目。

如果不花时间进行分析，你是无法完全修复缺陷的。只是打上一个未经测试的补丁，情况没有好转，甚至可能更糟。虽然紧迫感是一个值得高度赞扬的特质，但在危机中缺乏纪律却不值得称道，因此要抛弃个人英雄主义。

你必须阐明团队何时处于探索模式（评估错误并调查原因），何时处于操作模式（修复缺陷并打补丁）。只有在明确优先级、风险和未来路径之后才能采取行动。

用根本原因分析来验证假设和可能的原因。分析可能远远超出了简单解释，也许缺陷只是冰山一角。召开团队会议验证假设，并生成备选的解决方案。向发布小组通报问题、进展和解决方案的状态。

有时解决问题的时间较长，会带来挑战，或者感觉你要传达太多的坏消息。如果更新不及时，他们又会认为，团队没有意识到问题或需要帮助。

在 www.influentialpm.com 上可以找到针对发布后的问题进行根本原因分析的严格流程。

对发布后的问题进行沟通

当出现问题时，限制响应者与你沟通的信息量，并主动向善意的相关方提供可用的工作更新。保护团队。如果你或相关方需要冗长的解释和频繁的状态报告，就会分散团队的注意力，使得他们无法集中精力解决问题。

4．举办发布回顾会来讨论流程改进

尘埃落定之后，尽管这些问题在你的脑海里都是新鲜的，但还是要花些时间公开讨论哪些地方做得好，哪些地方做得不好。鼓励每个人诚恳地参与讨论，这样就可以学会如何让未来的发布取得成功。邀请所有发挥关键作用的核心成员和发布团队成员参加会议。

回顾而不是指责。这么做有助于创建一个融洽的氛围，让每个人都相信，在当时的情况下，基于当时的理解及可用的资源，他们已经尽了最大努力。

议程可以简单些。这样做的目的是集中精力，让交谈成为一种舒适的体验，避免造成所有人放任自由的体验，也要避免自我批评。议程可以包含以下主题：

- 提醒每个人回顾"参与规则"。
- 询问哪些方面做得好（或者至少比上次好）。
- 询问哪些方面可以改进。
- 在那些可以改进的方面，询问一下团队有哪些不足并承诺下次改进。

虽然这 3 个问题已经足够了，但一些额外的问题将有助于推动公开和以事实为导向的讨论：

- 从发布前两三周前开始，一步一步地回顾发布过程。什么进展顺利？什么不顺利？
- 与发布后相比，发布前检测到的缺陷率是多少？我们漏掉了什么？
- 开发或部署流程和环境是否有助于我们提高效率和效果？
- 我们是否达到了发布目标？
- 作为一个团队，我们是否进行了更好的合作？
- 内部沟通的质量如何？外部沟通呢？

要求参与者提前写下他们的想法。利用便利贴就可以将大多数问题摆在桌面上，就像在会议前向主持人发送一个清单来整理参与者反馈一样。将已知问题、原因和其他观察结果的清单带到会议中，以便涵盖所有内容。

产品经理不应主持回顾会。理想情况下，找一个不涉及个人投资的第三方，或者找一个在团队中广受尊敬的开发领导者来主持会议。

根据你发布新产品的频率，一个好的目标是从每次回顾会中获得 3～5 条关键建议。

5. 庆功会

我们常常会忽视这个环节。你应该庆祝团队所做出的努力，因为是他们开发了产品并交付到客户手中。

当然，产品可能并不完美，几乎可以肯定还有很多工作要做，也许你已经在考虑启动下一个项目。但是，你也应该花点时间让每个人反思、放松和享受他们取得的成就。

发布后核对清单

- □ 组建快速反应小组,根据情况逐步安排小组成员其他活动
- □ 回顾运营、次级和反向度量指标
- □ 与客户保持紧密联系
- □ 跟踪技术性能指标,确保稳定性
- □ 定义并遵循严格的问题诊断和解决程序
- □ 举办发布后回顾会
- □ 庆祝个人和团队的成就

庆祝活动可以很简单,如举起啤酒杯或敲锣,也可以乘船旅行,去餐馆或休息几天,以弥补每个人额外投入的时间。

几点建议:

● 邀请一位资深相关方说些真诚的话,并与所有做出贡献的人进行交流。请他(或她)强调团队完成的工作对运营和客户产生的影响。

● 对个人进行公开致谢。尽可能多地召集核心团队成员,具体列出他们的贡献(仅仅说"杰出的工作"是不够的)。也许有些团队成员不喜欢成为聚光灯下的焦点,但要知道忘记某个人比不认可所有人要更糟糕。

● 收集来自客户服务部门或来自客户的电子邮件,分享这些感谢信。

庆祝活动结束后,一定要把发布会置于其中。发布只是一个短暂的时刻。享受给客户提供高质量产品的乐趣,然后重新开始工作。不要等到有了完美的产品才发布上市,而是要设定一个节奏,经常输出价值。不断迭代和持续学习更值得推荐。

第11章 对成功的度量

——运用有效指标跟踪和提升客户价值

本章学习要点

1. 用于度量产品的性能并显示改进重点的 5 个以客户为中心的度量标准。

2. 如何设计有用的以客户和运营为中心的指标，以及避开常见的陷阱。

3. 可用于产品度量的框架和度量示例。

5 种以客户为中心的产品绩效指标

最有效的产品绩效指标有 5 种，将其综合起来，就可以全面了解产品的健康状况和财务可行性。

- 产品流（Product flows）——客户能否通过产品实现目标？如何实现目标？
- 可操作的价值导向指标（Actionable value-based indicators）——通过使用产品获得价值的客户行为领先指标。
- 客户满意度（Customer satisfaction）——产品是否达到、超越或未达到客户期望值？需要关注哪些具体领域？
- 客户关系漏斗（Customer relationship funnel）——如何优化客户在每个阶段的体验，然后引导客户与你的企业和产品间建立更紧密的联系？
- 客户终身价值（Customer Lifetime Value，LTV）——从长远来看，你的产品对客户的价值有多大，能否支持可行的、可持续的业务发展？

如图 11.1 所示，图中列出了构成产品持久竞争力的成功指标。优化的产品流是基础层级的指标，健康的客户终身价值是最高层级的指标。针对每项指标，都需要花时间来收集足够的数据，观察趋势，跟踪和分析，以及为解决复杂问题制定有效策略。

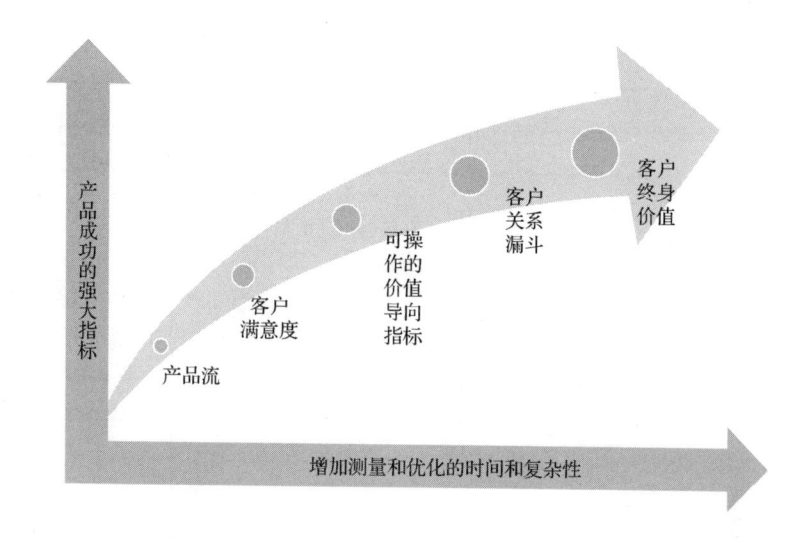

图 11.1　5 种以客户为中心的产品绩效指标

总而言之，这 5 种指标提供了产品绩效的整体情况。应用这些指标，你可以跟踪服务的有效性，可以通过客户感知及产品生命周期中的行为来理解价值，也可以帮助理解支持和扩展产品的经济性。表 11.1 提供了每个指标的说明、目的，以及根据指标内涵采取的行动。

表 11.1　5 种产品绩效指标总览

内　　容	原　　因	方　　法	措　　施
1. 产品流			
用户在不同的产品间顺利切换，直到实现目标	● 大多数产品都有复杂的接口，每个步骤都有多个备选方案，每个决策点都是用户纠结或放弃之处	● 在用户交互时，从进入起点开始一步一步地分析（如从一个屏切换到下一个屏） ● 逐步跟踪（每次访问）	● 找出导致无法进入下一步的原因。构思并通过测试消除这些问题 ● 理顺接口。帮助用户完成最关键的任务 ● 减少完成目标的步骤
2. 可操作的价值导向指标			
客户具体行为或与产品核心功能的交互。它们表明客户正从产品中获得价值	重复、频繁和持久的使用是成功创造客户价值的体现（也是客户保有率的领先指标）。领先指标能够帮助你更快地发现和解决问题	● 需要瞄准产品中关键的、以用户为中心的目标，并说明你的工作是朝着目标前进的 ● 对用户群和多个用户进行沟通跟踪 ● 使用相对比度量指标（百分比或比率）	● 了解为什么用户没有像你希望的那样频繁地使用你的产品 ● 将产品开发的重点放在那些你认为最有可能鼓励重复和深入使用的改进上 ● 定期跟踪新用户群，跟踪和度量改进效果

续表

内　　容	原　　因	方　　法	措　　施
3. 客户满意度			
客户对整体服务的满意度（包括满意或不满意的潜在因素）	经常使用产品并不代表具备满意度和忠诚度。客户满意度是长期留住客户和获得客户支持的一个领先指标	● 对偶尔和习惯性使用你产品的用户进行定期调查 ● 测量产品收益和功能（包括整体和具体领域），找出问题的根本原因 ● 通过专业研究对结果进行量化，增加更多细节	● 改进缺陷，即使这些改进不会立即带来短期收入或直接商业利益 ● 优先增加或改进满意度低但重要程度高的特性
4. 客户关系漏斗			
在其生命周期的每个阶段，能够成功地让客户使用你的产品	潜在客户和当前客户的参与程度，以及他们为什么和如何使用你的产品。你的产品必须不断更新，避免遭到客户抛弃	● 将所有用户按生命周期进行分类，如领先用户、试用用户、付费用户和忠诚的长期用户 ● 跟踪从一个产品生命周期阶段进入下一个阶段的成功客户百分比，以确定哪里发生了客户流失，哪里需要改进	● 确定漏斗中哪些步骤的流失率最高（和最低），提供给产品开发作为重点参考 ● A|B 测试计划将帮助更多用户逐步进入下一个阶段
5. 客户终身价值			
用成本效益吸引新客户，并维持效益和足够高的毛利率，确保产品长期盈利	获得忠诚和满意的用户并不足以将业务进行规模化并实现可持续。必须能够在每个客户的生命周期中获取商业价值。客户终身价值避免了短视思维（如只关注季度收入目标）	● 计算每个用户的平均收入，减去可变成本，同时考虑生命周期中付费客户的流失 ● 分别监督每个渠道或客户细分市场，以便优化获客成本	● 了解哪些细分客户最有价值（当排序特性的优先级时非常有用） ● 当获客成本小于客户终身价值时，提供有关投资和规模化的渠道及何时投资的信息 ● 协助产品定价分析（有时价格定低些会更好，可以降低客户流失率，提高客户终身价值）

　　需要根据不同的服务产品、产品生命周期和组织的数据分析能力来选择方法和指标种类，为特定的组织制定特定的指标。

　　当你在制定一系列需跟踪的度量指标时，要根据产品成熟度和面临的最大挑战,来强调一些(可能只有一个)关键度量指标。这会帮助你和团队集中精力在对绩效影响最大的工作中。太多的度量指标会造成混乱,尤其是当一些度量指标之间产生冲突时,就很难进行优先级排序了。

本章介绍了所有度量指标的关键属性,然后对 5 种产品绩效指标及相关框架进行逐项介绍。每个企业都会根据其自身情况对数据收集、分析和报告的定义和方法进行调整。本章旨在帮助你了解重要的度量指标,了解如何为产品定义指标并防止陷入常见误区。

在 www.influentialpm.com 网址上,提供了常用度量指标定义的示例、图表和报告及相应的分析和练习,以便帮助你更深入地了解本文所涵盖的内容。你还会获得一个常用分析工具清单。随着行业快速发展,该清单也会得到不断更新。

有效产品绩效度量指标的特征

有效的度量指标将使团队聚焦在一个共同的、可操作的目标上,这些目标易于度量,可以得到明确的结果和经验教训。但并不是所有绩效指标都是可跟踪的。有效的度量指标能够发挥作用,是因为:

1. 有效度量指标是可操作的

可操作指标能够充分帮你寻找问题,从而确定潜在的解决方案。至少可以成为你进一步研究或实验的假设条件。可操作指标还可以让你有所为有所不为,这在为资源不足的团队确定工作优先级时是非常有价值的。在选择指标时,问问自己,如果这些数字上升或下降,或者保持不变,你会怎么做。如果无法采取具体行动时,就要考虑选用别的指标。

从本质上讲,采用相对比值,如比率和百分比来设定指标较为可行,因为你通常可以提炼出生命周期中产品改进的变化和趋势。与绝对值不同,它们受非产品因素的影响较小。如果指标很容易被不可控的外部因素影响,那么你很难有所收获。

同样,一个可操作度量指标必须是可测量的。如果要快速迭代,度量必须提供快速反馈。迭代时间应尽可能短,最好是几天或几周,而不是季度或年度。

也就是说,要注意潜在的下游和滞后效应。例如,通过改进设计来增加客户转化率,你希望很快看到用户购买率是否在提高,但你需要一段时间才能看到这些客户是否参与,以及稍后是否与老客户一样重新购买产品。

2. 与产品目标相吻合的度量指标

许多指标(如那些度量短期财务目标的指标)与实际的产品绩效几乎没有关

系。好的产品度量指标是能够与以客户为中心的目标相吻合的。这些指标可以帮助你确定产品改进方向。其度量的是为客户提供的价值，而这些价值反过来又会对商业贡献产生积极的影响。产品经理应尤其关注对客户有利的要素。仅仅追求短期的商业目标会降低长期价值，也会导致团队"不惜一切代价"实现目标，而这些短期目标既不是战略性的，也不是客户想要的。

每个企业都希望追求价值最大化。但如果增加收入是唯一的目标，那么团队可能以牺牲长期可持续性为代价，投入所有资源来实现短期销售最大化。或者，团队会优先考虑一次性开发工作，以确保客户交易，而不会为更广泛的目标市场开发功能。有效的产品指标度量可持续的、可扩展的业务价值，能为客户带来长期收益。在产品准备就绪之前，不应被交易驱动或过早进入规模化或增长通道。

3. 实用指标规避了平均值和相关性偏差

平均值掩盖了潜在的用户行为和趋势。例如，如果你有 100 个人在使用你的产品，其中 90% 的用户使用时间为 10 秒钟，10% 的用户使用 2 小时，这是否比 100% 的用户使用 10 分钟要好？经过统计平均使用时间为 10～12 分钟，但真实情况是，该产品未能得到绝大多数客户的充分使用。因此可以用中位数和统计分布来代替平均值。中位数会揭示典型用户的行为，而平均值会受到异常值的过度影响。分销中出现有趣和异常"亮点（blips）"意味着有问题。你需要对不同的受众类型、渠道和平台等所有数据进行细分，然后寻找那些可能导致有价值的洞见和突破性创意的间接驱动因素。

过度使用平均数造成的危机

在跟踪一家媒体公司的广告效果时，我们最初使用了一个"平均参与时间"的指标，该指标侧重于了解用户点击广告后与品牌互动的时间。我们得出一个健康时间指标，大约 30 秒（比电视广告效果好！）。

然而，当你观察整体分布曲线时，却发现了另一幅画面。图中有一个非常尖锐的峰值，许多用户只花了 5 秒，还有一个长尾，很少的用户会花 30 秒钟。想象一个标准的正态分布曲线，其中的峰值靠左侧。

虽然我们有高效的解决方案，但闲置用户太多了。我们需要提高初始体验的质量，让用户的注意力更长久地集中在我们的产品上。

我们对普通用户所做的效果被平均时间人为地夸大了。

通过将数据调整到中位数时（50% 的用户在曲线左侧，50% 的用户在右侧），显示了用户时间减少了大约 20 秒。这个结果仍然比大多数在线广告商的效果要好，更准确地显示了典型用户通过我们的解决方案与品牌互动的时间。

同样，不要混淆因果关系和相关性。相关性是两个变量之间的关系，但并不意味着一个变量的变化会导致另一个变量的变化。要确定是否存在因果关系，只能使用分割测试等技术，以便让离散的客户组体验不同的版本——一个受控的和另一个要验证的特性。因为你消除了所有其他影响，所以该特性会产生相应结果。

4. 有效的度量指标是明确的、共同的并可被稳定度量的

选择具有清晰、精确定义的简单指标，以便分享领悟。用一个简单易懂的方法来计算。创建一个数据字典，每个度量要包含以下内容：

- 清晰、描述性的命名（无歧义）。
- 度量指标业务很重要的理由。
- 持续度量的周期。
- 跟踪和计算的文档化方法。
- 处理边缘情况和异常值的方法（在分析中排除或限制的内容）。

相关性与因果关系

一位团队成员正在评估网站上新功能的有效性。他尽职尽责地收集数据，将用户分成两组：使用特性者和未使用特性者。然后，他进行了一项分析，看这两组人谁在产品上花了更多的时间，谁反复使用的频率更高，或者作为付费客户谁停留的时间更长。

结果显示，使用特性者比其他人表现更好。

不幸的是，他错误地认为新特性提高了参与度。然而，与参与度低的用户相比，积极参与的用户更有可能尝试新特性。结果产生了偏差：这两者间有相关性（高度参与的用户倾向于使用新特性），却没有因果关系（新特性提高了参与度）。建立实际因果关系的正确方法是运行一个随机 A/B 测试（其中一些用户看到了新特性，而其他人没有）。

- 排序、筛选和进一步细分客户方案（如按客户类型或渠道）。
- 预期范围："超出范围"意味着可能存在异常或计算错误。
- 随着时间的推移可能影响指标的行动或事件（产品发布、优化测试、外部因素、度量方法改变、丢失或损坏的数据）的历史记录。

帮助相关方理解你所选的主要度量指标的重要性，对这些指标的定义，以及如何报告这些指标。这样做可以防止相关方在你改进了主要指标时却抓住次要指标不放。

数据质量至关重要。你的数据库和跟踪系统必须经过彻底测试，具备可靠性、高效性和自动匹配功能。如果数据易丢失或报告不正确，那么你的度量将不准确。你的信誉就会因数据不准确而受损。

理想情况下，你公司的任何成员都应该能够获取相同的源数据，再现分析并得出相同的结论。

与相关方在度量指标定义上达成共识是非常重要的

我们对网站的搜索引擎进行了重大优化，并认为优化结果取得了重大成功。虽然大多数流量继续通过主页获得，搜索引擎也建立了数千个"深层链接"，包含以前未被搜索引擎爬虫程序获取的内容页面。通过提升搜索引擎界面的友好性，我们的网站访问量猛然增加了30%。

然而，将访客转化为付费客户的效果却不太明显。网站的平均转化率下降了（主页不错，流量增加了一倍多，页面转化率降低了）。总体销售额在提高，说明我们带来的结果还是明显的，但相关方仍对结果表示怀疑。

我们既没有仔细定义我们的转换率指标，也没有将主页流量的绩效和深度链接进入页面的绩效区分开来。较低的平均转换率甚至一度让一些管理者认为总销售额下降了，我们应该考虑减少效果较差页面的流量。

经过多次会议和说明，我们用实际结果说话，拿出数据证明是我们的优化带来了销售增长，最终得到了相关方的认同。这件事给我们这个为目标付出如此艰苦努力的团队带来了深深的失望和挫败感。如果我们首先明确了机会和项目目标并就度量成功的标准达成一致的话，原本可以避免这次危机。

考虑客户体验全过程

许多产品在用户网站或应用程序之外会有更多的客户接触机会。广告、应用程序商店清单、社交媒体渠道、电子邮件、推送通知和客户服务互动都是客户体验的一部分。此外还有实体接触机会，如可靠的装运和交付实物等。

这些外部因素可能造成体验脱节，是你改善服务的最大障碍。你需要画出客户体验全过程并寻求改进，尤其对那些没有太高技术要求之处进行改进。

改善产品流

用户使用产品的每个阶段都是一个离散的过程。用户希望用你的产品实现目标，最后实现了吗？是否还没有达到期望就放弃了？在此过程中他们是否花了很长时间或是效率低下？是不是在某些时候他们会变得异常困惑？

从客户接触产品开始，一步一步地跟踪用户使用全过程。回顾用户做出的每个决定、每个页面或组件、每个动作和结果，寻找阻碍用户完成任务的不便之处。

由于许多易于集成的现成工具的出现，产品流分析成为产品经理采用的最简单方法之一，它帮助产品经理获得指导可用性和流程改进所需的洞察力。

无论如何，你要花时间定义可跟踪事项，将其添加到产品需求中，并仔细理解和分析数据。

回顾一下第 7 章中介绍的 Centsible 案例。该案例中，我们邀请用户参加一个小测验，以了解他们理财的更多信息，并用信用卡来跟踪他们的消费情况（以及收到的优惠和建议）。该产品流如图 11.2 所示。例如，产品经理发现只有 30% 的潜在申请者达到了他们的目标，产品经理希望将该比例提高到 50% 或更多。

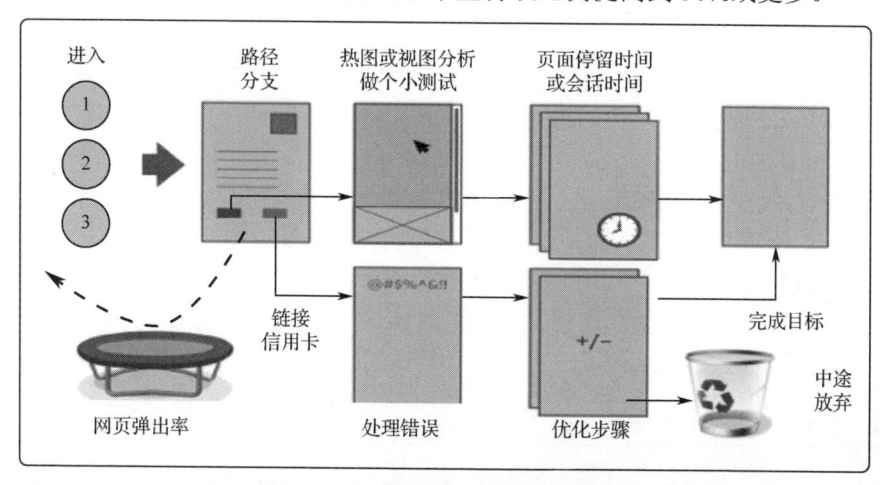

图 11.2 Centsible 产品流概念示例

产品经理决定研究流程中的潜在问题，验证假设，分析可能的原因并在数据中寻找蛛丝马迹。一旦发现线索，产品经理就开展进一步的客户研究或 A|B 测试，以改进每步并提高目标完成度。

网页弹出率是个单一指标，通常表示用户在扫视了一个页面或一个屏幕后，没有找到他们要找的内容，就会离开页面。要提高 Centsible 网页弹出率，产品经理就要改进首次体验和信息传递方式。

或许他们应该尝试登录页面和采用个性化技术，使不同的流量源更具相关性，能"说出"用户的独特需求。然而，网页弹出率可能产生误导，尤其当你的产品是在单页视图提供价值时。

产品流很少是页面上的线性选择，在逻辑上表示用户可以采取的不同方向，即分支（路径分支）以实现不同的目标并链接回以前的页面。太多的选择会增加认知负担，并可能使用户感到困惑（迷失方向）。在类似 Centsible 的情况下，最好让用户集中精力完成一个主要目标，并鼓励用户稍后再完成另一个目标。

你可以使用一些工具和用户研究来分析点击、移动手势和滚动行为（热图和视图分析）。更高级的工具甚至可以评估用户正在扫视、阅读或停留的内容。你可能认为你的页面中核心功能和内容是一目了然的，消息传递也很清晰，分析后却发现用户搜索他们想要的内容时要看完整个页面，有时还会误点其他地方。仔细查看 Centsible 中测验功能的热图，可以发现用户更加关注测验内容（假设它位于页面中心）。

需要跟踪并确定经常发生的、会让用户恼火的错误情况。这些错误可能是由于消息传递或页面设计不完整或不清楚造成的。千万不要以为是用户的错。相反，用心指导并帮助他们避免错误，并在因用户导致的错误发生时尽快补救。Centsible 的产品经理会通过实时验证和明确的错误消息传递，研究如何避免因信用卡信息错误输入而妨碍用户的进一步操作。

也许有些服务喜欢实现较长的页面停留时间或会话时间。对于 Centsible 来说，用户与测试互动和了解更多个人财务信息是所需的，然而产品经理希望减少用户信用卡链接的时间。

产品经理还可以优化步骤，增加或减少完成任务所需的步骤数。由于他们没有得到他们所追求的价值，因此会困惑、急躁或是失望，在其中的每步都有可能导致中途放弃使用产品。因此你需要专注于消除或改善高退出率的步骤。在后续步骤中持续提供反馈，让用户感觉更接近目标。

> 用第 4 章介绍的亲和图、头脑风暴技术、RICE 优先排序和对比测试工具来确定并执行产品流优化策略。

考虑每个步骤的认知负担。步骤少未必更好，因为这意味着你会增加每步的复杂性。回顾信用卡链接流程，产品经理可以发现，在一个页面上询问用户的所有信息会让人印象深刻，而把这个页面分成两个或更多的页面会减少退出机会。有时，你可以通过添加步骤来增强你的价值主张，并引导用户一步一步地走向最终目标，从而改进结果。

防止用户中途退出

在一个社区产品上，我们度量了注册和个人信息设置过程中的退出率。虽然许多用户完成了初始注册，但在填写个人信息的步骤中，用户数下降了 30%。这显然降低了我们增加活跃用户的能力。

我们通过头脑风暴找出一些方法。有些方法很简单（如加强消息传递），另一些方法则相当激进（如取消个人信息设置步骤，允许用户立即加入社区）。

简单的方案带来的成效并不明显（我们仍然对新用户要求太多）。激进的方案也被摈弃了，因为有些人可能创建无效或重复账户，并以不可接受的方式行事，将整个社区完全置于危险之中。

我们对少量用户应用了几种不同的组合，以找到降低退出率的办法，同时提供足够的真实验证以保护社区。最终方案是：要求用户上传一张个人资料照片并输入电子邮件地址就足够了。一旦用户从产品上体验到足够的价值，我们再让用户补充其他信息。

此外，我们还添加了一个照片验证识别功能。帮助我们的客户服务团队快速找到非真人或重复账户的个人照片，并剔除这些照片。

优化产品流的更多策略

- 速度很重要。因此，通过缩小页面和图像大小来确保产品快速上传。测试在目标环境中的响应时间（不是所有用户都有高宽带）。
- 用户体验团队可以帮助组织导航和构建总体信息架构，以便用户快速找到他们需要的内容。记住，不要用专业术语和用户沟通！
- 识别用户在每个步骤要实现的主要目标。突出重点并优化信息传递。消除较不常用的路径（用很小的菜单或在侧边设置链接）。
- 在需要用户较高承诺的步骤，如在购买时的结账步骤，通常会有较高的退出率。需要尽可能少让用户输入数据，减少杂乱，并且尽量减少互相竞争的行动召唤，集中用户注意力。
- 考虑在用户悬停或点击（可以使用 JavaScript 完成）时在页面中逐步显示辅助信息和无限滚动技术。用户不必加载新页面或单击"下一步""更多"，也不必在开始时使用过多内容（同时仍然可以方便地访问其他信息）。
- 你需要确保跟踪正确测量用户与服务的实际交互时间。后台窗口或应用程序可能夸大计算，从而在用户未积极参与时增加会话时间。
- 查看日志中经常出现的错误，并尝试使用说明、表单验证和即时反馈进行规避。
- 评估用户是否在一次尝试中成功地从错误中恢复。如果没有，那么你的错误消息可能表述得含糊不清，或者是从内部受众角度出发编写的。不要把错误留给开发团队，除非你想让他们亲口说出"错误 #U4395：输入无效"。

通过更好地理解现有流程中最大的痛点所在，产品经理可以专注于最高的有利步骤（不要一次尝试优化过多的产品体验，因为这可能造成浪费，而且很难辨别哪些变化带来了好处）。

通过与团队进行头脑风暴，你可以测试有潜力的创意，不断改善产品流。同样不能忽略简单的布局和消息传递更新，这些更新不但能带来巨大的差异化，还很容易测试和部署。

虚荣指标与可操作的价值导向指标

虚荣指标通常会导致公司资产或管理升级。指标就像一根曲棍球棒，彰显着你的产品规模已经（或将）变得如此庞大和令人印象深刻。虽然虚荣指标看上去不错，但它会掩盖基本的运营和产品问题，影响人们对用户从产品中获得价值的理解。

- 它们只是用来炫耀的。它们给人一种成功的错觉，如令人印象深刻的增长，但可能没有产生可持续的客户或运营价值。
- 它们过度优化短期决策（如暂时增加收入或交付产品功能只为了赢得一笔交易）。
- 它们是不完整的，只是描绘了一幅不完整的画面（真正的问题隐藏在表面之下，被表面上积极的结果所掩盖）。
- 它们往往与其他指标高度相关，无法将产品决策与其他因素（如销售和营销活动或外部市场趋势）分开。
- 它们不会顺利导向更深入的分析和可操作的更新。

哪些是更能体现产品成功的指标呢？

- 下载了很多移动应用程序却从来不用？还是下载少量的移动应用程序，但每天都在使用？
- 电子商务服务中的客户总量，只下过一次订单？还是一个较小的忠诚的回头客群？
- 你的社交媒体关注者被动地查看和"喜欢"你的内容？或者是一群热情的经常参与并分享你的帖子的社区用户？
- 一个吸引了数百万每月平均停留 10 分钟的活跃访客的媒体网站？还是 10 万个热情的读者每天花 30 分钟在你的网站上？

在上述例子中，优化后面的指标比优化前面的指标更为重要。

可操作指标是指那些精确定位和度量客户在产品中表现出的特定行为的指标，这些指标表明他们从使用你的产品中发现了持续的和实质性的价值。可操作的价值导向度量符合本章开头所述的"良好产品度量的属性"。具体而言，可操作指标具有以下部分或全部特征：

- 它们在不同客户群体和时间段中都适用。你可以经常或持续对他们进行测量。特别是你会发现它们都是比率而非额度值。
- 它们是用户留存度的领先指标，因为它们预测（或导致）用户继续使用你的产品。
- 它们使用户的目标和最大利益与产品开发团队的活动相一致。

- 顾名思义，它们是可操作的（通过进一步分析），并将重点放在它们指导产品团队识别改进具体度量的计划上。
- 它们将产品改进的效果与外部性或其他活动分隔开。产品改进后的增长率意味着一部分用户已经受益。

这并不是说，你的公司不应该跟踪注册用户、收入和客户增长等，也不应该偶尔为短期改进做出优化决策。但这样的指标并不适合作为产品经理职责中的一部分。它们会产生不达预期的激励效果，使你专注于那些不会为客户或公司带来长期价值的活动。通过跟踪可操作的指标，你可以平衡竞争目标，并授予你的产品团队以章程，从而为用户实现价值。

可操作的度量可以从高层级测量产品的总体绩效。高层级度量通常由负责整个产品的高级产品领导者来制定。在一个产品经理负责的任务中，会是深入到具体特性中的具体指标，如测量发现该特性并完成某些任务的用户百分比。

一般来说，可操作指标是以下一种或多种指标：
- 活跃度。开始使用产品的用户的比率，无论是有意采用整个产品的用户（高层次），还是发现和尝试具体功能的用户（低层次）。
- 转换率。启动和完成活动或事务的用户的比率。转换指为你的产品付费的用户，简单说就是用户使用你的产品成功实现了一个目标。
- 留存率。从既定时间段开始，在既定时间段结束时仍在积极使用服务的用户比率。留存率可以是一种度量重复购买、付费续签或只是一段时间内产品的持续使用情况的指标。
- 使用频率（也称为"黏性比率"）。在所有长期活跃用户中，在较短时间内重复使用服务的用户部分比率。频率的增加意味着用户变得更加活跃，这对大多数服务而言是非常有益的。
- 参与时间。平均活动用户在定义的时间段内（多次访问而不仅仅是一次会话）参与服务的总时间。参与对于内容、社交和游戏应用程序至关重要，对于事务性服务（如电子商务和企业）则不那么重要。
- 匹配率。度量推荐内容对最终用户的准确性的指标。此指标特别适用于具有高度个性化、市场或目标广告功能的服务。
- 推荐率。一种针对以下问题的推销扩散性度量：假设你的产品正在为客户提供价值，那么他们在多大程度上向他人推销和宣传了你的产品？在 www.influentialpm.com 的在线资源中，你可以找到这7个常见的可操作度量和示例的详细概述，这些度量和示例可以根据你的需要进行调整。

可操作度量是企业公司产品的定期监控和报告的一个特别重要的补充。在B2B的公司中，重点往往是深入了解销售指标（如转换率、客户交易规模、交易量和盈亏比）。但是，在成功销售之后，它可能是在客户准备续约前一年或一年以上客户是否在中间时间从服务中获取价值，而没有随后测量最终用户的行为的途径。

> **虚荣指标的危害**
>
> 我们展示了每月的数据，其中包括一些虚荣指标，如 2 000 万注册用户和每月 400 万活跃用户。
>
> 在月底的审查中，首席执行官问，只有约 1/5 的注册用户处于活动状态是否是一个问题。如果继续运营 6 年后会有这种情况吗？不可否认，到那时我们应该预料到许多不活跃的账户，最终真实用户有多少呢？
>
> 如果我们把注意力转向每月活跃用户指标：400 万。这比 1 月份下降了 6%。这导致人们讨论了 2 月份业绩下降的可能原因，以及如何应对，直到一位产品经理在会上指出，2 月份比 1 月份少了 3 天，大家才停止了讨论。
>
> 会议结束后，我说服首席执行官引入一些额外的可操作的价值导向指标来聚焦，而不是只关注产品如何成功地满足用户的需求。因此，以下指标成为数据面板的一部分：
>
> 使用频率（用户经常使用该服务吗？）——计算方式为每日活跃用户数除以每月活跃用户数。
>
> 目标完成（用户是否完成了他们来的任务？）——以事务结束的用户会话数除以已启动的用户会话总数来度量产品团队改进这些指标的性能并报告进度。
>
> 顺便说一句，对于我们的具体服务，即使它符合基于价值的指标，我们仍选择不跟踪"每月参与的累计时间"。因为我们的目标是让用户尽快进行交易，这与我们用户的需求是冲突的。

销售指标适合销售团队，但不应该是支持产品团队的唯一指标。如果你在追踪成功的客户管理和整合，以及员工账户激活和参与，你可以了解每个客户账户的健康状况。采用率低、推迟取消（但不是唯一的来源），这些是领先指标。通过监控这些指标，你有足够的时间来改进更新前的产品。

量化客户满意度

行为度量（或领先指标）是创造客户价值的体现。通过获得客户反馈来度量客户满意度是一种更直接的跟踪客户忠诚度和留存度的方式。

客户满意度可以帮助你从两个层面评估产品：

- 总的来说，相对于竞争对手而言，你的产品表现或客户期望如何？
- 具体来说，你的优点（特性和功能）是什么？在哪些方面达到或超出客户期望？

准备高质量的问卷，识别和确认要调查的客户，跟进客户以增加参与度，这涉及大量的工作。然后，你需要分析、解释结果，并将结果与服务中的客户行为联系起来（将满意度与客户对产品的实际体验联系起来）。要做到这一点，需要加上经验丰富的专业数据分析人士数小时的准备及耐心。然而，度量客户满意度并不需要那么复杂。

如果贵公司的客户研究人员经常对客户进行调查，可以看他们的监控情况。如有必要，询问你是否可以添加一些关于产品的若干问题并获取它们的原始数据（与间接报告相反）。如果你现在需要调查客户满意度，我就介绍几个简单的方法。

1. 总体客户满意度

度量产品整体绩效的流行方法是净推荐值法（Net Promotor Score，NPS）。

净推荐值法是指将客户满意度降低到一个高度可见的度量（并设置一个非常高的门槛）。为了确定你的 NPS 得分，可以问用户以下问题来获得满意度：

> 在 0～10 的范围内，你有多大可能向朋友或同事推荐[产品]?

如图 11.3 所示，一旦你有了结果，将抵制用户（给你的产品打 0～6 分的用户）和优享用户（给你的产品打 9～10 分的用户）组合在一起，然后从优享用户中减去抵制用户的百分比。忽略消极用户（给你的产品打 7～8 分的用户）。

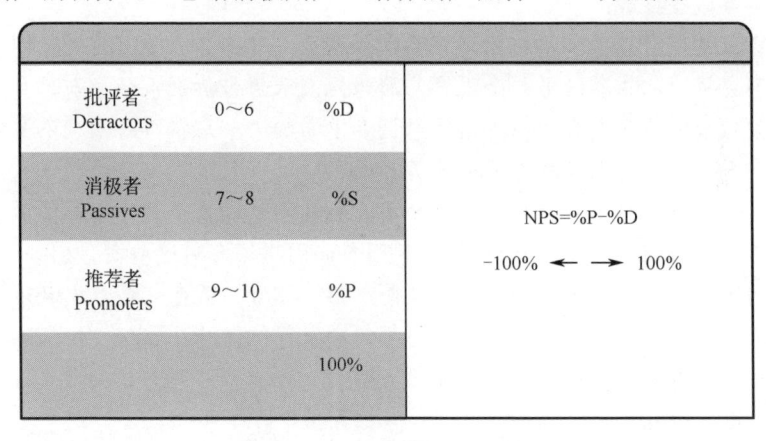

批评者 Detractors	0～6	%D
消极者 Passives	7～8	%S
推荐者 Promoters	9～10	%P
		100%

NPS=%P−%D

−100% ← → 100%

图 11.3　对净推荐值打分调查

一定要用一个或几个定性问题来跟进净推荐值问题，否则净推荐值法不好执行。

仅仅让客户高兴或满意不足以达到 50% 以上的净推荐值。你必须取悦你的大多数客户，使他们成为你的忠实用户。

净推荐值法也有一些缺点：

- 如果没有足够大的样本集，它就缺乏统计意义。因此，在一个测量周期到下一个测量周期之间变化会很大。
- 过分强调最近的客户体验，在客户选择过程中容易产生偏见。
- 不同行业之间不具有可比性。一些行业净推荐值的比率非常低。净推荐值可用于和你的竞争对手进行比较，而非与外部行业。

● 许多产品本身并不基于口碑营销，如亲密型、敏感型、日常型或"无聊"的产品。例如，你是不太可能特意向同事和朋友推荐税务准备软件、自助工具或个人卫生用品。低净推荐值并不意味着客户不满意。只是在推荐这样的产品时他们会感到不舒服，所以他们不会推荐。

● 如果没有根本原因分析，净推荐值法就不太好操作。

净推荐值对用户感知和偏见很敏感

我准备做一个在线技能提升产品。目前已经建立了一个良好的用户群，用户群由训练有素的顾问和专业人士组成，学习每周发布的内容。

我们意识到，人们的生活正在慢慢发生变化。在职业通道上止步不前的专业人士可以通过该产品开启新的发展通道；年长的员工使用该产品能够保持他们的技能，与接受最新技术培训的年轻毕业生并驾齐驱；宝妈们在长期休假后能够重新进入工作岗位。

但该产品的净推荐值分值很低。我们试图理解为什么会这样，最终发现用户不愿意将产品介绍给他人的原因是："我很尴尬。我不想让我的任何朋友或同事知道我不具备这些技能！"

按需配置的劳动力市场也出现了类似的情况，其净推荐值是负的。团队意识到用户不会将产品推荐给另一个用户，因为他们认为告诉别人会带来对自己不利的竞争。后来团队只是在净推荐值问卷调查中增加"如果推荐给他人不影响自己的收益"一项，就发现净推荐值提升了60%。

在一家专注细分市场的视频内容公司开展的问卷调查中，净推荐值调查完成率非常低。在该研究中，用户说："我的朋友和同事不会对这些内容感兴趣。"而将调查问题改为"向你这样的人推荐这个产品"之后，调查完成率就飙升了。

最后，要注意选择性偏差。一家公司的净推荐值保持在60%，但仔细研究后发现，他们只调查了至少20分钟活跃度的用户，而有一半用户已经流失了。在运用了一个覆盖所有用户的调查策略后，净推荐值下降了10%，不过这个值还是不错的。

尽管如此，如果有更复杂的客户调查、研究计划、产品跟踪和客户服务报告的支持，净推荐值可以提供一种快速、简单（尽管不完美）的方法，将客户满意度上升到最重要的运营指标。

2. 对具体的收益和功能进行排序

这是一种向客户提出一个由两部分组成的问题 4 个选择题答案的备选方案，以此评估用户对于服务的每个组件给出具体收益、功能或特性满意度的简单方法

（等级从 1 到 4），如图 11.4 所示。4 个选项比 5 个选项更好，去除中间选项（"既不会满意又不会不满意"），要求客户用明确的态度反馈意见。

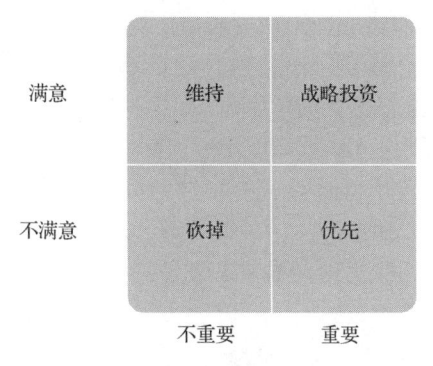

	不重要	重要
满意	维持	战略投资
不满意	砍掉	优先

图 11.4 客户满意度调查和矩阵

可调查的构成要素包括具体特性和产品流，抑或益处和用户成果。测试基本需求或主要差异化功能。例如，对于 Centsible 应用程序，你可以要求用户对以下方面进行评分：

- 易用性。
- 应用速度和稳定性。
- 账户设置。
- 信用卡链接。
- 查看支出情况。
- 小测验的实用性。
- 个人理财内容的广度。
- 个人理财内容的有效性。
- 个人理财建议的质量。

删除有歧义的语言（例如，用"应用速度"而不是"快速应用速度"），确保每个描述对听众而言都是简明易懂的。提供一个用户做出选择时可以写想法或理由的评论栏。你可以在提问中找到问题或误解的线索。

要求对满意度和重要性进行评级，可以为你提供宝贵的数据。你可以用四象限法对特性和功能进行组合，对产品进行分类：

- 第 1 部分：你对某产品的满意度。
  □ 非常满意
  □ 满意
  □ 不满意
  □ 非常不满意
- 第 2 部分：某产品对你而言的重要度。
  □ 非常重要

☐ 重要
☐ 不重要
☐ 非常不重要

● 砍掉。如果服务中有客户不满意的因素或对客户的价值有限，就考虑将其砍掉以简化用户体验和降低维护复杂性。如果不能砍掉，就考虑降低产品的重要程度，并尽可能减少开发投入。

● 维持。不要只在满足客户需求的特性上投入太多，而不去做差异化服务。如果你认为某个特性比以前更为关键，就要继续监视其应用趋势。

● 战略投资。在高满意度和高重要度领域增加投资，这样会让客户更加满意，并与竞争对手拉开差距。

● 优先。在高重要度、低满意度的项目上投资。需要对某些特性做大量工作才能减小其与客户期望之间的差距。

在通过用户访谈、问卷调查并从客户服务部门获得第一手客户反馈后，要进行更深入、定性的分析。

定期（如每季度）完成调查，就可以确定投资是否达到你希望的结果，或者是否出现了新的差距。要注意的是，不应该显著改变调查方法或问题，这么样做会导致很难进行对比分析。

> 用卡诺模型对客户满意度进行调查分析（参见第4章）使你能够度量当前满意度和优先考虑未来特性。

除非你必须使用匿名调查，否则应将净推荐值和满意度数据与来自产品跟踪的实际用户行为数据联系起来。将这些数据连接起来，既可以让你了解哪些具体的体验会以积极或消极的方式影响满意度，又可以帮助你了解正的净推荐值与整体产品使用率之间的关系。你还能分析用户感知和使用情况之间的关系，发现用户嘴上说的和实际偏好之间的差异。不同的用户类型，（如高度忠诚的客户与新用户或不定期用户）会重视不同的特性。

3. 分解你的客户关系漏斗

客户关系漏斗和之前介绍的产品流有所区别，它的外形像一个漏斗：
● 它体现的是客户视角而不是产品视角。
● 它体现运营或服务生命周期中的每个阶段和用户当前的心态或关系深度。
● 它是对整个关系的映射，包括在很长一段时间内与你的产品进行交互的所有客户接触点（不只是一次访问）。

图 11.5 是一种客户关系漏斗，描述了用户与产品生命周期的概念。不同的公司描述方式不尽相同，特别是描述客户与企业之间的关系时会增加或合并一些阶

段。对客户漏斗中的步骤和命名没有严格的规则。

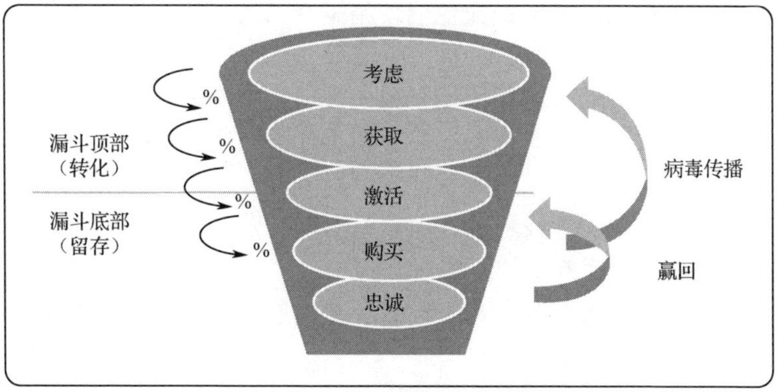

图 11.5 客户关系漏斗示例

下面来看一个客户关系漏斗：客户可能通过广告或他人推荐第一次了解你的产品。在这个阶段，他们对产品了解不多——可能只知道它能够解决某一个问题。他们不清楚甚至怀疑你的价值主张。这时客户处于知晓阶段，在企业提供服务时称之为"热心的领先用户"。这时，产品经理除了支持市场营销工作或向公司其他产品的用户进行交叉促销，在提高产品知名度方面做不了更多的工作。

在他们对你的产品有了更多了解之后（通过诸如访问你的网站的方式）他们可能对你的产品更感兴趣。他们看到你可能解决他们的问题，开始研究你的产品。客户正处于考虑阶段。在此阶段，你必须明确地传递你的价值主张并消除他们的反对意见。

接下来，一些客户会下载并研究你的应用程序，注册会员（如果是免费提供的话），以及试用或购买你的产品（如果提供付费产品）。这时客户处于获取阶段。

许多产品经理有个认识误区，就是认为最难的是获取客户阶段。而你必须让他们开始使用你的产品（激活阶段），否则他们很快就会放弃使用，也会要求退款。你要让客户与你建立密切联系，因为只购买一次的用户价值不高。在这个阶段，客户的退出率也是相当大的，这就是为什么要让"首次使用"成为一种引人入胜和令人愉快的体验。第一印象非常重要！

在购买阶段，当客户或用户更充分、更频繁地与你的产品进行交互时，就会进一步咨询。现在他们开始从你的产品中获得价值，但还没有成为常客。他们仍在评估，你还要证明你的产品有价值。

下一个是忠诚阶段（或倡导阶段）。你的客户习惯了使用你的产品，你可以从中获得持续的收入。让他们重复购买是非常重要的。如果留住并取悦了这些用户，他们就可能把其他人引向"漏斗顶端"（进入知晓阶段，从而实现病毒式传播）。或者你有更多的服务，也可以向他们推荐。

任何用户都会因某些原因停用你的产品。重新向他们销售你的产品并说服他们再次尝试的过程为你提供了一个赢回他们（也称为重新激活）的机会。获得这些客户所需的成本最低，尤其是在他们使用了产品后，只要改进服务或推出令人兴奋的新功能就很容易赢回他们。

转化（漏斗顶部）通常是指为用户或潜在客户首次提供服务（直接或间接）的时刻，这可能发生在购买时或购买后。留存（漏斗底部）是使得现有用户购买并继续使用产品的过程。

由于用户可以在任何阶段退出，所以从知晓、购买再成为忠实用户的道路看起来就像一个顶部宽、底部窄的漏斗。

这个工具可以帮助你细分客户，同时反映深层客户关系，也可以帮助你精确定位。

对漏斗进行优化的更多策略

- 对消息推送、登录页面和试用版进行 A/B 测试，提高转换率。（参见第 4 章）

- 为首次访问客户提供卓越的引导体验，以增加他们成为忠诚客户的概率。如果激活体验差，客户就会终止使用你的产品。因为第一印象往往在几小时或几天内产生。

- 如果你的公司只专注于销售、转化和增长，则应提供让客户满意的功能，以提高参与度和忠诚度。这些举措往往需要较长的回报期，因此很容易不受重视。

- 忠诚用户是你最大的拥护者，可以利用他们来传播口碑和实现病毒扩散式增长。考虑给他们一些工具和激励措施来让他们推荐新用户。

- 生命周期营销（CRM、电子邮件、推送通知、社区和其他"离线"程序）是将用户带到产品中的一个重要工具。促使他们购买，并在漏斗后期持续参与。与你的营销部门紧密合作，在用户购买后持续投入，获得用户满意度，而不仅仅是一味地开拓新用户。

- 最大的改进机会是（通常是退出率最高的地方）用户产生困难的地方，以及鼓励（或阻止）用户采取下一步行动之处。

分析周期中每个阶段的用户群，以及从一个阶段到下一个阶段的用户百分比（包括退出用户）。

漏斗分析工具通过把重点放在最大的改进机会上以改善产品，从而提供功能强大的产品。例如，如果将一个步骤中 60% 的退出率降到 50%，那么转到下一个阶段的用户量将增加 25%。这么做比将一个步骤从 90% 提高到 99% 要更好（让更多的用户转到下一步）。

4. 了解客户生命周期价值

客户生命周期价值或称为 LTV，是产品的财务绩效测量指标，甚至优于运营收入或投资回报率（ROI）等指标。这是因为它考虑了客户在整个产品生命周期中的总毛利率，从他们成为客户一直到离开服务为止。

图 11.6 是一个简单的 LTV 公式。它是通过计算每客户平均收入（ARPC）减去向客户提供服务的成本（COGS）得出的。除以客户流失率，就可以计算出产品的长期价值。（此公式假设每月平均流失率一致。出于讨论目的，我们假设测量是按月度进行，并且是同比。但实践中不一定是这样，例如，许多 B2B 企业每年升级一次服务。）

> 客户终身价值=（每客户平均收入-主营业务成本）/客户流失率；或
> 客户终身价值=（每客户平均收入-主营业务成本）/（1-留存率）

图 11.6　固定流失率下的 LTV 客户终身价值计算公式

- 每客户平均收入是每个客户的预期月收入。它包括来自直接销售或购买、间接广告或第三方收入流或向现有客户追加销售附加产品和服务的收入。有时被称为每用户平均收入（ARPU，是"用户"而不是"客户"），当用户不直接为你的产品付费，但你仍然可以从他们与你的产品的交互中获得收入时，通常使用每用户平均收入。

- 主营业务成本（COGS）。为客户提供服务和交付产品相关的所有可变成本中的主营业务成本因素，如供应和零售成本、客户支持、留存激励和产品退货或退款。（请参阅在线网站资料获得主营业务成本详细分解以及为什么不考虑固定成本。）每客户平均收入减去主营业务成本就是每个客户的月度毛利率。

- 如本章前面所述，流失率是每月流失客户的百分比。即使是运营最好的消费者和 SaaS 服务，每月也会损失 2%～5%的客户群。

- 客户终身价值。月度毛利率除以客户流失率的值，代表一个普通客户在与该客户的整个关系中的盈利值。

实际上，计算客户终身价值很少像图 11.6 中的公式那么简单。要做到足够成熟，你需要模拟出细分客户群是如何为你的产品持续付费的，并确定其中有多少客户不再为你的产品付费，例如，在 1，2，3 个月的基础上等。在与你的关系中，在较早的时候用户流失率较高是很常见的，而忠诚度高的用户流失速度较慢。请参阅 www.influentialpm.com 获得相关详细例子。考虑到客户终身价值分析的完整性，你应将其与获客成本（CAC）或每次获客成本（CPA）——获取客户的初始成本进行比较。某些观点认为获取用户是新产品早期最关键的目标——因为他们希望尽快建立用户群。但为了盈利，要确保客户终身价值大于获客成本。

一般来说，客户终身价值分析应该按渠道细分，不管是付费分销渠道（昂贵的)、广告和营销渠道（更好的)、推荐渠道（便宜的)，还是病毒性营销渠道（免费的)。通常，获客成本较低或流失率较低的渠道更有吸引力。客户终身价值分析使你能够更好地决定何时最好扩大规模，并与你的营销收购团队一起合作，重点关注哪些渠道。

如果某个具体渠道的客户终身价值小于该渠道的获客成本，则每个新客户都将蒙受损失。在某些情况下，你可以尝试以下几点：

- 了解如何使长期有形资产随着时间的推移而盈利。
- 了解你的规模经济将如何降低获客成本和主营业务成本。
- 采用"抢滩"模式建立一个大的、可防御的策略。
- 让有耐心的高管或投资者愿意了解你的盈亏情况。

改善获客成本和主营业务成本的更多策略

产品经理在整个组织内参与并负责产品上市，取得长期经济优势并获得成功。也可以通过价格测试和改变你的商业模式（也许提供优质层或上升销售机会）提高每用户平均收入。价格测试很难，所以一定要研究广泛证明的方法，并了解风险。

提供更长的期限（特别是对于企业和订阅业务)，以换取大幅折扣（例如，对于选择一年期承诺、按月付款的用户，可享受30%~40%的折扣)。这种变化降低了每月的每用户平均收入，然而，这样做往往能增加客户终身价值，因为这样也降低了客户流失。

寻求卓越的主营业务成本（与供应商重新谈判，投资开发资源以降低服务交付和客户支持成本，并自动化内部运营系统)。

与市场部合作优化获客成本，从按渠道细分客户终身价值开始，并增加低成本渠道的组合。

利用独特的差异，如网络效应（从相互连接的用户社区中获得的价值)、个性化（由你对用户数据的独特理解驱动的定制）或其他功能，这些功能提高了退出的门槛，从而降低了用户转移到替代品的可能性。（参见第3章）

最好集中精力创建一个较小但更忠诚的用户群，并将其限制在该用户群内，直到你能够控制运营的盈利能力（至少应该收支平衡)。这就是客户终身价值分析的重要作用：它可以在你的产品甚至整个商业模式中突出你的最佳机会在哪里，它是一个非常强大的、可操作的度量。

第 12 章 职业发展

——评估自身技能并识别职业发展机会

本章学习要点

1. 如何看待你的战略角色及其在现代技术组织中的职责。
2. 优秀的产品经理要具备的 5 大能力。
3. 作为满怀激情的非技术型产品经理,如何规划产品管理职业生涯。

你不是产品的 CEO

"产品经理就是首席执行官 CEO"这句话不完全正确,因为你不具备 CEO 分配人员的权力。你也未获得直接授权(并不意味着在这种情况下你不能完成任务)。尤其是在你的职业生涯早期或在大公司工作,你不太可能通过获得一份真实的损益表来设定产品总体愿景,制定预算,分配资源,谈判建立战略伙伴关系或给产品定价。在大多数情况下,产品经理一点也不像 CEO。

但可以把产品经理定义为独立的、对产品成功负有最终责任的直接负责人(Directly-Responsible Individual,DRI)。这样做会迫使你进行全面和战略性的思考。你倾听客户之声,了解产品愿景并上司其他团队成员与其保持一致。你负责建立、沟通和度量运营目标。(如果你的产品没有实现你所希望的成功,通过你的客户以及你该如何改进你的产品来获得新的洞察力,你学到了什么?)

考虑到你自己是产品的直接负责人,你也会迫使自己集中精力去执行。你必须与跨职能团队,跨运营职能、设计和工程部门沟通。如果你的产品没有按时交付,你能做些什么让它回到正轨呢?如果相关方不支持,你能做些什么来获得客户反馈呢?

卓越产品管理博客(www.mindtheproduct.com)的联合创始人 Martin Eriksson 用了一个简单而又强大的图(由以下 3 个方面构成)来说明如何思考你在推动产品成功方面的核心作用。

> "一名好的产品经理至少要有 1 个方面的经验，对 3 个方面都充满热情，并且通晓所有从业者。"
>
> ——Martin Eriksson

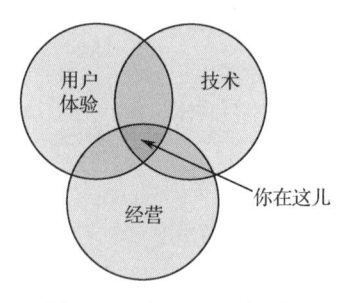

图 12.1 产品经理的角色

● 运营——为客户创造价值是核心，最终将运营目标与产品输出联系起来。让自己与组织的目标保持一致，知道你的工作与目标的联系。消除运营风险，寻求可持续的收入来源。了解诸如市场、销售、运营和财务等基本运营职能。与客户及外部合作伙伴紧密联系，和公司运营团队紧密合作。随时在充满制约因素、资源限制和截止日期等的真实运营环境下开展工作。

● 用户体验——离开办公室，定期与客户会面并通过移情了解客户。深入研究用户行为数据。确保产品体验达到高标准。定期向终端用户提供产品验证并收集改进反馈信息。与设计、用户测试、消费者洞察、创意和品牌团队一道提供卓越和愉悦的用户体验。

● 技术——充分开发技术平台，以及完成重要任务。帮助团队澄清问题，讨论优先级，选择解决方案并做出权衡。产品经理要求与包括产品开发、质量保证和技术运营人员在内的工程团队保持密切的关系，并在产品发布后获得他们的全力支持。

通常，产品经理是以上 1～2 个领域的专家，或是在业务领域、设计领域或开发领域有过工作经验。但你无须成为所有领域的专家，因为你可以依靠团队中其他人的专业知识。你可以学习这些领域的基本原理，并将 3 类技能融会贯通。你可以把这 3 类技能整合在一起，从而实现产品目标。这就是产品经理位于 Martin Eriksson 图中交叠处的原因。

如果你应用书中描述的实践，你将掌握必要的思维、技巧和人际关系，成为一名优秀的产品经理。然而，每一名产品经理的经历会有所不同，因为有独特的公司环境，应用不同的工具和流程，参加正式和非正式的培训计划以及你的周围会有不同类型的管理者和指导者。

在本章中，我将帮助你了解历程，并找出你可以主动消除的潜在差距。在 www.influentialpm.com 中，你可以找到技能评估模板，帮助你确定自己当前优势的例子，以便制订你自己的能力发展计划。

产品管理中的 3P：产品、流程、人

使用一个简单的 3P 框架（见图 12.2）可以确保你在产品管理的各个方面都有效地工作。定期参考这个框架，这样你就不会忽略任何实质性的东西，当你需要相应策略的提示时，可以参考相关章节。

产品	为什么开发这个产品及在开发（和没有开发）什么
流程	我们如何发现、排序、验证、开发、发布和改进产品
人	我们为谁服务或与谁合作，以及我们如何在产品上取得成功

图 12.2　产品管理中的 3P

1. 产品（Product）中的"P"代表交付有价值解决方案的所有方面

产品经理管理产品是不言而喻的。然而，仅仅定义产品是什么还不够。正如我们所看到的，最初的产品规格书相当模糊，也不确定，仅用来与客户、相关方和团队成员进行沟通和协同。

通常，决定不干什么和决定干什么一样重要。通过迭代交付较小的产品可以加快上市时间，将投资最小化并减轻风险，在决定开发什么前知道要学习什么。你必须用最佳的方式实现多个组织目标，同时也要用目标驱动进行优先级排序，从而有条不紊地满足客户的需求。这些都是你要负责的评估和权衡工作。

更重要的是，产品经理的职责是定义、沟通并强调产品存在的理由。要给客户解决什么问题？要为谁解决问题？为什么值得投资？

最后，产品经理必须实现"闭环"，即识别、跟踪并展示你为客户所提供价值的核心指标和运营指标，通过迭代和开发产品来优化这些价值。

2. 流程（Process）中的"P"代表遵循组织要求的方法来管理产品生命周期

产品经理必须清楚在组织中应该如何成功地完成工作。说起来容易做起来难。不是所有的流程都是书面化的，往往是一些非正式的和无法言传的文化规范。如果组织没有流程的话，就去创建一个流程。通过制定标准流程来规范产品生命周期中的每步。

流程的通用模式：

- 识别创意并进行优先级排序。运用一些方法来识别、获取和优先考虑潜在项目。既可以采取自上而下的方法选择项目，也可以通过给众多候选者提供项目

画布的方式征集项目。每步会需要不同详细程度的数据、分析和批准流程。一些人会在高优先级的项目上走捷径，对其他正在做的项目造成干扰。只有理解如何识别和排序工作，才能知道如何在项目中放入自己的创意。当然，也可以通过影响他人的办法来推进你认为最有潜力的创意。

- 发现客户需求并验证解决方案。了解如何安排和完成客户调查并参与其他部门的研究活动。随着产品成形，在发现阶段、交付阶段和产品上市后持续验证。千万不要为了"更快"而忽略验证。

为客户创造价值是首要也是最重要的任务

我的一个客户是一家最近刚刚上市的公司，它要承担来自股市的压力。其核心业务也面临很大的竞争压力，新的数字业务仍处于成长的阵痛中。所有人的目光都集中在该公司的季度关键指标上：营收和新客户增长率（将网站访客转化为付费客户）。产品路线图集中在采用优化登录页面的每种可能的方式，希望吸引用户注册并使用产品。因此他们引入了新的定价等级、折扣和支付方案（如国际化银行系统和信用卡），并通过个性化的电子邮件来开展营销活动。

但产品经理发现这样做有些不对劲，事实证明他的直觉很准。在努力实现短期运营指标的过程中，团队忽视了让忠诚客户满意的问题。满意度低，就会造成客户留存率下降，竞争对手正在迎头赶上。在努力争取新客户的同时，公司忘记了真正的目的是为客户提供持续的价值。

我认为，应该关注客户的长期价值而不是关注公司的短期利益。优秀的产品经理首先专注于解决客户问题，然后再优化与最终客户价值无关的运营目标。然而，你很难做到在实现短期运营目标和取悦客户之间取得平衡。如果你能做得很好，那么可持续的运营价值就会随之而来。

- 将规格和管理需求进行书面化呈现。找出用于书面化产品需求的工具。使用模板以确保一致性并避免忽略重要的细节。通过合作，对问题做出回答。给予灵活性，以便从测试和其他反馈中学习。

- 开发产品。学习如何在设计和开发管道中流动。应该在什么阶段提供输入和测试新产品？哪些决策你只需被知会？哪些决策你要有直接的发言权？

- 发布和维护产品。确定所需步骤，批准并发布产品，包括风险管理、缺陷管理和解决方案，以及走向市场的步骤。

3. 人员（People）中的"P"代表与各种相关方合作取得成功

本书着重介绍产品管理中的人的因素。产品管理中人的因素是很容易被忽视的方面，也很难处理，这是产品经理失败或职业生涯停滞不前的主要原因。遵循本书阐述的流程，你将获得组织广泛的支持。你还将赢得美誉——你是为客户和公司运营提升价值的一个可以信赖的人。

与你联系最紧密的是工程和设计伙伴。你还必须定期与你的上司进行沟通并保持同步。这些关系是需要培养的重要关系，其他一些关系也是至关重要的。

识别、招募并邀请广泛的相关方参与。你需要考虑：谁能提供产品指导方面的信息？你将依靠谁取得产品成功？你需要和客户建立信任关系，这样你才能接触客户，收集有价值的市场反馈，并确保你的产品被客户接受。当你的错误无法避免或产品发布失败时，获得相关方的信任也是必不可少的。

作为一名产品经理，你要始终牢记第一要务，你是"客户之声"，你应该比团队中的任何其他人都更了解客户。你应移情于客户，尽管待在屋子里更暖和舒适，你还是应该走出办公室，花时间与客户交谈并观察他们。你是他们的拥护者，必须从他们的角度考虑任何决策。你可能偶尔做出权衡，以最大限度地提高短期运营指标或满足内部相关方的要求，或者你可以在体验中走捷径，以便获得成功。但如果想取得成效，就要确保在做出对客户有影响的决策时，首先考虑并体现了客户的长期利益。

做一个超级产品经理

在产品经理的职业生涯中，除了需要有技术和运营能力等"硬技能"，还需要有"人际交往技能"来建立融洽的关系并争取支持。经过多年的团队建设和对行业中的产品经理的面试，我可以说，具备了以下部分或全部"超能力"的人更有可能成为优秀的产品经理。

这些特质似乎是与生俱来的，根植于他们每天工作的态度和行为中（当然，这并不是说不会有糟糕的日子）。

超能力1——永不满足的求知欲

说出来你可能感到惊讶，求知欲是一项人际交往技能。从一般意义上说，它不是人际交往技能。然而，产品经理可以使用他们的求知欲获得客户洞察并发现需要解决的新问题。你必须非常注重细节，善于分析，寻找数据并收集有用的信息，在处理要求苛刻的问题时将其化整为零，使之变成更容易管理的小问题。

同样地，你必须在模棱两可时，运用数据无法提供的直觉做出判断。你会很享受寻找解决方案的过程，也许会采取意想不到的或耳目一新的方式，分享你的新发现，并激励你的团队。

超能力2——主人翁意识

优秀的产品经理对产品的各个方面都有很强的主人翁意识。他们的工作是和组织的各个部门进行协作，定义、开发、发布和驱动产品，并确保产品在市场上获得成功。除了和设计及工程团队成员协作，优秀的产品经理还要跟更多的人进行广泛合作。

你需要以身作则，身先士卒帮助团队完成任务。不要只做工作职责中的内容，只做分内事。如果某件事需要完成，你就必须想方设法完成它。产品经理从不说："这不是我的责任。"

要对自己的工作充满激情，为自己设定一个有可能又有难度的目标，然后努力去实现。即使产品并不完美，也要定期为了目标而交付成果。回过头来确认解决方案是否成功解决了问题，要专注于负责解决关键问题。优秀的产品经理就是为解决客户的难题而生，直到让客户满意为止，再着手解决下一个问题。

超能力3——高效沟通

对于大多数专业、团队导向的角色来说，良好的书面和口头沟通技能是必不可少的，但对产品经理的要求就更高了。在一个跨职能组织中，你必须能够与各个层级的人有效沟通。无论是一对一，或是在团队会议上，还是向众多听众进行演讲，你必须学会如何成为一个有效的沟通者。你应该能够提供高度结构化、简洁的运营情况汇报。你必须平易近人，用非正式聊天等轻松的方式建立良好的人际关系。

在职能型组织中，尽管你无法直接管辖团队，但是你必须找到获得支持的方法。你必须以信任为导向，信任每个人。开放地接受推诿和反馈，接受"健康的"冲突，在这种类型的冲突中，你要尊重和建设性地讨论分歧，以达成妥协。

能够自我激励和激励他人也是产品经理的一项显著优势。你不需要是一个外向的布道者，但是你应该极具感染力，在处理挑战时保持乐观，能够为团队提供环境和氛围，促成团队对客户产生积极影响并交付运营成果。

超能力4——持之以恒

当你低头处理问题或处理日常琐事时，会很容易忽视战略。

成为一个战略思考者不能畏畏缩缩，应投入更多的时间对未来进行有意识的探索和规划。有时候，一些紧急琐碎的事情会干扰你，因此你需要在执行和决策之间进行切换。战略性的工作包括指导有助于规划未来的活动，如拜访和了解客户，思考总体愿景和朝着目标前进的进程，以及在公司内宣传产品。

超能力5——无我

承担风险但不要让你的自负阻碍你。当出现问题时，接受一些你原本可以做得更好的事情（不要责怪团队）。当事情进展顺利时，不仅要深藏功与名，而且要慷慨地表扬团队。

优秀的产品经理能够审时度势。你的高级经理会做出很多决策和权衡。即使你给客户提供了他们急需的东西，他们也会提出无理要求。竞争对手也会做些令你意想不到的事情。所有这些事情都可能对你产生负面影响。例如，你的公司可能有一个庞大的产品组合，每个产品都需要占用资源，这意味着你可能无法获得所需资源，抑或你和另一个项目之间存在资源冲突。

如果收入低于预期，公司的运营目标可能重新排序。与其坚持自己的观点，不如迅速地执行公司的决策，同时不要抱怨。你应该设法理解决策背后的原因，并帮助其他人支持这个变更（如与团队成员积极地讨论变更）。如果你想成功，你必须具备适应能力和支持管理层的能力。

如果你希望关注并投入精力去获得这些技能，就要学会做以下事情：

- 识别并发挥自己的优势，意识到自己擅长什么，并对自己的优势充满信心。这样，你会发现自己游刃有余。你可以通过你与生俱来的技能帮助他人，与他人建立融洽的关系。
- 承认自己的弱点并学习。意识到并改善自己的薄弱之处，通过学习达到一定的熟练程度。不要只关注你的自我发展机会，也要非常注意盲点，因为你永远不希望它们成为你的致命弱点。
- 与具有互补优势的同事合作并向他们学习。通过与他们建立信任的关系，你可以让他们去勇敢尝试，并相信他们在能做到的情况下可以发挥上司作用。

为非技术型产品经理提供的建议

一些拥有企业级产品或复杂平台的公司，或者那些拥有硬件、数据密集型及工程驱动文化的公司，通常不愿意聘用缺乏深厚技术专长和工程学位的产品经理。

但许多公司并不需要产品经理有正式的技术资历，尤其在消费品企业中很常见。当企业强调更多地和客户打交道时也不需要产品经理有技术背景。在 2017 年，对产品副经理入门级职位描述的调查中，只有 30%需要技术学位或工程经验（尽管许多人更希望获得技术学位，但他们愿意做出权衡）。

对高度技术型产品经理需求减少不仅仅是因为缺乏工程技术人才，也是因为开发工具、流程和团队责任业已成熟，降低了对产品经理管理日常交付的技术要求。我们更相信开发团队是产品的真正合作伙伴，并让他们自己知道如何实现目标，这是因为以下几点：

- 当你提供环境时，工程师可以帮你做出完美的产品决策。他们明白技术可以实现什么。
- 成熟的开发流程和框架可以将相关责任委托给开发团队，使他们能够承诺在给定的时间内交付成果,而不是在他们无法控制的最后期限内完成。

● 鉴于现代科技公司的快速发展,进度表或需求很快就会过时。取而代之的是通过灵活性、合作和学习来应对变化后的需求。

> ### 赢得技术信誉的策略
>
> 一个没有经过技术培训的产品经理必须保持技术好奇心和诚信。例如,你必须喜欢与最新的趋势保持同步,赢得工程部门同行的尊重,在技术访谈中进行有效的沟通(持续跟进)。
>
> 以下是可以建立你的技术专长和赢得信誉的一些具体活动,供你参考:
>
> ● 列出要阅读或定期收听的网站、广播和博客清单表(有关推荐阅读清单,请访问 www.influentialpm.com)。
>
> ● 报名参加一些可靠的在线编码课程,可以考虑"101"入门课程,并完成一些相关技能的训练。
>
> ● 加入一个编码训练营或黑客竞赛团队。
>
> ● 完成一些你自己的编码项目,建立一个网站、应用程序或游戏,并将这些添加到你的组合中进行应用。
>
> ● 向你的工程部门同行询问产品的总体技术架构和其他关键问题。
>
> ● 学习公司中常用的技术术语,这样你就可以与他们侃侃而谈。
>
> ● 以观察员身份参加工程部门的"午餐研讨会"、架构评审和其他论坛。
>
> ● 不要不懂装懂。当你不明白的时候请别人解释。

今天,很少有产品经理会说他们的主要职责是管理开发流程,确保工程团队将详细规格转化为产品交付成果。产品管理的真实价值,变得更加外向和更具战略性,通过产品管理连接愿景与执行,用技术实现运营目标,用解决方案帮助客户解决问题。

优秀的产品经理会花更多的时间与外部客户和相关方打交道。他们是优秀的沟通者和移情者,他们能够清晰地表达与每个受众群体相关的期望。当产品管理者不具备技术背景(如商业和经济、认知科学和通信)时,他们的多样化思维、互补技能和人际交往能力可以弥补技术的不足。大多数公司都会接受聪明、积极协作、结果导向的产品经理,他们可以与团队一起满足客户的需求。

虽然你不需要亲自编程,但一家现代科技公司仍然需要你拥抱科技,热爱学习,尊重工程师,跟上最新的技术潮流。当你不明白的时候,告诉自己"三人行必有我师"。如果不能赢得开发团队的尊重,你将无法成功。

同样,有抱负的产品经理在寻找公司或行业变革时,常常会问我,他们需要哪些领域的专业知识。你是否必须对你所从事的行业有一个全面了解？不一定。诚然，在高度专业化的领域，对整个生态系统的一些知识，包括关键趋势、监管环境和现有行业参与者，仍然是必不可少的。如果面对两个技能相同的应聘者，公司会选择一个对公司内部有更多了解的人。

我在许多消费者和企业互联网领域工作并建立了团队，我被人指出缺乏专业知识只有 2 次，我能被成熟的创新行业雇用的原因是我没有带着传统思维和实践的包袱。你也可以在一个新的领域里很快跟上步伐。

展望未来：你的职业轨迹并不是线性的

大多数产品经理雄心勃勃，对学习和发展投入非常多的精力。然而，正因为如此，有些产品经理在晋升缓慢或缺乏管理团队机会时会感到沮丧。他们期望被赋予更多的责任，接受更少的管理监督，获得更多产品权力和责任。

作为产品经理，你首先要展现在运营高质量产品方面具有成功的业绩。一个公司的商业成功在很大程度上取决于产品经理严格地管理大量的时间和资源投入，满足客户需求并交付商业价值。

一名产品经理通常指导一个由 6 名工程师和 1 名全职设计师组成的典型团队。2018 年一项"工资状况"调查显示，美国 11 个城市的技术工人平均年薪约为 13.5 万美元。这相当于每年在团队上投资 100 万美元。同时也表明你的公司对你的管理能力很有信心。

如图 12.3 所示，你可以将你作为产品经理的发展与产品广度和责任范围这两个维度对应起来。

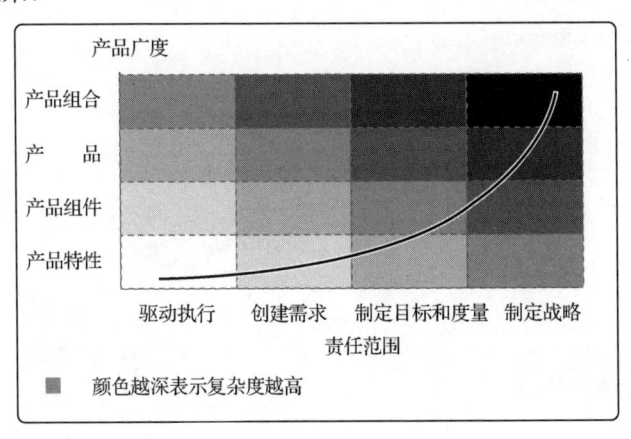

图 12.3 典型产品经理的职业轨迹

作为一名初级产品经理，你通常会被分配到产品中的一小部分工作，如产品特性改进。随着职业成长，你将承担更多的工作，负责产品中的某一个区域，然后是整个产品。在职业发展的高层级阶段，作为产品领导者，也许会有一个产品经理团队向你汇报，你可能负责几个产品组合，每个产品都在争夺资源，服务于不同的客户需求。

再来看责任范围。作为初级产品经理，通常你主要与团队工程师和相关方一起工作，完成规划好的任务。考虑到更高级别的整体产品和运营战略，你的上司会给你提供指导，从而实现有关需求和预期结果。随着你的成长，你证明了你有能力执行并始终如一地将高质量成果交付给客户，你就会获得更多战略任务，这些任务从创建需求开始，最终为产品组件设置目标和度量。当你在越来越深入的层级上了解客户和运营需求时，就可以制定并传递产品战略和路线图。

产品管理每前进一步都会变得越来越复杂。沿着这些维度的增长不是线性的。公司希望产品经理证明自己能够为产品提供长期价值，在这个过程中培养出越来越多的战略技能，然后才能获得对产品或组合的更多管理权力。公司的商业成功在很大程度上取决于产品经理制定的决策。

因此，产品经理要沿着"责任范围"轴发展，首先成功地管理一组特性或产品组件，经过一段时间（也许几年）之后，可以在更具战略意义的任务上获得信任，并在公司内树立自己的声誉，即可以被委派处理复杂和含糊不清的问题并坚持到底的人。产品经理可能需要很多年——通常为5～7年，才能管理整个产品。

不要因此而沮丧，不断学习，成为你所负责的产品专家，然后发布产品。为客户和你的公司创造高质量的成果，其他的就会随之而来。

祝您旅途愉快。

如需更多资料，请浏览以下网站：

www.influentialpm.com

www.linkedin.com/in/kensandy